U0128264

邊緣主體
性別與身分認同政治

楊芳枝　主編

國立成功大學人文社會科學中心專書計畫出版

目 次 CONTENTS

導 論[*]

楊芳枝

　　在書寫導論的當下，身分認同政治再次成爲學界與文化界的辯論焦點。在美國，川普的當選被詮釋成是身分認同政治的死胡同，因爲希拉蕊在選舉過程中訴諸身分認同政治，特別是女人以及弱勢族群的身分認同，但忽略了階級這個面向。反之，川普以勞工階級的語言向代表希拉蕊這類菁英份子所提倡的政治正確──多元文化身分認同政治──挑戰。在臺灣，蔡英文的當選代表著以身分認同政治爲主要戰場的進步力量受到肯認─女性，同志，原住民，與臺灣人認同等等。在上台後，蔡代表臺灣向原住民道歉，承認平埔族，將新住民語納入本土語言教育，並著手同婚合法化。然而，反諷的是，蔡政府以專法來承認平埔族，結果卻是保障了既有的原住民所拿到的資源不受到這新承認的族群的「搶奪」，讓平埔族恢復語言文化的努力空洞化。另外，將新住民語言納入本土語言教育卻是讓臺灣已經面臨絕種的本土弱勢語言彼此競爭稀有的上課資源，讓本土語言的處境更加困頓。但是，中國話作爲殖民者的語言卻仍維持著國語的優勢位階，完全不受

＊感謝成功大學人文社會科學中心提供研究經費支持《邊緣身體的性別政治：文化再現，身體實踐與社會脈絡》計畫，以及游素玲教授、助理林佳瑩、助理陳誼安的協助。

到挑戰。在同婚議題上更是激發了一股以身分認同政治為主的反撲力量。「異性戀」這個身分被兩股勢力激發了，一方面，網路媒體開始成立「臺灣異性戀社會新聞」，專門將不被標籤出來（unmarked）的異性戀者違背倫理常規或犯罪的新聞標籤化，就如同同志被主流媒體標籤化一般。譬如當《壹週刊》刊出「『舔一下長命百歲』前議員 3 度性侵女兒遭起訴」，[1]「臺灣異性戀社會新聞」即轉載成「『舔一下長命百歲』 異性戀前議員 3 度性侵女兒遭起訴」。這個舉動對於翻轉同性戀歧視並指出異性戀常規的荒謬性有極大的顛覆作用。然而，我們也發現，就如同美國優勢階級控訴多元文化的政治正確是種「逆向歧視」（reverse discrimination）一般，佔盡既有體制各種便宜的異性戀者也以異性戀作為身分認同並強調自己「遭彩虹霸凌」、「被強吻，脫褲子」，用此強調異性戀者的「受害者」弱勢地位。[2]

這些現象指出在臺灣的我們也走到了應該重新省思身分認同政治的時機點了。在西方，左派的省思通常是要我們看出身分認同政治和新自由主義之間的共謀，並要求大家放棄身分認同政治，並以尋求共同利益（common interests）的政治為主要戰場，雖然對這些人而言，共同利益通常指的是階級利益[3]。然而對弱勢族群而言，身分認同政治是對民權（civil rights）的追求，放棄身分認同政治等於是要求女人、有色人種、同志等等禁聲，是向白人至上主義（white

---

[1] 游仁汶（2016 年 12 月 12 日），〈「舔一下長命百歲」 前議員 3 度性侵女兒遭起訴〉，《蘋果日報》，網址：http://www.nextmag.com.tw/breakingnews/news/204604。

[2] 陳耀宗（2016 年 12 月 10 日），〈控訴遭「彩虹霸凌」反同婚學生：曾被同志強吻、脫褲子〉，《風傳媒》，網址：http://www.storm.mg/article/199780。

[3] Mark Lilla. (2016, November 18). The End of Identity Liberalism. *The New York Times*. Retrieved from http://www. nytimes.com.

supremacy）輸誠 [4]。在臺灣我們所面臨的身分認同政治，更是複雜。除了與西方一樣要處理異性戀霸權父權、族群／種族、階級歧視，以及全球新自由主義化的議題外，我們還得面對日本殖民主義，中國國民黨中華殖民體制的遺產（legacies），以及中國的脅迫等等的因素以及轉型正義的議題。在這樣的脈絡下，我們是否就要放棄身分認同政治，或是保留？或是我們該如何面對？

　　Wendy Brown 把身分認同政治的問題放在以自由主義爲基礎的民主機制，資本主義與規訓機制的脈絡下來思考。我在此用 Brown 在 1993 提出的 "wounded attachment" 的概念來談臺灣從 2000 年以來所提倡與實施的以身分認同爲主的多元文化政策所碰到的難題與困境。就如前述，臺灣現在面對的問題是，不同的弱勢族群開始建構其身分認同並以此身分出聲，要求肯認與資源分配。然而，這所造成的結果是，一方面，優勢族群也以身分認同爲政治鬥爭場域，以受害者身分出現，控訴逆向歧視；另一方面，在弱勢者以更細微的差異出現時，我們面對的是差異的分化與分裂，無法讓弱勢者形成連帶團結，反而是繼續鞏固既有的不平等的階序結構。再者，以弱勢位置所發展的身分認同甚至成爲壓迫者，譬如原住民相對平埔族，女人相對於女同志等等。Brown 認爲這個困境並非美國獨有，而是內在於自由主義身分政治所必然有的現象。Brown 認爲資本主義與規訓制度（disciplinarity）與當今以自由主義爲基礎的民主政治相互共生，而此共生創造了當今身分認同政治之所以可以滋養的條件但卻也讓認同政治踏入死胡同。首先，以自由主義爲基礎的民主制度的政府角色是以普世性（universality）來合理化它的統治基礎，意即政府乃爲大家（所有公民）存在並共有。然而資本主義以及選舉制度／代議政治的運作卻讓政府越來越成爲資本家的代言人，成爲爲某種特殊利益團體

4　Marcus Johnson（2016, November 26）. Stop Calling It 'Identity Politics'?–It's Civil Rights. *Alternet*. Retrieved from http://www.alternet.org.

的經濟利益，政治目的或是社會形構而存在的機構（392）。在另一方面，特別是在全球化年代，不同的社會，政治，與經濟力的交互作用導致公民身分認同與國家身分認同的斷裂，並同時產生更細微的差異化。譬如，隨著資本／婚姻移動的跨國勞工或避稅資本家的跨國移民所產生的新國族認同與原國族認同有可能產生斷裂或衝突，或是跨國明星與其粉絲的跨國認同都可能對國族認同產生衝擊。另外，我們看到更多的是在消費資本主義的運作下，差異一再的被建構與被商品化（393）。譬如花美男身分、中性女性身分、同志的能見度、敗犬女力等等。資本主義為了賺錢所生產的新身分認同同時也在規訓機制運作下被馴服，而被納入資本／自由主義國家治理的一環。譬如，當中產階級的同志因為消費力被納入資本主義所主導的分類系統之下，國家體系也開始用法律規訓同志的性，包括同志婚姻／伴侶的合法／專法化，把同志納入單一性伴侶（monogamy）的家庭制度中。或是，當消費資本主義挪用中國「剩女」來取代臺灣舊有的「單身貴族」的身分認同時，消費市場藉由流行文化生產更多的焦慮與恐懼，並用此來規訓單身女性，讓單身女性把更多的時間投注在如何讓自己永保年輕迷人而找到白馬王子的異性戀婚姻體制。而女性，也以異性戀浪漫愛來界定自己／女人的身分認同，把看「韓劇」當成是屬於人權之一的文化權，要求女人有作夢（白馬王子）的權利，並以此來反對國家介入保護本國文化生產與管制（Fang-chih Irene Yang, 2012）。

　　Brown 認為，自由主義，資本主義以及規訓機制提供了當代身分認同政治生產的條件以及其所面對的困境。在資本主義體制下，一方面，自由主義所宣示的普世性（代表每一個公民）以及其失敗是身分認同之可以形成與被政治化的第一步。認同政治在這個體制下總是以平等為名，抗議自己被排除在普世性之外，並要求被納入自由主義體制的運作裡。然而，自由主義總是將這些政治化的身分認同去政治

化，把身分認同政治從普世性轉變成特殊性，變成利益團體，一種要求某些利益的身分認同集合體。另一方面，規訓機制則是把身分政治中立化與常規化，變成是可以管理／治理的常規性的實踐。「自由主義論述把政治性的身分認同轉變成是具本質性的私人利益，而規訓機制／權力（disciplinary power）則是把私有利益轉化成是可以被政權治理的常規化的身分。」（393）

　　Brown 指出了當弱勢族群以被排除的身分要求進入自由主義的運作體系時，其所慾望的理想身分是中產階級白男人的身分──傳統自由主義的主體。「我是黑／女人，我被排除在外，我沒有享受到和 XX 一樣的肯認與待遇，因此我要求要和他一樣。」這種身分認同政治的運作是建基在一種自由主義裡所想像的靠自己（self-reliant），獨立自主，自外於社會關係的個人主義主體。因為自由主義主體無法看到社會關係如何型塑主體性，因此，這個主體只能仰賴一個他者／敵人來建構自己的存在。當主體是自外於社會關係時，認同政治便成為受害者政治──他者偷了我原來應該享有的一切，因此必須為此付出代價──這即是尼采所說的 ressentiment（妒恨）（401）。這種政治所造成的結果是，原來的權力架構還是存在，原來的文化象徵階序沒有被顛覆，代表中產階級白男人的象徵符碼仍然是至高無上的理想典型，只是不同的弱勢團體／差異被有條件的納入這個制度的治理與運作。而這個制度的運作即是建基在創造差異的階序結構以及被此結構排除的他者。而這就是當代多元文化身分認同政治的死胡同。在臺灣，這也是我們面對的多元文化身分政治的困境。不同的身分團體（譬如原住民、新住民、同志、女人等等）因著被壓迫的事實而產生新的身分認同，並以此身分作為主體來要求肯認與公平資源分配。然而，主流所建構的理想社會結構（譬如一夫一妻婚姻結構或是中文做為國語、或是中華民國體制）並未被顛覆，反而是弱勢者在強調差異政治下，因著彼此的競爭而更加分裂，而同時，擁有優勢族群（譬如中華民國

派華語至上者或是公敎人員）卻宣稱自己是被害者，被勞工或是台獨份子偷了他們該有的資源。

面對身分認同政治的困境，Brown 並不認爲我們必須放棄認同政治，畢竟，這是弱勢者尋求肯認證其生存價值與公平正義的政治。Brown 提出的解套之道是把身分認同的「我是」（I am）這種防衛性，並固著在固定社會位置，具有本質性的思考與修辭轉化成隨著歷史脈絡轉變而形成，非具有本質與固定位置的「我要」（I want），把想要成爲（wanting to be）轉成想要擁有（wanting to have）， 藉由脈絡化主體形成的歷史來打破自由主義裡所想像的獨立自主，單一身分認同並容易引發怨懟（ressentiment）的假理性主體。

Brown 對認同政治的反省呼應了西方學界對身分認同政治的批判。一般而言，西方學界對認同政治的批判可歸納出三個主要論點：separatism problem, reification problem, reasoning problem（Linda Alcoff, 2006）。第一種批判指出身分認同政治過分強調各個小團體的差異，因此阻礙了大團體（譬如國家）團結的可能，而造成了分離主義。第二種批判指出在身分認同的內部團體中，差異會被消音，一旦認同某種身分，此身分就會限制其內部的差異以達到此身分的原眞／本質，譬如女人作爲這個身分認同會讓不符合「女人」想像的女人消音並因此造成具體化（reify）並同質化「女人」這個範疇。第三個批判則是指出，投注（investment in）於身分認同容易受到左右此身分的文化影響，因此無法在公共領域裡理性辯論。Alcoff 對這三種批判提出反駁，她認爲第一個批判犯的錯誤是認爲人只能擁有單一的身分認同，無法同時擁有複數認同（the problem of exclusivity）。第二種批判假設所有的社會認同是外加的，一旦加諸個人身上時，都是對個人自由與差異性的限制。這種想法忽略個人在取得身分認同的過程中依賴的不僅是社會加諸的身分，還有個人如何依據自己的生活，物質與身體經驗來詮釋社會身分並轉化爲個人身分認同。第三種批判假設的是客

觀理性，而且只有中產階級白男人才與生俱來便擁有的，然而事實是這個客觀理性是個虛幻理想，每個個人都受到自己的身分認同的形塑（2006: 36-38）。

　　和 Brown 一樣，Alcoff 也認為認同政治的問題根本在於對主體的認知。兩位學者皆批判自由主義所假設的獨立自主，與社會關係脫離的單一理性主體（unifying subject）。兩者皆強調身分形成的流動性與歷史脈絡的重要性。如果說 Brwon 把解決方式放在「我要」而非「我是」，藉此強調形成我要／慾望的歷史脈絡與權力關係來取代本質式的思考，Alcoff 則是重新思考如何理論化「我是」。Alcoff 認為身分認同是一種「詮釋的地平線」（interpretive horizon），同時也是「可看見的與具身體性的」（visible and embodied）。她認為思考身分認同必須區別公共身分（public identity）與存在的主體性（lived subjectivity），而個人身分的形成是公共身分與存在的主體性之間的協商。首先，公共身分是集體的、社會性的身分認同，是社會分類系統的實踐，是我們在社群裡的位置。我們所處的位置，限制了我們眼界的地平線，決定了我們可以看見什麼，不可看見什麼，因著我們的地平線的不同，我們擁有不同的視／世界並藉由此視／世界來詮釋建構自我。　因此，我是誰並不是一種本質，而是一種過程，是不固定的，隨著所處位置所能接觸到的視／世界而有所改變。再者，身分認同是「可看見的與具身體性的」，自我的形成是在相互主體性（intersubjectivity）中形成，是藉由別人的眼光中看見自己，而被人如何看見自己與自己身體的特殊性有密切關聯（譬如男性身體特色或是膚色或是是否四肢健全）。而這些與「他者」看見身體的互動過程形塑了我們存在的主體性與生活經驗。藉由此經驗，我們去詮釋加諸在我們身上的公共身分並以此建構自我的身分認同。這即是本書所處理的兩大面向：公共身分認同的建構以及個人在特定的歷史脈絡下如何與公共身分做協商，形塑自己的身分認同與主體性。

公共身分是社會性的，是一套把人放置在不同的社會位置的分類系統，此系統決定了哪些人是高級的，哪些人是粗俗的，哪些人是正常的，哪些人是不正常的，哪些人可以享有資源，哪些人天生就是奴隸命等等。而公共身分是靠著一整套的再現系統建構起來的，這套再現系統包括了符號意義的生產以及媒體資源。[5] 主流媒體的再現系統常常以他者來建構常規化的社會，也就是說，在再現系統中，他者的存在構成了自我的存在。他者，被排除／邊緣化的主體，成了建構社會秩序與常規的不可或缺元素。也因此，他者的存在讓我們可以看見主流社會如何邊緣化，污名化或排除的弱勢族群來獲得其存在的合理性並藉此變成主流，變成理所當然。藉由分析他者或被邊緣化主體，我們可以更清楚的看到權力的運作。

在本書裡，大部分的篇章都處理到主流媒體文化如何再現失能者或是社會邊緣者。鑲嵌在此符號再現系統的是觀看的政治，意即文本是以誰的「觀」點為主？誰是觀看主體？被看客體？邊緣主體如何被看？有哪些觀點／面向被排除？在被看的過程中，又如何形塑階序主體？Garland-Thompson（2002）用「盯視」（staring）這個詞語來描述主流視覺媒體對失能者的觀看模式。她認為，對失能者的盯視建構了一種觀看者主體（spectator）與被觀看者作為景觀（spectacle）的視覺關係，這種視覺關係強化了觀看者無所忌諱的觀看權力，並建構了能者和失能者，正常與不正常的絕對區別（57）。盯視作為一種觀看模式具有霍爾（Stuart Hall, 1997）所說的分裂策略（splitting

---

[5] 在當今的政經結構下，媒體資源大部分是被資本家所控制，即使新興網路媒體標榜著小眾與民主，仍然是掌握在大財主的手上。在臺灣，思考資本控制媒體更要拉入「中國因素」，探討媒體資本和中國因素的連結，包括中資、中國消費力，以及中國政府如何以不同的形式控制臺灣媒體並影響再現。這是個重要的議題，已有不少文章處理此議題，因此不在本書範圍討論。

strategy）的功能，就如刻板印象般劃出一條自我／我群與他者的界線，並把他者排除，不讓他者可以完整的，具主體性的論述出現。Garland-Thompson 提出四種視覺媒體建構失能者的修辭模式：神奇的／奇妙的（the wondrous）、煽情的／溫情的（the sentimental）、充滿異國情調的（the exotic），以及寫實的（the realistic）（58）。大部分的再現模式皆結合了數種修辭模式以達到建構我群與他者的目的。Garland-Thompson 所指出的四種修辭模式不只適用於失能者，許多研究文化如何再現他者的修辭也都呼應了的這四種模式。[6]

就神奇的修辭而言，視覺媒體會將失能者建構成是超人或具有超出凡人的能力，強調他們與常人的差異以及此差異性如何引起我們的欣賞與讚嘆。譬如在古代精神病者或癡呆的人常常被當成具有預言能力的特殊神／人。在當代，這樣的角色還是常常出現在流行文化中，譬如在臺灣上演了無數次的韓劇「妻子的誘惑」裡那個智能不足的鄭荷娜常常一針見血點出所有人看不到但卻可以破解劇情謎題的重點。Garland-Thompson 特別指出，在當代，當尊敬弱勢／失能者成為政治正確的主流論述時，直接盯視失能者變成一種不合中產階級禮貌規範的模式，取而代之的便是這種神奇／奇妙的修辭。藉由神奇化邊緣者來畫出我群與他者之間的差異，強調我們不是站在平等位置的。在臺灣，鄭豐喜這類人物也屬於這類神奇修辭，能夠以超人的毅力與努力在困難的環境下生存。然而，如游素玲引用紀大偉指出在臺灣的脈絡下，這類故事以奮鬥向上勵志型態出現，與黨國宣傳體系互相結合呼應。徐珊惠所分析的三部紀錄片，《青春啦啦隊》、《黑暗騎士協奏曲》，和《看不見的跑道》皆可看成是此類神奇修辭模式。徐在此文章裡強調這些紀錄片皆以能者的角度作為「正常」的原型來觀看紀錄

---

6 譬如，Stuart Hall（1997），*Representation: Cultural Representations and Signifying Practices*. London: Sage Publications & Open University. Edward said（1979），*Orientalism*. Vintage.

這些失能者，強調這些失能者如何能夠在對失能者不友善的環境中克服自己的失能，並完成失能者的不可能任務—與能者一樣，並讓我們更加佩服這些人。

如果說神奇模式放大了失能者／邊緣者，第二種煽情／溫情修辭則是縮小了失能者／邊緣者，把邊緣主體建構成是被迫害但值得同情的受害者，並藉由同情以及施捨救濟來建構「我群」的優越感。「溫情主義是觀看者將失能者變成他們可以把自己建構成是進步或是展現英雄事蹟的敘事的場合。同時，也將失能者所造成的威脅納入同情悲憫，無助的小孩的模式，讓觀看者能夠增權並行動」（Garland–Thompson, 2002: 63）。伯蘭特（Berlent, 2008）指出《湯姆叔叔的小屋》就是美國溫情主義的代表。在此，黑人被建構成是被剝削、心腸善良但頭腦簡單的小孩，並藉此角色來激起中產階級白女人的同情心，讓她們以慈善同情之名與心站在解救者的位置。同樣的，在本書裡，陳福仁的文章分析了三部有關領養「難以領養的小孩」的小說，指出哈里斯的《愛上失「格」孩》與泰勒的《佯裝正常》「忽略本體與結構層面上的他性，而採取傳統失能觀點；他們看待失能的角度—諸如悲憫、容忍與認同等心態。」這些敘述「強化能者與失能的差距，落入家長主義的窠臼」同時也把失能者建構成是不可參透的他者。

第三種視覺修辭是異國情調。如果說溫情主義把他者馴服，納入熟悉的秩序，那異國情調修辭則是把他者異常化，把他們建構成是遙遠的、陌生的、煽情的、或是充滿異國趣味的。這類的修辭，如同後殖民主義所指證，合理化西方帝國主義的擴展（Said, 1994）。這類修辭複製西方人類學者的觀看模式，以充滿好奇的眼光，站在高高在上的位置，客觀地遙望分析屬於「未開發」世界的他者。性在此類的再現中特別被突出。McLintock（1995）指出，未開發的非洲土地常常被看成是處女地，居住在土地上的女性則是充滿著性慾的，隨時等待著西方白人來開發解放她們的性慾。同時，非洲男人則是被建構成

是未經文明洗禮不能控制自己性慾的野蠻人。隨時對白女人造成威脅，因此需要被去勢，被文明化。如果在帝國主義擴張時代，異國情調修辭扮演著建構著野蠻他者與文明自我的功能，在當代全球資本主義的運作下，跨國廣告商採用異國情調修辭建構他者的差異性，一方面合理化觀看者的優越位置，讓消費者藉由消費繼續站在優勢的正常人位置上；另一方面，則是販賣性，意即，性化失能者來翻轉過去對失能者是無性或去性的想像，並藉此來吸引這巨大的人口（Garland-Thompson, 2002: 66）。如果說以異國情調修辭性化失能者是資本主義商業化失能者來逾越既有框架並獲得利益，胡郁瑩文章裡處理到的是資本主義如何以性展現來建構並商業化新的認同。在臺灣的脈絡下，東亞流行文化所展現的「異國情調」並不是西方對非洲殖民地的想像，而是在文化接近性和差異性間做協商。而這接近性與差異性與現代化／現代性有密切的關連。韓國流行文化以現代性來創造出花美男角色的跨國認同，而這認同又成為臺灣中性女性的對照組。藉由這種與韓國流行文化的對照，中性的陰柔陽剛位置得以建立並成為流行文化中的性別風格。

第四種建構失能者／邊緣者的修辭模式為寫實主義。寫實主義修辭以寫真／逼真的方式來描繪失能者，盡量淡化他們的差異性來引起閱聽者的認同，這種修辭強調平等，但卻有可能被工具化。寫實主義可以是以商業／廣告的形式或是新聞的形式出現，同時也有可能可以政治化閱聽人並喚起社會行動（69）。陳福仁所推崇的丹尼絲·雪拉·雅各森的著作《大衛的問題：一位失能母親的領養、家庭與人生之旅》即是以寫實的方式描繪失能者領養失能者的議題，將失能從個人主義式的論述帶到對社會結構與社會環境的思考。「此書的特色是，將本就錯綜難解的領養議題複雜化，提供進一步的見解，將領養議題與失能、性／別、種族、階級、人母之道與創傷相連。」

前述所討論的是文本再現的修辭模式如何構成邊緣者／失能者的公共身分認同，但個人的身分認同是由個人自身經驗與公共身分認同

協商的結果。個人自身經驗是由她所處的社會位置與與身體特殊性所造成的「能見度」（visibility）所決定。在此，能見度指的是可看見、不可被看見，以及如何被看見所形塑出來的自我與他者的關係。社會位置與個人能見度構成個人的詮釋地平線，與公共身分位置協商。本書第二部分則是著重在個人如何以自己的詮釋地平線來與公共身分做協商或是抗拒。本書所收的文章以三種文類來展現邊緣者的詮釋地平線：小說、自我生命書寫（自傳）或是民族誌訪談建構邊緣者的主體性。在此所處理主體建構以三種模式為主：主流式的協商、嘲諷式的抗拒，與增能式協商。

主流式的協商指的是採納並認同主流社會的看法來建構邊緣者的主體性。孫小玉在此分析小說「推拿」，以眼盲者的愛情與情慾故事作為主軸，分析探討「能者健全至上的意識形態如何透過目光和眼光的視角制約障礙者的情愛發展。」在愛情的世界裡，這些從事推拿的眼盲者慾望的對象是能者的身體以及此身體所代表的美貌，他們認同著能者的價值觀包括用金錢定義男性氣概等等。這些角色「在編織或構築他們的情愛世界或親密關係時，他們的『心眼』卻時時刻刻與主流社會的『心眼』緊盯著互看，他們的肉眼看不見，但是心眼卻比誰都清楚健全人如何觀看他們，如何期待他們，對於主流社會的目光，他們瞭然於胸，甚至被這樣的目光收編，將這些宰制他們的能者意識的價值觀內化成為個人的『眼光』」。

邱大昕分析了四位不同階級的視障者女性的自傳，提出視障女性在「做性別」時，向主流價值看齊的性別政治與能者偏見。「在父權社會秩序下，女性障礙者如果不能遵循傳統性別規範，正常生育、提供照顧和家務勞動時，社會並不會認為她們是「新女性」，而只會想到她們是視障者。女性視障者唯有在言行舉止嚴格遵循性別規範，別人才會忘記他們是盲人。因此女性視障者做性別時努力去符合傳統性格規範的目的，可以說是為了避免別人把她們當成身心障礙者。儘管女性視障者可以依照自己的實際情況，透過他人協助和自己的調整，

來達成傳統性格規範的要求。但是不論在公領域還是私領域，女性視障者經常都是眾人「凝視」的對象，而無法對自己的身體感到安全和放鬆」。

第二種模式為嘲諷式的抗拒，用嘲諷的方式來挑戰主流社會的觀點。王穎分析西西的《哀悼乳房》，指出在這本書裡，西西用記敘與論說夾雜文體嘲諷自己與讀者來挑戰主流悲劇式的癌症敘述模式以及主流對乳癌視而不見的社會壓抑情節。「《哀悼乳房》是一本有意識地要與無病大眾對話的書……作者從一開始就主動介入讀者面對乳癌的否認心理（denial）。社會大眾多半認為自己與「乳癌」這個可怕的疾病有一定的距離，但是事實上，那個距離可能沒有想像中遠，或者那樣固定。」

第三種為增能式的協商，意即，邊緣者如何與主流社會的歧視協商並從中增能自我，創造自我的正面意義。游素玲以余秀芷和羅雅萱的自我生命書寫為例，指出這兩位後天失能者如何用書寫來談到她們所面對的社會歧視與障礙。她們的生命書寫「解構並挑戰社會論述強加於具備女性與作家的身心障礙者之負面刻板印象，避免讓身心障礙者被污名化……代表了身障女性遇到的身障文化是如何成為他們發展自我的助力與阻力。」同時，「余秀芷和羅雅萱的生命書寫展現臺灣女性的身障認同不僅需要正向的自我認同更需與社群連結。她們依賴或發展的社群組織幫助他們找回自我價值，她們也以實際行動能力打破社會對於肢體障礙女性身體的想像，行使社會角色的能力而不受限於身體的功能性，進而增能社群。」

張恒豪在此所處理的是失能者的照顧者在父權制度下所面對的連帶處境。在此，他把照顧的性別面向帶出，談到智障者的父親和母親所面對的差別歧視與污名化。因為小孩是從母親的肚子產出，在父權體制下，母親更是連帶被污名化。然而，這些母親藉由參與非營利組織，智障者家長總會，與相同命運的人共享哀傷並為這些智障者爭取權利。在這個過程中，他們藉此在壓迫他們的父權體系下找到增能自

我的方式。

最後，我回到本書文章所處理的議題，並回應一開始指出的身分認同政治所遇到的難題，希望能夠藉此開啓對話。串聯本書的第一個主軸是邊緣／失能身體與性別的交織。在本書裡所處理到的分析對象主要以女性爲主，一方面，女性和邊緣／失能常常被放在同一個範疇，在以男性身體爲正常的標準下，女性的身體被視爲是殘缺的身體。而種族化的身體，譬如陳麗君所處理的新住民女性的身體，更是被凝視的，連國語都講不好的殘缺落後的身體。另一方面，在父權體制下，女性做爲照顧者，她們的身體承載著傳宗接代與照顧家庭的責任。她們的身體與被照顧者的身體具有不可切割的連帶性，包括連帶污名。因此，許多學者，包括本書作者群，開始著手連結性別研究與失能／邊緣身體研究。連結性別與失能／邊緣主體的目的是，一方面以身體的特殊性爲主要切入點，建構新的身分認同，並以此作爲社會運動結集的起點，要求肯認（recognition），資源分配與改變環境。另一方面，兩種以邊緣位置發聲的身分的連結可以互相學習互相壯大來顛覆對抗主流的漢人父權能者中心的意識形態與體制。甚至，陳福仁在此呼籲，人人都是失能者，並呼籲以此爲思考起點，來建構新的身分認同與知識論。然而，在本書裡所處理到的不同的邊緣身體也指出了身分認同政治的侷限性。當人人都是失能者時，失能身分認同的差異性，包括新住民的種族化身體，視盲與癌症患者的差異性皆有可能被著遮掩。但是，就如本書所分析的，即使是所謂失能的身體都包括各式各樣的無法簡化成單一概念的差異，更何況是女性／人這個概念。然而，強調差異的結果是無法找到共同點來創造集體利益。就如同本書裡所分析的是涵蓋著各式各樣的女性差異性，從視障到癌症患者到中性女孩到新住民，這些差異難以簡化成一共同體。在慾望集體以及面對差異的現實下，身分認同政治面臨的是難以妥協的困境。

第二個主軸是資本主義與邊緣之間的關係。資本主義在建構以及重新再建構邊緣與主流之間的界線扮演著不可或缺角色。首先，工業

資本主義以性別爲區分，劃分出公私領域的界線來做爲社會分工的原則。在此原則下，公領域涵蓋了屬於男性專利的政治參與以及勞動力的參與。女性則被配置到再生產（生養小孩與照顧家庭）的私領域裡。在公私領域意識型態的主導下，在西方屬於公領域的中產階級白人異性戀男性能者成爲 「人」的理想原型，而他們的文化則成爲社會道德價值的標準。在臺灣，這個原型被外省中產階級異性戀男人能者所取代。在此脈絡下，被排除在這群人所佔的公領域位置的人則被劃分到邊緣位置。然而，隨著資本主義進入到後福特彈性化生產模式，中心與邊緣的界線也一再地被重構來維持新的全球化的生產與消費型態。在臺灣，六零年代被納入國際生產分工，性別化的公私領域意識形態撐起了臺灣的經濟，造就了臺灣的經濟奇蹟。以女性勞動力爲主的再生產的領域除了負責家庭照護，也成爲主要，但不被看見的生產力來源（客廳即工廠）。在同時，單身女性則是走入工廠，一方面將他們的薪水拿回家補貼農家的開銷並養育教育兄弟以減少工業化所帶來的社會衝擊；另一方面，這群女工也成爲戰後首批被看到的在流行文化領域裡的「大衆」，在臺灣消費／影視社會的形成過程扮演了重要角色。

　　八零年代臺灣進入消費社會同時也漸漸轉型成以服務業爲主的經濟模式。此時，隨著女性雜誌的發達，以中產階級核心家庭爲主的小孩中心教養論述成爲主流，然而隨著女性教育程度增加，越來越多的女性進入職場，成爲職業婦女。八零年代末九零年代起，臺灣在美國的主導下，進入新自由主義全球化的經濟再結構（economic restructuring）的階段。隨著經濟的發達與工資的成長，大量工廠外移中國，造成臺灣產業空洞化以及更嚴重的南北與城鄉差距。這個經濟結構構成了南綠北藍的基本政治藍圖。2008 年來國民黨政府急速向中國靠攏，與中國共構形成權貴資本主義，造成臺灣的貧富不均達到最高點。而這貧富不均又是沿著南北城鄉開展。然而這個充滿著不平等與剝削晦暗的政治經濟結構與充滿慾望夢想成眞的跨國消費與流行

文化共存，相互支撐起當代文化地景。這地景最顯著的現象是東亞流行文化圈這個文化地理所形成的消費主義的盛行。這個東亞流行文化圈以異性戀愛情故事，特別是灰姑娘嫁入豪門論述，隱晦地訴說著階級兩極化的社會現實，同時藉由幻想撫平弱勢者的傷痕，讓弱勢者可以繼續樂觀地生活在殘酷的現實裡（Lauren Berlant, 2011）。

　　新自由主義對臺灣各個層面的影響的相關著作和研究非常多，無法在此詳述。　在此只點出與本書章節相關的性別化的公私領域的重構與邊緣主體的形成。首先，新自由主義資本主義以打破「家庭薪資」（family wage）來顛覆工業資本主義的公私領域性別疆界。當男人無法以單薪／家庭薪資養家活口，女人則被召喚跨出家庭為新型態資本服務。兩極化的經濟結構讓許多中上階級的女性可以雇用跨國女性移工來脫離她們所被期待的家事負擔。另外，兩極化的經濟結構也讓低階層的，特別是在鄉下的男性無法用傳統的腳本來完成其傳宗接代的任務，只好靠著仲介買進開發中國家的外籍新娘。在這樣的結構下，這群女性婚姻移民成了臺灣的新住民，育養著臺灣之子。在此脈絡下，經濟／階級，種族，與性別構成了她們的邊緣性，而這邊緣性展現在文化層次上則是以外省菁英男性所擁有的語言／文化作為衡量高尚公民的標準，並以此來證明她們的匱乏，讓她們成為被歧視與污名化的對象。然而，當中國薪資漲價，以剝削勞工作為「優勢」的榮景不再，取而代之的是東南亞更便宜的勞工。新政府上台，即刻以新南向為主要救經濟的政策，鼓勵臺灣與東南亞的資本連結。在資本的鼓舞下，這群新臺灣之子與他們的母親受到主流社會肯認。一方面，越南語被納入臺灣母語教育作為肯認越南母親是新臺灣人的母親，讓越南語與臺語客語原住民語互相競逐教學時數與資源。然而作為衡量臺灣公民是否「高尚」的北京話／國語則維持著最優勢的地位，不受挑戰。另一方面，在資本的主導下，新臺灣人之子與其越南母親變成橋梁，連結臺灣資本與越南勞工的橋樑。她們的價值只存在在資本的交易算計中。陳麗君的文章探討了她們邊緣位置的轉變，而這轉變則

展現在臺灣的「母語」教育。如果說，在資本主義的運作下，因為資本的缺乏與種族化的性別分工使得她們被分配到邊緣的位置，那麼被資本看見被資本利用則翻轉了她們的邊緣位置，讓她們可以接近主流，只是，作為邊緣者，她們只能處於被分配的位置，而非分配位置的主導者。因此，她們的語言位階，就如同臺語客語一般，只能被配置到「母語」的位置，而非「父／國語」。可是，能躋身進「母語」，是因為她們是「新臺灣之子」的母親，她們的價值是在於她們替低階層的臺灣男人傳宗接代。她們的價值在於女人做為子宮的可取代性，取代不願意「下」嫁的臺灣女人來替臺灣男人傳宗接代。國族，父權與全球化的交織讓她們進入了合法的體制，讓她們的存在可以翻身成「新住民」身分，甚至在資本的加持下，她們可以擠進次主流領域，在某種程度上翻轉邊緣位置。另一群人一移工，大部分是來自印尼穆斯林世界的年輕女性，一樣是照顧者，一樣來自東南亞，卻在同樣的體系下更被邊緣化。在現有父權資本主義下，這群移工被定義成是提供照顧的勞動力，而非子宮，因此她們沒有懷孕權。她們生下來的小孩，因為不屬於傳臺灣男人的宗／種，所以沒有法律地位，也就是說她們在臺灣的法律下是不存在的人。我用這個例子來說明資本主義和父權和多元文化身分認同政治的密切關係。只有在符合資本和父權的利益時，身分位置的邊緣性才能夠被翻轉，然而這翻轉是有限度的翻轉，最優勢的仍然處於中心。

　　另一個資本重構邊緣性的例子是胡郁盈所處理的流行文化裡的中性女孩。　然而，這裡所提出的議題是資本如何商品化差異性／邊緣性來獲得利益以及在此過程中，原來權力位階配置是否有被鬆動的可能性。中性女孩之所以成為邊緣的主要構成因素是在工業資本主義之下，公私領域所形構的男女二元對立社會配置。在這社會配置圖裡，任何脫離生理男性陽剛氣概或生理女性溫柔可愛婉約氣質的性／別皆被分配到邊緣位置，不見容於社會。然而在全球化資本主義對勞工的需求下，女性走出家庭鬆動了公私領域的二元對立意識形態及其物質

基礎。這個脈絡提供了中性女性身分的物質基礎，然而，其文化形構則是要放在東亞文化流行文化圈所形成的消費主義面向來談。首先，美國因素在東亞流行文化圈的扮演著不可或缺的重要位置。第一個美國因素是戰後美國控制日本並培植日本主導東亞的政治經濟策略，在此過程中，美國流行文化深入日本與東亞。第二個美國因素則是八零年代以來跨國文化工業的全球化／區域化的資本配置。在區域化的過程中，受到美國影響極深的日本和後來居上的韓國主導了東亞流行文化的生產，同時東亞各國也在彼此重複模仿互相觀看消費中形成東亞流行文化圈。受到美國「酷資本主義」McGuigun（2009）或「資本主義新精神」運作模式的影響，東亞流行文化圈也以「酷」來行銷差異／弱勢文化。Boltanski and Chiapello（2007）以及McGuigun（2009）提出從六零年代反文化運動（counter culture movement）以來，美國資本主義的運作邏輯即是將異議文化商品化（commodifying dissent），藉此來讓資本主義可以繼續。於是我們看到，被主流資本主義父權社會排除或邊緣化的弱勢，或批評資本主義的聲音皆被資本主義拿來當成是可被販賣的資源。中性女孩即是一例。打破傳統性別疆界的中性概念在此被包裝成時尚流行的「酷」概念。然而在此過程中，就如胡郁瑩所指出，是個雙面刃。一方面，中性酷的再現是沿著傳統女性所被配置的陰柔來展現，另一方面，這樣的能見度確實開展了鬆動二元性別對立的空間。這樣的現象不只是侷限於中性女孩，還可以涵蓋到其他被酷資本主義拿來挪用販賣的弱勢／差異文化，包括前述所提到的失能者或同志族群。這群邊緣者，她們在流行文化領域的正面能見度是建基在她們的消費力之上。而沒有能力消費的人在這以酷資本主義邏輯運作的大眾公共文化領域裡則是被消音或以負面形象出現。這個運作邏輯所產生的現象指向了身分認同政治的困境與難題一這也再次指出，在流行文化生產與消費這個領域，新族群或性／別身分的構成與她們的消費能力密不可分。有能力消費的人才有可能形成新身分，躋身於多元文化的一環。然而這並不代表主流文化被翻

轉了，這些邊緣主體形成的新身分常常用來襯托著主流文化的進步與寬容。

　　上述這兩個議題其實回應了 Brown 所說的現行自由主義式民主制度與資本主義的共構所衍生出的身分政治作爲社會規訓的一環。在臺灣的脈絡下，沿著多元文化所發展出來的身分政治與資本共謀成爲規訓體制的一環，把新身分放入舊的權力結構，卻沒有翻轉舊的權力結構，最多只是鬆動了（但不是翻轉或打破）某些面向（譬如父權的重構），反而是繼續維持並鞏固了既有的權力結構。本書所觀察到的，是資本作爲維持既有體制的運作與身分認同政治的關係。即使是失能者以自傳或生命書寫方式來賦權壯大自我，壯大失能者的邊緣認同，然而這些書寫，就如同「身」「分」兩個字所強調的，在社會上的身體的位置配置，她們之所以被看見是因爲她們努力與成功，成功地被納入主流中產階級價值體系。即使是邱大昕所選的來自勞工階級的自傳，這些書寫者也都成功地脫離勞工階級並被納入進中產階級。也就是說，因爲資本介入身分認同政治的形成，並將新身分認同政治納入自由主義資本主義規訓體制的一環，以種族／族群和性／別這種看的見的身體身分政治便和階級政治分道揚鑣。身分認同政治最終目的是脫離污名化與脫離貧窮化，也就是說，脫離下層或是貧困階級認同。這樣的認同政治是以既有中產階級價值爲基準，並且與階級政治脫鉤。在新自由資本主義貧富兩極化的年代，這樣的認同政治顯然無法面對當代的問題。

　　面對這種難題，Brown 提出「我要」來代替「我是」並且脈絡化身分認同的形成，同樣的，Alcoff 也強調脈絡化歷史化身分認同。在臺灣，本書以邊緣身分出發，但邊緣的疆界隨著權力機制在變，邊緣之內也有無數的差異。在此序裡，我企圖以性／別與資本作爲脈絡化邊緣形構的主軸。然而，有更多的軸線，更多的歷史脈絡等著大家來重構，重新書寫檢討改進身分認同政治。

參考文獻

Anne Mcclintock (1995) *Imperial Leather: Race, Gender, and Sexuality in the Colonial Contest.* Routledge.

Edward W. Said (1994) *Culture and Imperialism.* Vintage.

Fang-chih Irene Yang (2012) From Korean Wave to Korean Living: Meteor Garden and the Politics of Love Fantasies in Taiwan." *Korea Observer*, 43(3): 419-445.

Jim McGuigun (2009) *Cool Capitalism.* Pluto Press.

Lauren Berlant (2008) *The Female Complaint: The Unfinished Business of Sentimentality in US Culture.* Duke University Press.

Lauren Berlant (2011) *Cruel Optimism.* Duke University Press.

Linda Martin Alcoff (2006) *Visible Identities: Race, Gender, and the Self.* Oxford University Press.

Luc Boltanski and Eve Chiapello (2007) *The New Spirit of Capitalism.* Verso.

Rosemarie Garland-Thomson (2002) The Politics of Staring: Visual Rhetorics of Disability in Popular Photography. In Sharon L. Snyder, Brenda Jo Brueggemann, Rosemarie Garland-Thomson (Ed.), *Disability Studies: Enabling the Humanities.* Modern Language Association Press.

Wendy Brown (1993) *"Wounded Attachments."* Polical Theory, 21(3): 390-410.

1

邊緣主體與性別身分協商

增能自我與社群：
臺灣身障女性的生命書寫

游素玲

女性身體和身障身體

　　西方社會從亞里斯多德開始，便經常將女性身體比喻為「傷殘的男性」（mutilated males），認為女性身體和失能身體都是次等於男性的身體（Garland-Thomson, 2001; Kudlick, 2003）。女性主義者也經常運用這類的比喻，來強調自身所受的社會壓迫，將性別歧視的社會視為是一種「致殘」（disabling）的制度。認為主宰性別權力關係的是父權體系，而主宰著障礙歧視的是「能者／失能」（ability/disability）系統，兩個系統同時運作，造成失能／性別重疊或雙重歧視的問題。而且，兩個系統更進一步與種族／階級／資本主義等等不同的系統交錯，交織出更多更複雜而又被隱沒的失能／性別歷史。值得注意的是，在父權的社會框架中，女性往往被指涉為不完整的人，而失能又被定型為弱者和屬陰性的，女性／陰性／弱者／失能多數時被劃上等號。許多的研究指出女性失能者所受制的社會壓迫與歧視更加比男性失能者來的嚴重，因此，女性失能者亦長期被視為處於一種雙重邊緣化的處境（Morris, 1996）。

女性主義理論和失能論述

　　二十世紀失能研究崛起，致力爭取失能者的人權，回復失能者的主體與尊嚴。然而，女性主義者長期以來對失能議題並不特別關注，甚至有許多主張和失能研究的觀點是相對立的，或失能議題經常被置於許多主流女性主義假設之外。直至近年來，失能研究逐漸在女性主義領域裡嶄露頭角，在北美有愈來愈多女性主義學者關注失能議題，諸如 Garland-Thomson（2004）所著的 *Extraordinary Bodies* 或 Tobin Siebers 的《失能理論》都處理了相關的議題。Susan Wendell（1989）的 *Feminist Theory of Disability* 把女性主義理論運用到失能研究裡。Wendell 認為失能者的壓迫與身體的文化壓迫有密切關聯，主流文化將身體理想化，藉此規範我們的身體。Judy Rohrer（2005）則是主張要將失能納入女性主義理論，讓女性主義變得更為豐富，建立一個完全接納的女性主義（full-inclusion feminism）。在 Smith and Hutchison 所著的 *Gendering Disability*，他們指出失能研究亦和女性主義理論交錯，因為它包含了再現、身體、身分、和運動等領域。也就是說，女性主義藉由再現女人、讓他們從暴力、仇視和偏見中脫困，並以共同經驗為訴求，來替身為弱勢的女人尋求正向的身分認同。因此，女性主義失能理論同時為那些失能者提供了正向的身分認同。失能不再只是醫療問題，這些著作更進一步探討其文化／社會源由。

　　Garland-Thomson 於 2002 年明確地結合女性主義和失能理論，正式命名為「女性主義失能理論」。Garland-Thomson 認為兩者的「結合」為達一致平等，就必須包含所有被排拒和從屬的人，而「改革」的目的是要創造新的想像，包括重整既有知識和秩序。兩個理論的結合和改革正是為了整體公民權利運動的政治性而行。「女性主義失能理論」要從身體、身分、再現和運動四個方面著手，打破因「能者／

失能」系統而造成對失能者的負面標籤：第一，解構社會上歷來對失能的種種再現，其中首要分析這些失能再現系統如何打造個人的自我感觀以及人與人的關係，進而釐清失能如何跟其他再現系統互相影響，建構成種種對失能的歧視。第二，檢視身體的物質性和政治性，與生活經驗跟主體性和身分認同的關係，一方面分析醫學上的女性和失能身體如何被歸類爲「不正常」，另一方面檢視文化上「疾病」又如何被形塑成爲一種陰性化氣質，賦予負面意義。第三，就單一的身分認同政治進行正面又嚴厲地批評，反對將女人和失能人士本質化，並將置於從屬二元對立的男／女性別或「能者／失能」系統之中，女人和失能者不能囿限於各自的框框，而是同時擁有多元的文化身分。所以失能必須出櫃，以挑戰強加於他們身上的性別或失能的單一身分類別。第四，女性主義失能理論強調與社會運動的扣連，以創造一個更公義和平等的社會。Garland-Thomson 強調，這四個範疇的概念和實踐是互相交錯和互相補充的，它的目標是排除失能標籤，奪回「我們都是失能」的積極意義。在此脈絡下，本文將以在地女性的觀點，以回應西方女性主義失能理論欲解構對文化所建構的身體、身分的認識的呼召。

失能研究：跨國女性主義觀點

在西方女性主義中成形發展的失能研究使女性主義者對於多重壓制、身體政治僭越性有了更深入的探討。女性主義失能研究豐富了我們談論和思考失能身體的語彙和想像。然而，這些學術研究皆是在西方的歷史經驗所發展出來的，其理論知識的建構本身就排除了非西方都會的經驗，因此無法完全適用在邊緣國家對身體的思考（Connell, 2011）。Raewyn Connell 認爲在研究失能的身體時，我們更需要「南方」的觀點，這南方的觀點包括殖民暴力與失能身體之間的關係，全

球資本主義與失能身體之間的關係，以及現代全球性父權與失能身體之間的關係。也就是說，我們以南方觀點思考社會脈絡時，必須把殖民主義，全球資本主義以及父權制度這三個軸線納入考量，探索分析這三個權力軸線如何交織形構在地的脈絡，而何種「正常的」，馴化的身體才是這個特殊脈絡所需要的？失能的身體又如何在這樣的脈絡下被定義生產？被污名化？而這些污名化的失能身體如何在這個脈絡下處理自己的身體？如何抗拒？如何發聲？如同 Connell 所言，大部分的失能身體的研究皆是以西方經驗爲主所發展出的北方知識，這樣的知識不但忽略也排除全球大部分人口的身體經驗。

Nirmala Erevelles 更指出全球脈絡中的失能與差異：主流女性主義一直以來主張的「女人」概括性區分有著諸多限制，而當西方的失能研究能非常有效的強調出這個限制時，它對於規範性的批判反而使它受到規範性的侷限，因爲這樣的失能研究無法嚴謹地看待在失能等級上所產生的差異性，以及種族、階級、族群、性慾和國家差異的核心。因此，即便 Garland-Thomson 主張失能做爲一個研究領域可以顛覆身分概念的穩定性、可以探討交錯地域的議題、可以探究失能具體呈現的複雜性，她認爲許多西方女性主義者的失能研究仍受限，因爲這個研究過度依賴象徵性而非物質性的討論。

第三世界的女性主義者也針對西方主流女性主義的失能研究提出批判。「西方」一詞在此用於指涉建構女性的特定規範（註：受過教育的、現代化的、能自己主導身體的、以及擁有自我選擇的自由。）。反觀第三世界的「一般」女性，她們非由這些特定規範建構而成。第三世界的「一般」女性的形象通常是因爲她的性別以及「第三世界」的身分（註：無知、貧窮、未受教育、受制於傳統、家務、家庭爲重、受害等），使她過著實質上被剝削的生活（Mohanty, 1997; 80）。這樣的形象將第三世界的女性建構成有缺失的形體，她們象徵那些因爲沒有受到特別照顧失能女性而構成的歧視，這種受歧視的失

能女性，亦須對抗將女性視爲需被憐憫的受害者的刻板印象，因爲這種刻板印象使父權、專橫以及歧視的介入正當化。（Fine & Asch, 1988; Ghai, 2003; Morris, 1991; Thomas, 1999）然而，儘管反對主流女性主義趨勢的共同基準帶來更多可能性，第三世界女性主義者對於分析失能的差異性仍有顯著的不足。舉例而言，儘管在印度有超過三千五百萬的女人是失能的，印度失能女性主義者 Anita Ghai 指出，國家女性委員會仍表示：「失能並不是個會引起女性主義者注意的議題。」

　　事實上，居於南半球的失能女性遭受了雙重，甚至是多重的困境，因爲他們不僅身爲較弱勢的女性，遭受諸多偏頗的文化信念，許多更受赤貧之苦。針對這些女性們所做的研究多半視其性別與失能爲不相關的兩個層面，在南半球雖有失能女性作家，如 Ghai 的 *Disembodied Form: Issues of Disabled Women* 等著作，相關的討論仍然稀少。澳洲的女性主義失能學者 Helen Meekosha（2008）就指出現存的失能研究理論多以北方的先進工業國家爲主，忽略南方發展中國家的失能議題。因此，我們要進一步研究殖民主義、新殖民主義、全球化對南方社會失能議題的影響，對於學術文獻缺乏性別與失能的交錯閱讀是相當值得省思的。筆者認爲要探討南方失能研究的不足就應從南方認識論的研究著手，累積更多本土失能研究，建立本土的失能研究理論跟西方的失能研究理論對話，將是臺灣的失能研究者必須面對的挑戰。

臺灣的失能研究

　　過去二十多年來臺灣身心障礙社會政策與障礙者權利保障已逐漸受到重視（張恒豪、蘇峰山，2009）。在 1980 年前，障礙者的權利基本上排除在國家福利體制之外。從家長團體在解嚴前開始爭取受教

權開始、解嚴期間障礙者權利倡議團體爭取工作保障、政治參與、無障礙空間、社區融合，並促成解嚴後相關法令的制訂與政策（張恒豪，2006）。在 2007 年更進一步修改爲身心障礙者權益保障法，開始以權利的觀點來定義身心障礙者的公共政策。從 1981 年的殘障福利法，1997 年的身心障礙者保護法到 2007 年的身心障礙者權益保障法，可以說是從殘補式的福利轉變爲權利導向的社會福利。林萬億（2006）就指出這樣的法律改變代表：「身心障礙者福利已從隔離取向走向照顧、保護取向，再逐漸朝向視身心障礙者爲獨立自主的個體的支持獨立生活取向」。因此，身心障礙者的聲音逐漸被聽見。他們發現臺灣學術對障礙研究的學術研究作品並不多。社會工作與社會福利領域的學者已經注意到相關的理論發展。王國羽（2005）帶入社會模式的障礙的觀念，討論障礙經驗在社會學研究的位置，並提出障礙作爲一種普同經驗的可能性。王國羽、呂朝賢（2004）試著引入社會模式的障礙分類典範，以修正臺灣以醫療模型和殘補式的福利模型建構出來的障礙分類典範。在推動社區化的照顧體系時，正常化（normalization）的觀念也被許多社會工作學者所引用（周月清，2000；黃源協，2000；王育瑜，2004），其目的在於扭轉一般社會大眾認爲身心障礙者是「不正常」的觀念，讓身心障礙者能和一般人一樣，享有社區生活的權利。這些研究對障礙者權利在臺灣的實踐有一定的貢獻。

建構在地性別與失能論述

近年來臺灣失能研究蓬勃發展，在過去十年中，臺灣也更加見證了各個失能者的生命書寫的蓬勃發展。相關的研究演講陸續在校園中出現。近年來學界亦逐漸重視失能書寫，開始建構出自己特殊的知識、文化及主體性（王國羽，2005；邱大昕，2012；孫小玉

2014）。然而，其論述仍多服膺西方理論架構。筆者在回顧相關文獻時亦發現基本上過去臺灣的失能研究仍停留在討論爭取權力與福利政策的階段，然而，針對失能論述的性別文化政治的觀點，卻著墨不多。近年來，失能研究者認為在面對社會邊緣人必須看見多元異質性，失能者不只男女區別，在性向、階級、族群、世代等各面向上均有差異，弱勢中的弱勢亦是更容易被忽略及面臨更多困難（成令方、江語喬，2010）。

因此，本文將聚焦於全球文化與在地社會的互相建構及轉化分析其失能女性身體再現如何融合了全球性別文化及在地性別意識，本文將結合全球–在地接軌的理論架構及跨領域的研究方法，將國際化的學術視野帶入臺灣失能研究領域：在理論方面，本文旨在延伸跨國的在地理論建構，視在地社會為一具有能動性的主體，以多重且不均質的方式接收與挪用跨國文化元素，從而在國際文化流動之中發展出獨特的在地性別文化及失能主體性。本文將以南方理論作為基礎，以臺灣在地經驗作為思考的起點，試圖問題化西方的理論與經驗，挪用在北方的南方理論，探索分析臺灣失能身體的性別政治，一方面，累積在地對失能身體的知識建構，另一方面，也希望藉由臺灣的經驗與知識來批判並豐富北方的理論與經驗。在臺灣累積這方面的研究，不但有助我們釐清自身的脈絡，以在地的經驗建構屬於自己的知識，同時也可將不同的觀點帶入北方理論，與其他地區的南方理論與知識做比較與連結，指出北方理論與經驗的侷限性。

身障女性的生命書寫

為延續前人之研究並與其區分，因此，本文研究取徑全球與在地接軌之女性主義失能理論檢視臺灣身障女性所書寫的身障經驗及身體敘述。文本及個人經驗可視為社會的產物，透過論述對話，能洞悉臺

灣對身障女性的社會文化風俗規範。筆者認爲身障女性的經驗，不僅受到身體缺損的影響，更受社會文化論述及風俗所定義的身障和女性的規範角色、地方和情境而形塑。以往臺灣的主流文化往往強調身障女性與其他女性有著相同的生命軌跡，而忽略其個別差異。筆者之所以選擇這兩位身障女性——余秀芷與羅雅萱的多樣生命故事是因爲她們強調障礙者女性本身所想要的生活方式與發展並積極爲其所屬的社群發聲。對這兩位身障女性而言，生命書寫是唯一紀錄她們生活與歷史的選擇，在解構主流文化錯誤重現她們的生活時，她們以書寫自我身體經驗的方式重建自己的主體性，提供各不相同的觀點與多元的身體經驗，並挑戰我們對身障女性的刻版印象。這些獨特的文本使用身體經驗作爲社群與政治立場建構的基礎，並將她們受到多重壓迫的經驗理論化，這些生命書寫不只是身障女性作爲主體的發聲，也開啓對任何統一的、一致的身障女性主體性和社群的批判。

透過檢視這些生命書寫，本文關於身障女性的身體政治的討論面向包括：身障女性的身體是如何被社會建構與銘刻的？在文化再現的層次上，本文將探討臺灣的主流文化如何再現身障女性的身體，並探索社會文化政治和經濟的權力關係如何與這些再現「交織」形成支配我們思考身障女性的權力網絡。他們的身體敘事方式和特色爲何？他們的身體自主性的實踐經驗爲何？她們共同建構的臺灣身障女性論述是什麼？

增能自我

紀大偉曾以關注主流／強勢與邊緣／弱勢二元對立的策略，討論臺灣身心障礙敘事，延伸《敘事的輔具》身心障礙研究專著的思考，「弱勢的身心障礙被敘事『常』規挪用，用來輔佐敘事鋪展情結，製造高潮」（2012：90），形成以敘事爲主、身心障礙爲輔的主流敘

事。然而，紀大偉嘗試反向觀察，提出身心障礙敘事中，輔具並非敘事，而是敘事中的「勵志性」，藉由以正視勵志性切入，將焦點放在身心障礙文本上。並以此來檢視鄭豐喜自傳《汪洋中的一條船》、杏林子作品、以及幾米《地下鐵》三部作品。紀大偉認為，在身心障礙文本中，勵志性將主流／弱勢關係更形曖昧，甚至拉近距離。在身心障礙文本中，勵志性是情感的觸媒，其影響是擴散至主流讀者，進一步將情感放置在資本主義的經濟體系下來看，提出勵志性可作為情感輔具、協助推動情感運輸、激活情感的經濟。以鄭豐喜自傳《汪洋中的一條船》來看，在七零年代時代氛圍中，《汪洋中的一條船》被視為勵志佳作，受到黨國高官重視，如：蔣經國參與建議、高層官員序文等，「它的勵志性開啓了一個情感經濟得以斡旋的空間，讓黨國也得以參與情感的傳輸」（紀大偉，2012：97），黨國高官推廣鄭豐喜勵志、奮鬥，黨國力量也增加了勵志的價值，黨國成為此書勵志敘事的「共同作者」。弱勢的身心障礙文本與主流謀合，呈現出主流挪用《汪洋中的一條船》作為教化民眾工作，並與主流政權合作。以身心障礙敘事來看杏林子作品，作者提出著重於「敘事」，主要為敘事是向前行進的，指出在身心健全主義中「進步」與「治癒的意識型態」的密切關係，《汪洋中的一條船》作者力求進步、奮鬥，與主流價值扣合；而杏林子作品中卻不求痊癒，不符合「治療的意識型態」，並且不求黨國主流，在家庭與宗教上尋找情感共同體。同樣在七零年代氛圍中，《汪洋中的一條船》與杏林子作品同為弱勢文學，兩者勵志情感傳輸卻大不同，即使不與黨國合作，杏林子在家庭、宗教支持下，形成另一種情感經濟體系。紀大偉亦觀察到，近年來身心障礙敘事作品往往大打勵志牌，以勵志性的魅力作為行銷商品主力，形成一種跨國資本主義商業模式。然而他進一步追問，在身心障礙敘事中是否可以不將勵志性放入文本內容？（紀大偉，2012：111）。

筆者認為對身心障礙者而言，成為自身故事的主角，可使書寫者建構有別於主流社會論述之主體性。特別對於身障女性作家而言，她

們往往在能者主體性的價值系統中被排除，而生命書寫（life writing）即提供了一種途徑，使她們可以具體化敘事以及繪製生命藍圖。女性失能者，尤其是肢體障礙女性，是擁有具體、但被邊緣化以及性別化的主體，但也承認身體的脆弱性。當他們身體「失能」並且被社會認為「不正常」時，書寫自身故事的論述行為（discursive act），使書寫者可以將身心（以及這種錯誤的二分法）置於敘事中心，並以此方式陳述自我認同。而這也突顯了一個增能（empowered）與正向具體的主體。Thomas Couser 曾檢視一些關於病痛或障礙的自傳，並指出個人主體性如何透過書寫重建。Couser 提及，自傳寫作創造了「能動論述」（enabling discourse）。對身心障礙者而言，生命書寫提供自我定義與重建敘事何謂失能者的機會。

余秀芷在 24 歲以前非常健康。她原本最能代表符合主流社會規範女性的理想身體。22 歲時，一個偶然機會，在報紙上看到模特兒甄選的消息，秀芷接受經紀公司完整的模特兒訓練後，憑著姣好容貌和高挑身材，經過試鏡，脫穎而出。開始上台走秀，成為一位伸展台上艷光四射的模特兒，逐漸在模特兒界嶄露頭角。秀芷就像其她年輕少女一樣，對於未來懷抱著憧景和美夢，未來一切美好前途正要展開。

然而，一場疾病完全改變了她的自我認同。民國 87 年 3 月，秀芷某天下班準備回家時，突然感覺腰部一陣酸痛，原本以為只是坐太久，姿勢不良的原因。在醫院被家醫科實習醫師折騰了一個下午，等到醫師出現後，卻又被誤診為「坐骨神經痛」。三天後病情開始惡化，那一夜，秀芷感到腳一陣劇痛，一直蔓延到腰部，最後甚至痛的站不起來。家人緊急將秀芷送到醫院，恰好遇到該科急診醫師不在，秀芷就這麼忍著劇痛熬到次日，才等到病房，那時雙腳已經逐漸失去知覺。經歷一連串的精密檢查，醫生檢查不出病因，診斷「疑似」為「脊髓神經發炎」。

此時秀芷已失去對雙腳的控制力，感覺腰部以下完全「空白」一

片。住院兩個月後開始復健，在治療期間，曾經被一位老教授，當著一群實習醫生面前，無情地宣判「百分之八十沒有站起來的機會」，這句話深深傷害了她。秀芷沮喪地生活著，因爲一夕之間整個世界完全不一樣。經過一年的復健療程，秀芷經過不斷的建立信心，然後又被復健師與心理醫生打擊信心，經歷了人生最痛苦，也是最無助的一段時間。民國 87 年 7 月，余秀芷出院後回到家中，開始面對生活的諸多不便，陷入前所未有的低潮，她的雙腿沒有知覺，無法站起來，日常生活瑣事無法自理，坐在輪椅上的她，門檻過不去，東西拿不到，總覺得矮人一截。她絕望的將自己封閉在房間，大約有一年半的時間。

秀芷最大的人生轉折點，是在一次嚴重的尿道感染，高燒不退，在全身痠痛無力的狀況下，想到癱瘓後，活著只會拖累家人，想要告別這個世界，於是興起自殺的念頭。一心想逃避，覺得一死了之，以後就不會再有痛苦了。她拿出筆記本開始寫遺書，這時腦海中湧現了發病後，父母照顧她的一幕幕畫面。爲了醫治秀芷的病，父母只要聽說有一絲絲的希望，不論多遠，就算是深山野嶺都去；爲了只是求一杯「神水」，父母還到廟裡跪著磕頭，磕完一千個頭，深夜拿著那杯神水到醫院爲秀芷擦腳。

想到家人一直爲她努力，秀芷心想爲了深愛她的父母，要勇敢的活下去，別讓家人傷心。秀芷在父母的關懷與扶持下終於走出陰霾，選擇勇敢面對現實，重新拾起自信與希望。她開始化妝、微笑、穿戴整齊，秀芷發現：原來改變自己，也能改變別人的目光。秀芷說坐在輪椅已經很可憐、很不方便，所以更應該穿漂亮一點、打扮得美麗一點，不該把自己搞得像病人一樣。秀芷走出心中的陰霾後，積極開始進行各項復健療程，雖然很辛苦，但她都不放棄，秀芷慢慢抬起手，做不到時她再試，即使花了幾十分鐘，她完成每個指定動作後才停下，對秀芷來說，這些都是努力了好久才有的成績，在一再重複的練習中，現在已看到一絲絲的進步。

在父母的鼓勵下，秀芷到榮總進行復健課程，她穿上厚重的鐵鞋，雙手撐著支架，慢慢的向前移動，雖然雙腳沒有知覺，但覺得腰部已經有了力氣。復健有了進展，秀芷也開始學著自己打理生活，不再像以前一樣，事事依賴家人的幫助。秀芷感謝家人，陪她走過那段最痛苦的日子，這場病帶來的衝擊曾經擊垮秀芷，但家人卻全力幫秀芷挺著，要秀芷不能放棄。如今，秀芷也能坦然面對自己，雖不盡完美，但已能超越。

秀芷目前定期地咬牙忍痛做著各項復健，為的只是能夠找回身體的自主權，秀芷不知道未來有什麼樣的事情發生，但是她很積極樂觀，始終保持著最好的狀態，因為或許有一天，醫生能治好她的疾病，她就有最佳的條件馬上恢復。秀芷說，醫師曾經告訴她沒有辦法復健，但如今她卻能靠自己的力量慢慢坐起來，並照料自己的生活起居，她只想告訴大家，雖然只有一點點機會，「只要堅持，就會看到希望」。現在的秀芷，靠著寫文章來抒發並治療自己的心，文筆就像她本人般地清新脫俗，她的作品呈現給讀者一位十分聰明、風趣、有遠見以及增能的女性，並且挑戰社會論述強加於具備女性與作家的身心障礙者之負面刻板印象，避免讓身心障礙者被污名化。她代表了身障女性遇到的身障文化是如何成為他們發展自我的助力與阻力。她的生命敘事暴露隱含的主流性別意識型態和身障女性所面臨的困難和挑戰。但她也同時對抗「失能者做為英雄」的刻板印象。她也誠實談及，曾想過自殺，也曾思考過如何在排除肢體障礙女性的「美」的標準中，「變得有吸引力」是什麼意思。此外，她強調透過觀點改變，真誠面對生命，才能讓身心障礙者產生覺醒的意識，使身心障礙者完成自我增能。

在其研究下半身肢體障礙女性時，潘佩君曾探討肢障女性的真實生活樣貌與社會對「肢體障礙女性」的想像，梳理出肢體障礙女性所面臨的問題。想像之一為渴望「正常」身體，多數研究對象為五零年代小兒麻痺流行時期的患者，家長們帶著小孩自幼四處求醫求神，尋

求各種治療，希望能回到正常的體態。關於「正常」的想像與奔波，需直到真正接受／認命身體缺陷，才能正視看見身體的真實樣貌。在想像「正常」身體的同時，伴隨著肢體障礙女性的另一層真實與想像為「審美／美麗」，透過消費來展現自己的女性形象。然而，肢體障礙女性也往往遇到有錢沒得花的窘境，潘佩君的訪談調查中可見，大眾流行商品的生產對象往往忽視消費者的差異性，在女性商品設計上，肢體障礙女性的需求並未受到重視；而在醫療器具上，達到身體需求功能性，卻沒有美感設計與考量。除了身體、美感外，在人生課題中，肢體障礙女性往往在婚姻、家庭課題也受到諸多限制。在戀愛／婚姻上，對象容易產生「正常人」、「障礙者」之分，而受到刻板歧視與不友善反對，導致「門當戶對」的觀念而放棄與其他女性平等機會的想像。然而，在選擇是否步入婚姻的肢體障礙女性，另一面臨問題則是：家庭功能的考驗，過去對於身心障礙者的認知為「需要被照顧」，在家庭角色功能，容易與「失敗妻子」、「無能母親」想像連結，造成許多肢體障礙女性放棄婚姻選擇。

羅雅萱的《斷了發條的洋娃娃》更進一步揭露了身障女性在婚姻、家庭裏受到障礙與性別的雙重歧視，比一般女性更難獲得性別平權；但是她們仍然可以扮演母親或照顧者的角色，由於環境上的障礙，所以需要更多的關注，可是在臺灣主流社會裡呈現出來的身心障礙女姓，只是個需要福利、安全照護的獨居者，忽略身障女性和一般女人同樣會經歷的生命過程，足見對身障者的刻板印象根深蒂固。羅雅萱的生命故事說明她們有著跟所有女性一樣的愛慾、感情、婚姻、家庭歸屬、醫療及個人發展等的需要。

羅雅萱曾經也像普通人一樣能走、能跳、能跑。但是，在她25歲那年，一場車禍撞碎了她的夢想、也撞倒了她的身軀。25歲的花樣年華卻須半癱在輪椅上，愛唱歌、跳國標舞的她，事發後的前三年非常「想死」，但是身邊的人給了她希望。她漸漸的走出了陰霾，跨出了她的步伐，朝著她的人生繼續向前邁進。這背後的支持，讓她有

了完整的家，有了健康的小孩，也有了真心愛她的先生。羅雅萱在自傳裡分享她的心路歷程；從老天使她意外脊髓傷殘，卻接連讓她生命出現諸多奇蹟，從想死而死不了，到積極孕育新生命、成立協會服務身障者，鋪陳出一條旺盛的生命之路。

但在接納自己的障礙之前，她也曾飽受社會對身障者異樣的眼光和歧視，她曾被戲稱為走路一拐一拐、斜眼、歪嘴、手伸不直的五官不全的「祕雕」，她曾與朋友分享被取笑的經驗：

> 「他反而叫路人圍觀我，大叫著說：『你們來看這個坐輪椅的，頭髮染成這樣，人不像人，鬼不像鬼，來看看她，醜不拉嘰的，一點都不像坐輪椅的人。』過路人好奇的迎合阿伯，不只七嘴八舌，更是嘰嘰喳喳，還興致勃勃的討論我，這讓我覺得自己是一個異類，和她們完全格格不入，真想挖個地洞鑽進去。」（羅雅萱，170，斷了發條的洋娃娃）

但生性樂觀進取的她，並沒有向社會歧視的眼光屈服。

愛情與婚姻的這條路，對女性身障者更是一條艱辛的路；她們需要有勇氣去面對自己情慾上的矛盾與抉擇。羅雅萱與菲律賓籍的老公赫陸尼木（譯音）結婚後，她的許多朋友皆不看好她的婚姻。甚至連她自己有時也感到困惑：「有的人說我拿終身大事當試驗品，也有人說我老公是為了我的錢才和我結婚的。什麼難聽的話我都聽過，當下心情很受傷，我不免猜疑我的婚姻到底能維持多久？我不禁感到徬徨。」（羅雅萱，2010：102）但她一直相信殘障者也會有春天：

> 「殘障或許會成為追求愛情的障礙，然而我想影響更大的是殘障者的態度與想法吧，因為帥哥美女也會有失戀的時候呀！愛該堅持，愛該勇敢追求，我們是一群需要愛與被愛的壞掉洋娃娃，我們都是追愛的女人。」（羅雅萱，194，斷了發條的洋娃娃）

婚後 36 歲那年，她意外懷孕九週，但由於社會上普遍存在的肢障歧視，使她的生育決定頻頻遭受阻礙與質疑。她看了三個婦產科醫師，都以母親長期服藥、可能會生下不健康寶寶的理由，建議她拿掉；其中一位醫師竟脫口而出說：「不能生，要拿掉！會缺手缺腳。」（羅雅萱，2010：109）當時她曾一度動念想要拿掉孩子，不過，署立新竹醫院婦科主治醫師，在詳閱過她的病歷後，鼓勵她生下來，她才放棄墮胎的念頭。當時，鄭醫師拿掃瞄器在她的腹部來回仔細檢查，指著寶寶的手、腳給她看，還讓她聽寶寶的心跳聲，「砰！砰！」地跳，她當場崩潰流淚。「我們一起拚拚看！」（羅雅萱，2010：109）因為鄭醫師的一句話，她宛如從地獄來到天堂，興奮不已，並下定決心試看看。為了保住寶寶，她中斷安眠藥，夜夜失眠、身體疼痛，但她都咬緊牙關承受下來。

羅雅萱說，重度脊髓損傷者很容易有呼吸困難的毛病，懷孕期間，數度喘不過氣來，有時候連上廁所都要戴著氧氣筒，過程非常辛苦；儘管如此，每當她在聽到孩子的心跳，感受新生命的喜悅時，她幾乎激動的留下淚來，更下定決心要讓寶寶平安誕生。脊髓損傷患者能順利生子，困難度更高，羅雅萱憑著毅力與勇氣，以 37 歲的年齡，成功產下健康男寶寶。經過她向醫院、各地脊髓損傷協會查證的結果，她應該是國內第一位重度脊髓損傷者產子成功的案例。

由於過去臺灣社會對於身障者的想像是「沒有性別的被照顧者」，大家對障礙者作為一個母親、一個照顧者沒有任何的想像。身為人母的羅雅萱盡力克服身體的限制，積極翻轉肢障偏見，反而想要扮演社會認定的「好母親」角色，以獲得自我肯定。她回顧著初為人母的挫折與驕傲：

> 「寶寶便大哭起來。我頓時覺得我一無是處，什麼都不會幫忙做，連我自己的兒子都沒辦法照顧。後來我想了一個辦法，當我坐在電動輪椅上，我就把寶寶和我綁在一起用安全帶固定，載著

他到外面溜達，他覺得外面的世界好新奇，笑的開心極了。我感
受到自己還有一點用處，我驕傲的不得了。」（羅雅萱，140，
斷了發條的洋娃娃）

幸運的是，她的用心也獲得來自丈夫的支持，因而產生了較為彈
性的分工。事實上，家人支持的適當與否影響著肢障母親對母職經驗
的看法與感受，獲得適當支持的肢障母親視母職為成就體驗；然而，
未獲得適當支持的肢障母親則將其視為負擔。

增能社群

西方失能自傳經常強調個人主義而淡化社群的重要性，David
Mitchell 批判失能自傳「常淪為崎嶇的個人主義風氣」（2000:
312）。筆者認為身障生命書寫的倫理應該在於如何讓生命擺脫自我
的狹窄視域，將之置入群體或集體的關係脈絡中來審視和理解。甚至
生命書寫雖然自個體出發，但是由於個體與社會的關係，最後仍須重
新思考身障的社會意義。余秀芷和羅雅萱的生命書寫展現臺灣女性的
身障認同不僅需要正向的自我認同更需與社群連結。她們依賴或發展
的社群組織幫助他們找回自我價值，她們也以實際行動能力打破社會
對於肢體障礙女性身體的想像，行使社會角色的能力而不受限於身體
的功能性，進而增能社群。

余秀芷在 2002 年 1 月出版第一本書《堅持，就會看見希望》
後，開始受邀至各大專院校演講，並在 2002 年 3 月，受聘為「陳清
波文教基金會」講師，在苗栗地區各國、高中校園巡迴演講。現在，
秀芷以自己的生命經歷為教材，並至各大專院校、機關團體作生命教
育的分享，藉由演講傳達珍惜生命的重要，以及無障礙空間的推廣，
秀芷相信，只有「人心無障礙」，才能促使硬體上無障礙的完善。

秀芷深深體驗到生命的價值不在於形體，而是能發揮怎樣的影響力，所以她接受邀約去學校演講，分享她對抗無常的心得，希望大家能少吃一點她曾吃過的苦。「痛苦人人都有，如果沉醉在痛苦裡面，那必定是浪費人生。」秀芷常以這段話作為自己的座右銘，提醒自己，也激勵很多年輕朋友。她目前以寫書、受邀演講為生活重心，生活過得豐富充實，這場無常的風暴，反而在她生命中醞釀成自信的光彩。無常的超越，不是被動的接受，而是接受了無常的考驗，卻能走出困境，還去幫助其他需要幫助的人。她也曾參加伊甸基金會舉辦的「第一屆輪椅美女比賽」，更因為她的堅強和毅力，榮獲「周大觀文教基金會」的「第八屆全球熱愛生命獎章」。

秀芷目前到各校園巡迴演講，坐在輪椅的秀芷，可以對所有聽她演講的人，說出連健康的人都沒有把握的話，她已經找到自己存在的價值和意義了。常常有人認為秀芷演講好像只是付出，其實不然，她說只要她能鼓勵人，這就是她目前的使命。秀芷自己從文字中獲得自信，也透過演講和文字給人信心，而目前的身體正是她的教材。雖然常常要坐車坐很久，甚至上廁所也不方便，可以說非常辛苦，但是每一次的演講，秀芷總是信心滿滿，就好像在充電一樣，因為每個人都給秀芷一個正向的念力，所以秀芷覺得她的收穫反而是最多的。秀芷說：「或許大家會認為演講的受益者是台下的聽眾，但是對我來說，一場演講之後，獲得最多感動的，就是我自己。」

羅雅萱在 25 歲時，因意外車禍，導致重度脊髓損傷，迄今已十二年；這段期間，走過自殺的陰霾，她化傷痛為力量、經營「雅萱小舖」，還創辦社團四處演講，鼓勵身心障礙朋友和弱勢婦女，曾榮獲「全國金鷹獎」。她先後創立「新竹縣脊髓損傷者協會」、「新竹縣身心障礙者扶助協會」，帶領身心障礙者參與外界活動，為身心障礙者服務。她積極參加公益活動。例如：到學校演講、宣導、送書給受刑人。也因為交通事故太多，會員迅速增加到一百多人，她說：「我也向新竹縣政府爭取第二輛『康復巴士』，和『脊隨損傷中途之

家』，設在竹北市殘障大樓。成立的目的，是讓剛受傷的患者，因盡快受訓，回歸社會，以免和我以前一樣走向自殺之路。」（羅雅萱，2010：61）

即使受社會文化論述及風俗所定義的身心障礙和女性的規範角色，這兩位身障女性靠著家庭支持系統、社群組織幫助他們找回自我價值及身體自主權。原本灰心喪志的羅雅萱先後創立「新竹縣脊髓損傷者協會」和「新竹縣身心障礙者扶助協會」，透過此舉找到自己存在的意義。父母親無怨無悔的照顧和竭盡心力嘗試各種可能使病痊癒的方法是余秀芷提起勇氣面對人生的關鍵。如今的余秀芷以自身的經歷做為活教材四處演講，幫助那些走在生命十字路口茫然無助的人們，從中找到自己存在的價值和意義。雖然這些身障文本的勵志性看似配合主流價值觀，這些女性卻仍以實際行動能力打破社會對於肢體障礙女性的想像，進而增能自我與社群。

這些身障女性，從自己的生命故事出發，告訴大眾她們是如何從外觀、生理、社會期待、婚姻家庭經營等各層面被世人所評論著，每一部生命書寫都呈現出臺灣女性身障者的真實處境。但是，無論是工作能力、家庭經營或育兒能力，女性身障朋友最大的挑戰仍然來自於社會大眾對身障者的刻板印象，也就是這些刻板印象阻斷了身障女人和一般女人一樣的生命歷程。長久以來，臺灣身障女性經常是沒有聲音與欠缺社會參與機會的群體，然而，她們的生命經驗證明了身障女性肢體雖有損傷但並不表示她們因此成為社會的負擔，她們也是對社會有貢獻的人。

結語

本文探討臺灣身障女性所面臨的現況，以及他們所面臨的種種挑戰。在某方面而言，她們的身體雖是失能的，但是，她們把失能的身

體轉變成表達其主體性、自我價值以及認同的新語境。雖然她們的身體意象和主流社會價值不同，但是在書寫過程當中，也正因爲其身體的獨特性，賦予她們一種特殊的位置。透過生命書寫，她們以「取代負面意象」方式，擺脫社會對於身障女性的污名化，建構屬於她們的主體。在自我敘事中，她們眞實展現出自己以及其獨特的身體經驗，挑戰社會與文化對於身障女性的既定印象與認知。

總而言之，以南方觀點探討失能女性作家的生命書寫，讓我們可以更深入地了解失能背後的成因，以及在地文化是如何形塑大眾對於失能的理解。透過失能女性作家的生命經驗，使人們能夠更全面、更深入地思考，進而顛覆大眾對於失能女性的既定印象。在她們的筆下所描述的南方失能女性的形象絕不是沒有生產能力、無自主能力、或需仰賴他人協助。她們透過自身身體經驗及觀點，抵抗主流文化框架中對於女性特質等種種規範，重新書寫身障女性的身體意象。在南方的歷史與其文化脈絡下檢視失能女性的身體意象如何被再現，我認爲這是極需要關注的知識建構。包含文化、種族、性別與階級交織的失能經驗特別值得研究。因爲失能特質與意象會經常出現在口述或生命書寫中，所以研究南方失能女性的生命書寫不僅將揭示更多元的失能意識和經驗，並且挑戰主流社會價值下被簡約化的失能身體意象。

參 考 文 獻

林萬億（2000）〈社會抗爭、政治權利資源與社會福利政策的發展：一九
　　八〇年代以來的臺灣經驗〉，蕭新煌、林國明編《臺灣的社會福利運
　　動》，71–134。臺北：巨流。

紀大偉（2012）〈情感的輔具：弱勢，勵志，身心障礙敘事〉，《文化研
　　究》，15：86–116。

王國羽（2005）〈缺了一角的臺灣社會研究：障礙經驗的社會學討論〉，
　　臺北大學社會系主辦「2005 臺灣社會學會年會暨研討會」，11 月 19
　　日至 20 日。

王國羽（2010）〈臺灣女性障礙者的邊緣地位：從臺灣看女性身心障礙者
　　的處境狀況與現況突破〉，殘障聯盟主辦第二屆「國際接軌・權利躍
　　進」國際研討會，12 月 12–13 日。

成令方、江語喬（2010）〈反思自己、看見多元——身心障礙的性別平等
　　教材簡介〉，《教育部性別平等教育季刊》，49：31–35。

邱大昕（2012）〈為什麼需要女性主義身心障礙研究？〉，《婦研縱
　　橫》，96：16–24。

孫小玉（2012）〈失能者的表徵模式、主體論述、與倫理議題〉，文化研
　　究學會主辦「蕪土吾民：2012 年文化研究會議」，1 月 7–8 日。

孫小玉（2014）《失能研究與生命書寫》。高雄：國立中山大學。

張恒豪（2006）〈必也正名乎：關於障礙者正名與認同的反思〉，《教育
　　社會學通訊》，71：3–7。

張恒豪、蘇峰山（2009）〈戰後臺灣國小教科書中的障礙者意向分析〉，
　　《臺灣社會學刊》，42：143–188。

潘佩君（2010）〈肢體障礙女性的想像與真實〉，《教育部性別平等教育
　　季刊》，49：25–30。

余秀芷（2004）《逆風，更要勇敢飛翔》。臺北：商周。

羅雅萱（2010）《斷了發條的洋娃娃》。臺北：博客思。

Connell, Raewyn（2011）Southern Bodies and Disability: Re-thinking Concepts. *Third World Quarterly*, 32(8), 1369–1381.

Couser, G. Thomas（1997）*Recovering Bodies: Illness, Disability, and Life Writing*. Madison: University of Wisconsin Press.

Davis, L. J.（2013）*The Disability Studies Reader*. 4th ed. New York: Routledge,.

Erevelles, Nirmala（2011）*Disability and Difference in Global Contexts: Enabling a Transformative Body Politic*. New York: Palgrave Macmillan

Ghai, Anita（2003）*Disembodied Form: Issues of Disabled Women*. India: Har-Anand.

Meekosha, Helen（2004）Drifting Down the Gulf Stream: Navigating the Cultures of Disability Studies. *Disability & Society*, 19: 721–733.

Meekosha, Helen（2008）Contextualizng Disability: Developing Southern/Global Theory. Keynote paper to the 4th Biennial Disability Studies Conference. UK: University of Lancaster Press.

Kudlick, Catherine J.（2003）Disability History: Why We Need Another 'Other'. *American Historical Review*, 108: 763–793.

Mitchell, David T.（2000）Body Solitaire: The Singular Subject of Disability Autobiography. *American Quarterly*, 52(2): 311–15.

Morris, J.（1996）*Encounters with Strangers: Feminism and Disability*. London: Women's Press.

Rohrer, Judy（2005）Toward a Full-Inclusion Feminism: A Feminist Deployment of Disability Analysis. *Feminist Studies*, 31(1) 34–63.

Siebers, Tobin（2008）*Disability Theory*. Ann Arbor: University of Michigan Press.

Smith, Bonnie G., and Beth Hutchison（2004）*Gendering Disability*. New Brunswick: University of Rutgers Press.

Thomson, Rosemarie Garland（1997）*Extraordinary Bodies: Figuring Physical Disability in American Culture and Literature*. New York: University of

Colambia Press.

Thomson, Rosemarie Garland (2005) Feminist Disability Studies. Signs: *Journal of Women in Culture and Society*, 30(2): 1557–1587.

Thomson, Rosemarie Garland (2002) *Integrating Disability, Transforming Feminist Theory. NWSA*, 14(3): 1–32.

Thomson, R*defining: Feminist Disability Studies*. Washington, D.C.: Center for Women Policy Studies.

Wendell, S. (1989) Toward A Feminist Theory of Disability. *Hypatia*, 4(2): 104–124.

Wendell, S. (1996) *The Rejected Body: Feminist Philosophical Reflections on Disability*. London: Routledge.

手杖下的「觀」點：
《推拿》小說中的情愛

孫小玉

一、前言

　　身心障礙者的愛情與婚姻總是蒙上一層神秘的面紗，真實存在卻不被看見，使得障礙者的情感生活難以捉摸，困難重重。障礙者的婚姻、感情、與性應該是如何發展的，值得探究。以視覺障礙者或盲人為例，畢飛宇的《推拿》針對此一議題有著詳盡細膩的刻畫。小說對視障者的婚姻、感情、性觀念如何發展有著深入的探討，這是華文世界中少有的以盲人族群為題材的創造，書中鉅細靡遺的呈現了盲人如何去觸摸屬於黑暗世界中的每一個細節。畢飛宇是中國大陸當代的著名作家，著有中短篇小說近百篇，代表作品主要有《是誰在深夜說話》、《哺乳期的女人》、《青衣》、《玉米》、《平原》、《推拿》等。其中《哺乳期的女人》曾獲得首屆魯迅文學獎短篇小說獎，而《玉米》亦獲第三屆魯迅文學獎。畢飛宇年輕時曾任教於南京特殊教育師範大學，他經常到南京的一家盲人推拿院做推拿，此小說的靈感則來自於其親身的經歷和感悟。他對盲人獨特的生活進行了透徹、深刻的刻畫。畢飛宇的文筆既犀利又細膩入微，「擁有超乎一般的細緻綿密的語言，令人驚訝的敏感及糾結的情感，小說外表沉默、內心

絢麗；平緩多過激烈，溫情多過殘酷，卻又讓無奈與悲涼相伴相生。
就像一條靜默的河流緩緩流過，有漩渦，也有溫度，夾染著無奈也攜
帶著滄桑」（〈維普閱讀網〉）。畢飛宇關心身障人士，但他也強調
「小說家不可以做同情與關愛的注射器，他堅稱，人的立場是他唯一
願意堅守的立場，而不可能是殘疾人立場」，他對盲人獨特的生活的
掌握超越一般人，小說中沒有道德式的勸說，但卻深深的觸動讀者反
思主流社會中的歧視與偏見（〈中國興化〉）。

　　《推拿》集結了推拿院中各個角色的生命故事，是一本盲人的生
命史或情愛故事，書中描述了他們內心深處的掙扎，講述了耐人尋味
的情感體驗和生活中的酸甜苦辣。王大夫和小孔是一對盲人情侶，他
們的愛情樣態是較為寫實的，好好賺錢，好好過日子，不要被健全人
瞧不起。小馬是推拿中心最特殊的一位員工，童年因車禍失明、後
來自殺失敗，他一直活在自己的精神世界裡，偶然間他迷戀上了「嫂
子」小孔，書中關於小馬對小孔唯美的憧憬與想像有極為細膩的刻
畫。金嫣和徐泰來是一對兩情相悅的情侶，但是泰來一直不敢公開表
達對她的愛意，使得金嫣非常傷心。沙復明風流外向，能吟詩跳舞，
而看不見的宿命使他在感情世界跌跌撞撞，對於都紅的迷戀則充分曝
露出他眼光中的盲點或對感情的迷惘。沙老闆是個重視現實成就的
生意人，想盡辦法闖出一片天，想成為健全人，甚至超越健全人，終
究敗在「心」盲，無法真正理解並進入都紅的內在世界。「這一群盲
人推拿師，以指尖撫摸愛情，用有力的雙手抓住金錢與權力。雖然他
們的天，從來沒有亮過，只能依靠規律的習慣有尊嚴地活著，但愛情
卻讓整個江湖地動山搖，盪起命運的質變」（〈感性藝文報〉）。

　　愛情與情慾是《推拿》很重要的情節，畢飛宇以戲劇化的方式呈
現視障者也是個有感知、思想的個體，甚至也有激烈的性慾望描述。
儘管在現實生活或文學作品中，多數人以為障礙者的每日生活僅是不
斷突破障礙、激勵人心，成為勵志典範，然而小說中，按摩院裡的視

障者卻忙碌的談情說愛。書中每個角色以不同的形式或樣態走入了情欲世界中，愛情將他們的私欲和夢想結合起來，他們不僅想要緊抓住自己的幸福，更渴望能夠像健全人一樣在主流社會找到立足點。畢飛宇說：「我只想純粹地寫出盲人的生活，讓他們在小說中可以過日子。」當然，情愛自然也是障礙者生活的一部分，「在《推拿》中，猶疑的情感配置和各懷心思的戲碼，確實是最為精采之處。而觀賞期間，甚至不由自主地忘了，他們其實是一群盲人，且他們明明看得比我們還要『不清楚』，可心思卻比我們任何人都要來得細膩」（Chung, web）。他們看不到光明，卻看得見愛情。

　　《推拿》小說書寫細膩又平易近人、深入淺出，極為詩化的語言深刻的捕捉了盲人情愛世界中的美麗與哀愁。104 年此部小說被改編成電影上演，電影雖獲好評，卻流於表淺，無法凸顯原著的深邃，婁燁本人亦曾表示，要將小說《推拿》改編成電影，其難度很高，因為小說中的文字主要著墨在人物的心理活動上，這樣的描摹是很難轉換成影像的，小說與電影的差異也正在看得見與看不見之間，看不見的心理世界與著重視覺的表象，彼此之間也隔著一層看不見的牆，如同盲人與明眼人的互動，心眼與肉眼所感知及碰觸的世界看似同一個，卻又難有交集。《推拿》或許是「第一部全方位多角度展現盲人如何應對世界，能讓人切身感受到盲人之所感受的電影」，而其可貴之處在於提供了「思考差異的維度」，讓人們一窺視障者的生活與內在世界，甚而直接深入他們情愛世界的現實（〈電影網評論〉）。

　　一般評論者或許指出了一些小說或電影創作手法與風格上的不同，但大家都忽略了盲人世界中的情愛特質，其中最為唯美及感性的部分全然被忽略。如果觀看者帶著主流社會或是所謂「正常人」的目光來詮釋或閱讀此書，則會忽略了畢飛宇書中最獨特及唯美的情愛刻畫，因為「正常人」的目光往往帶著一種能者或健全至上的意識形態

（ableist ideology）[1]觀看盲人，而這樣的目光往往是最具偏頗或歧視的一種觀看。本篇論文將自失能研究（Disability Studies）的角度[2]析

---

[1] 關於能者意識形態的定義於說明，請參考拙作〈能者主義：等待被馴化的文明野獸〉，《比較文學學會電子報》（CLAROCNewsletter）取自 https://sites.google.com/site/claroc100/newsletter。與健全至上主義相關之文獻資料請參考下列書籍：

Campbell, Fiona A. Kumari（2008）Exploring internalized ableism using critical race theory," In *Disability & Society* 23(2): 151–62.

Campbell, Fiona A. Kumari（2009）*Contours of ableism: The production of disability and abledness.* New York: Macmillan.

Goodley, Dan（2014）*Dis/ability studies: Theorising disablism and ableism.* New York: Routledge.

Gregor Wolbring（2008）The politics of ableism, In *Development* 51: 252–58.

Gregor Wolbring（2008）Expanding ableism: Taking down the ghettoization of impact of disability studies scholars, In *Societies* 2: 75–83.

孫小玉（2011）〈從偽裝到扮／表演：失能者的身體政治〉，《英美文學評論》，18：101–135。

孫小玉（2013）〈女性失能者的解放典範：梅爾斯與梅塞的日常書寫〉，《英美文學評論》，22：113–146。

紀大偉（2012）〈弱勢，勵志，身心障礙敘事〉，《文化研究》，15：87–116。

[2] 失能研究源自於 70 年代的失能人權運動，倡導社會變革，強調失能者的生命平等權與社會正義。在 80 年代的歐美學界，屬於失能者的知識論述開始浮出成形；失能研究的論述與傳統醫療復健、特教、社福論述有所區別，其所欲詰問的是能者意識形態及醫療論述對於失能者的壓制與隔離。失能被理解為類似於性別、種族、和階級的一種社會和文化結構的產物，而失能研究則從文化研究的觀點將失能視為一種社會符號與系統象徵來研究，其所探究的不僅是身體再現的系統論述，它同時再現個人身體的差異如何在文化表徵系統中被賦予不同的詮釋意涵與存在模式。

論《推拿》小說，探究能者或健全至上的意識形態如何透過目光和眼光的視角制約障礙者的情愛發展，析論能者主體如何透過目光的觀看，使能者或健全至上的意識在社會中居於優越的主導地位。

二、失能研究 vs. 能者意識形態（ableist ideology）

健全至上的意識表面上強調的是一套人體「正常」、「健全」、或「典型」的身體標準，然而在現實的文化與社會情境中，它卻是一種壓制或宰制異樣身軀或弱勢的意識形態；它透過各種醫療論述、資本主義傳媒、及消費行為，深植於主流文化論述裡，全然滲透到大眾的觀看視角中，使人們視這套標準為自然天生（孫小玉，2013）。基本上，健全至上的意識僅能容納特定有限的身軀形樣，異樣的身軀則被排除在外。在主流文化中，能者意識形態對於異樣的身軀總是一再的質問：「你是否最終仍寧願像我們一樣？」他們所預期的回答是：「健全的認同及健全身體的觀點果然是我們比較喜歡的，它是我們一致努力的目標」（McRuer, 9）。這樣的論述觀點基本上也是主流社會的價值觀，也佔社會的多數，因此當大眾對壓制性別或族裔的性別或族群主義發出不平之鳴時，對於能者意識形態卻習而不察，甚或倡議推廣，即便障礙者本身也成為此價值的鞏固者，此一現象可以清晰的在《推拿》書中的情愛關係中照見。在兩性關係中，眼光與目光皆十分重要，然而在盲人的世界中，即便不使用眼睛觀看，但是眼光與目光卻有著更深層的意涵，此點可從他們的人生哲學及情愛世界的欲求上看出端倪。

能者意識形態顯現在盲人身上最明顯的標記就是眼睛。眼睛乃接受視覺影像之器官，亦即一般所謂的肉眼，而眼睛的觀看基本上是中性的，沒有特別的價值涉入，顏色、形狀、體積、乃至重量都是如實再現，此一觀看不引發喜或惡的感受，更不涉及各種價值觀。心眼

（mind eyes）則是透過肉眼（carnal eyes）觀看後產生的覺受
（sensation）與詮釋（conception）。肉眼是中性及功能性的，看僅止
於看，看不見時手杖、手指、及耳朵都可以協助，而心眼則在中性的
感官後產生好惡或賦予意義，美醜、喜悅與憎惡、正常與不正常等感
受都涉及價值觀及意識形態的判斷與影響。盲人失去的是肉眼，無法
觀看，但卻仍然保有心眼，對於周遭的人情世故仍具洞察力，雖然沒
有觀看的肉眼，但是透過心眼的摸索，他們也能建構個人的眼光，眼
光與肉眼的觀看未必有直接的關聯性，眼光是一種鑑賞力，一種品
味，反應個人的價值觀。例如當人們形容「他很有眼光」，此話所表
達的並非此人的視力良好，而是形容他有特別的美感或鑑賞能力。在
推拿院裡的盲人，他們的肉眼大多無法觀看，但是對於追求什麼樣的
對象，都有個人獨特的喜愛與評價，有其特別的眼光，例如沙老闆對
於「美」的尋覓，表現他選擇伴侶的「眼光」。肉眼的觀看是人的生
物本能，但是如何看？或是用什麼心態看？則進入心眼的範疇，心眼
如何詮釋觀看，進而賦予意義，答案則在底層文化論述的結構系統
裡。

　　盲人的心眼有兩種「觀」法，一種是上文所指的眼光， 眼光由
內向外的傳達了個人價值觀，並反應他們看待人、事、物及擇友的「
觀」點；另外一種則是接收感知／觀看外在人們透過盯視（staring）
投射在他身上的「異樣」目光或眼神。「目光」一般用來形容視線或
眼睛的神采，有時指涉的是一種中立不含意識形態或價值觀的眼神，
例如目光炯炯。但是「目光」一詞用於盲人之間時，它所指涉的多半
是後者，亦即是一種帶有特別意涵的觀看或是刻意的觀看，它往往挾
帶著一種意識形態或價值觀，此種目光是一種「盯視」、是一種眼神
樣態。 盲人多半無法看到他人肉眼的神采，但是他們卻能清晰的感
受到一般人投射在他們身上的「目光」，而此目光或多或少都帶有一
種「異樣」的觀看。 盲人用手杖觀看，而此與眾不同的觀看方式往
往成為目光的焦點，一般人看到此一「不同」，往往不會停留在當初

的肉眼觀看，而會帶著主流能者意識對於異樣的偏見或排斥觀看，將此價值觀藉助肉眼投射出去。換言之，目光不僅是一般人的探索與溝通的管道，它更是傳達社會主流價值觀的一種路徑，甚而可以建立人與人之間的宰制或是主從關係。類似的概念亦可自嘉蘭－湯姆森（Rosemarie Garland–Thomson）的盯視（staring）理論覓得，她在《盯視》（Staring）書中開宗明義的指出，障礙者在視覺互動中所佔據的是一個「令人怵目與混亂的」（the alarming and chaotic space）位置（Garland–Thomson, 2009：63），盯視其實就是一種心眼的閱讀，「是誰盯視？為何要盯視？何時盯視？盯視什麼？為何無法停止盯視？被盯視時如何反應？」（3）？人的盯視不僅只是為了滿足好奇心，它是「眼睛表達疑問的態勢，需要了解個中的故事」（3）。盯視的目光與質問其實是想認出難辨之物、瞭解怪異，對於不了解或是未預期到的事物設法找出其中的意義（make sense of the unexpected）（Garland–Thomson, 2006：174）。對人性而言，理解無法預期的異樣或異形一直是一種對自我滿足與認知的挑戰，而盯視是人與人相互建立關係彼此了解的過程或管道，但是它的表現方式或是如何被看待、被詮釋則是具有文化社會或政治意涵。

　　盲人沒有回看目光的能力，但他們卻能無時不在的感受到來自觀看者的目光壓力。走入人群中，他們深知外在目光全方位的向他們掃射，此一看不見的目光卻是結構他們主體的主要元素，並同時建構其觀察及鑑別事物的能力與眼光。的確，盯視或是有意識的目光是能者主義最習以用來操演「正常」概念的管道。當盲人與一般人互動時，盲人往往是單向的被觀看，處於被動的客體位置，依據Garland–Thomson的觀點，盯視具有恫嚇被盯視者的穿透力，目光或是盯視可以有效的建立主從的權利關係（Garland–Thomson, 2009：41），透過眼神目光的管控，觀看者對被觀看者行使權利與監控（42）。而此具有宰制關係的觀看其實是一種「控制他者的企圖」（an attempt to control the Other），設法將其固著（fix）在

一個被主導、配置的位置（43）。在盯視中，主從關係也從而建立（Garland-Thomson, 2009：41）。這種具有宰制關係的盯視是以集體潛意識力量在觀看者與被觀看者之間，建構主體客體的優劣、主從的高下與宰制。簡言之，在盯視的行為中，目光所傳達的是強弱的社會關係，能者對障礙或失能者藉此進行了一種無形的宰制，從而確立了主從或主客關係（孫小玉，2014：22）。

推拿院中的盲人終其一生都在尋找一雙「眼睛」，彌補眼睛的「空缺」，想迴避健全人「目光」的窺探，卻又努力達到「目光」所認可與期待的成就。他們有各自詮釋及內化「目光」的方式，這個目光成為他們主體內在的「空缺」，無時無刻不掌控他們的自我建構與自我認同。在他們的心田上他們比健全人還清楚什麼是目光及其意涵，如同李敬澤在《推拿》書中的序言所言，「他們備受考驗，也許由於他們通向世界的道路狹窄，他們的選擇高度受限，他們禁受的考驗就尤為嚴峻、艱險，他們行走於價值世界的鋼索之上，閉著眼，只能依靠深藏於眼睛之後的心，和他們無助地張開的雙手，小心翼翼，如臨深淵」（畢飛宇，2009：5）。

三、推拿院中的情／愛

在《推拿》小說中的角色，他們彼此看不見，手杖、手指、及耳朵成功的協助他們在生活、工作、與愛戀關係中溝通互動。然而值得探討的是，在編織或構築他們的情愛世界或親密關係時，他們的「心眼」卻時時刻刻與主流社會的「心眼」緊盯著互看，他們的肉眼看不見，但是心眼卻比誰都清楚健全人如何觀看他們，如何期待他們，對於主流社會的目光，他們瞭然於胸，甚至被這樣的目光收編，將這些宰制他們的能者意識價值觀內化成為個人的「眼光」，此一情況特別明顯的顯現在他們的愛戀關係中，而書中主角沙復明則為個中之最。

(一)主流社會的目光、盲人的眼光、與家長的盲目

　　推拿院中盲人的愛戀關係與型態不盡相同，但是代表主流社會或是健全人價值觀的目光都被內化成爲他們擇偶的眼光，然而極爲反諷的是，他們的家人往往也是主流社會的代言人，總是以主流社會的價值觀及目光來制約他們的孩子，孩子的目盲加速凸顯了代表主流社會或明眼人的家長們的盲目。在書中，小孔的父母則不准她嫁給盲人，她一定要小孔與明眼人結婚，她對小孔交男朋友，唯一對條件就是「無論如何，一定要有視力。全盲絕對不可以」（畢飛宇，2009：88）。小孔外出工作遠走深圳的前夜，她的父母挑明了說，他們不干涉小孔的戀愛和婚姻，但要小孔記住「生活是『過』出來的，不是『摸』出來的，你已經是全盲了，我們不可能答應你嫁給一個『摸』著『過』日子的男人！」（畢飛宇，2009：88）。此外，小孔的父親始終都不能接受小孔「看不見」的事實，他因內疚而逃避並養成酗酒的習慣。父親的抗拒讓小孔難以承載父愛，對她而言，這樣的父愛「強烈，極端，畸形，病態，充滿了犧牲精神和令人動容的悲劇性」，即便小孔理解父親是愛她，爲了報答這份愛，小孔十分上進，但她對酒氣的恐懼永遠都不能消除，因爲「它是烙鐵」是小孔無法抹去的痛苦記憶（畢飛宇，2009：221）。代表主流社會價值的目光赤裸裸的從小孔與王大夫的父母身上看出。王大夫的父母希望王大夫一定要結婚，完成婚姻才代表擁有完整的人生，小孔和王大夫一起回家，「王大夫的母親高興得就差蹦了。兒子行啊，行！她把自己和老伴的床騰出來了，特地把兒子領進了廚房。母親在廚房裡對著兒子的耳朵說：『睡她呀，睡了她！一覺醒來她能往哪裡逃？』王大夫側過了臉去，生氣了。很生氣。他厭惡母親的庸俗。她一輩子也改不了她身上的市儈氣」（畢飛宇，2009：21–2）。王大夫個人對於情愛與婚姻的期待是務實的，他希望結婚的那一天一切從簡，畢竟「盲人的婚禮辦得再

漂亮，自己總是看不見，還不如就不給別人看了」（畢飛宇，2009：27）。

王大夫身為盲人，但是家中的明眼人卻毫不避諱的對「瞎」賦予了負面的意義，弟媳顧曉寧和小弟說話時，總是毫不顧忌的在他面前說，「瞎說！」「你瞎了眼了！」顧曉寧如此的口無遮攔，擺明了她沒把王大夫放在眼裡，更沒把小孔這個「嫂子」放在眼裡，他也注意到顧曉寧一來，小孔說話就明顯少了（畢飛宇，2009：30）。明眼人對於盲人的「看不見」赤裸裸的詆毀，毫不在意，對於他們的窺視更是直接，毫不避諱。這也說明了為何盲人和健全人打交道始終是膽怯的，因為他們在明處，健全人卻藏在暗處，在盲人的心目中，「健全人是另外的一種動物，是更高一級的動物，是有眼睛的動物，是無所不知的動物，具有神靈的意味。他們對待健全人的態度完全等同於健全人對待鬼神的態度：敬鬼神而遠之」（畢飛宇，2009：236-7）。盲人父母不接受孩子障礙的事實只有一個，但是呈現的方式卻是各個不同。小馬的父母同樣的也不能接受孩子失明，因此無所不用其極的想要治癒小馬的雙眼，而小馬自己也曾自殘，拒絕失明。至於泰來的父母，則認為失明是不體面的事情，最好不要讓人看見，他們認為泰來未來結婚時，無需舉辦婚禮。原因很簡單，他們認為「泰來未來的媳婦十有八九也是個盲人，泰來父母不打算為泰來舉辦婚禮，兩個瞎子在村子裡結婚，不體面，也不好看，被人家笑話都是說不定的」（畢飛宇，2009：226）。按摩店裡的另外一個老闆張宗祺則一直活在擔心被毒死的陰影裡，因為後母曾經如此恐嚇他。

(二)目光的箝／宰制

健全至上或明眼人的價值觀不僅只是對盲人的家人有影響，盲人本身往往將其也奉為圭臬，作為安身立命的核心價值觀。盲人總是「生活在『別人』的評頭論足裡，沒有我，只有他……。就在『別人』

的評頭論足裡，盲人擁有了一見鍾情」（畢飛宇，2009：119）。換言之，他們永遠活在明眼人「目光」的監控下，也因此尋找「眼睛」以及滿足主流社會的價值觀成了他們一生的追尋。書中對主流社會有如下的定義，盲人是一種動物，而正常人是另一種動物，更高級的動物。雖然各自都是「動物」的一群，甚至管他們那些「看得見的」就叫做「主流社會」（畢飛宇，2009：236-37，121）。在健全至上的意識形態薰陶下，連盲人本身也內化了主流社會目光及眼光所表徵的價值，象徵資本主義社會價值的物化標的－俊男美女－對看不見外表的盲人仍具有重要性，儘管外形是屬於肉眼感官世界的慾望，但看不見的沙老闆仍然渴求「美」女。王大夫要錢，小馬要慾，泰來則自卑的選擇的放逐自己在愛情之外。他們看不見，卻也逃不開健全人或明眼人價值觀的束縛。他們一生努力的目標就是要像明眼人一樣，自食其力、殘而不廢、甚至超越健全人也因此成為他們生命努力的目標，主要還是不要被明眼人看輕。王大夫是個典型的例子，他是個好兒子、好哥哥，自食其力、不要讓人看輕是他的人生哲學，在他的價值觀裡，錢比命大，錢可以具體彌補失明的遺憾，他努力掙錢，一方面解決自己的溫飽，更重要的是在明眼人前有面子（畢飛宇，2009：13-4）。健全至上的意識形態是王家父母及弟弟的價值觀，弟弟婚禮的前夕，王大夫為弟弟高興，「這高興幾乎到了緊張的地步，身子都顫抖起來了」，然而所得到的回應卻是「沒事的，哥，大老遠的幹什麼呀，不就是結個婚嘛，我也就是告訴你一聲。」小弟這麼一說，王大夫意會過來小弟只是為了討紅包而告知他婚訊。事實上，弟弟不希望「一個瞎子」坐在他的婚禮上，王大夫慶幸自己多疑，否則他還真的丟了小弟的臉了，「因為太傷心，因為自尊心太受傷，王大夫憤怒了，抽自己嘴巴的心都有」（畢飛宇，2009：28-9）。不過為了給自己爭口氣，王大夫一咬牙，寄了兩萬塊賀禮給弟弟。視錢如命的王大夫　，送如此破費的禮金，就是怕被人看不起。他弟弟欠下巨額的

賭債，他寧可拿刀往自己身上砍，也不願意把準備好的錢交給債主，錢就是他的第二生命或是護身符，有錢就不至於被人瞧不起。對於王大夫而言，家人其實比現實社會還現實，毫不保留的流露對於盲人的歧視。

(三)比眼睛更好的「愛」：王大夫與小孔情／慾

王大夫遇到小孔，算是找到了生命的伴侶，有了伴就有了依靠，人生目標一下子明確了，對王大夫來說，「戀愛就是目標。他的人生一下子就明確了：好好工作，湊足錢，回家開個店，早一點讓心愛的小孔當上老闆娘。王大夫是知道的，只要不偷懶，這個目標總有一天可以實現」（畢飛宇，2009：17）。即便他有明確的人生目標，但是婚姻上，他還是要面對無法抗拒的現實挑戰。他想帶小孔「一起到南京去」過春節，小孔渴望卻不敢答腔，「一起到南京去」代表她人生最重大的一步。一旦跨出去，就代表她背叛了自己的父母。「這『背叛』具有怎樣的含義，健全人通常是理解不了的」（畢飛宇，2009：89）。盲人選擇對象本來就有困難，但是即便遇到合適的對象，來自主流社會的眼光或壓力仍是牽制著他們，尤其是他們的父母總是從現實或功利的角度為他們考量，他們個人的喜好在擇偶條件上相對的不重要。對於障礙者而言，父母代表了他們頭上的那片天，是他們的眼睛，更是生活支柱，聽從父母代表的是生活的保障，不聽從父母，代表著失去依靠。他們忽略了障礙者對於真愛的渴求，對小孔而言，「愛真好。比渾身長滿了眼睛都要好」（畢飛宇，2009：91）。她知道王大夫對她好，也知道王大夫可以依靠，因此當王大夫要帶她回南京時，這對小孔有不可抗拒的魔力，「它蠱惑人心，散發出妖冶的召喚。它們像絲，把小孔捆起來了，把小孔繞起來了……她在作繭自縛。一遍又一遍的，到最後連掙扎的力氣都沒有了。她在沉迷」（畢飛宇，2009：89）。王大夫和小孔的情愫與情慾有種極為細膩的默

契，他們彼此有獨特的溝通模式與默契，在休息室內「王大夫就輕輕地嘆息了一聲，上樓去了。小孔聽在耳朵裡，幾分鐘之後也摸到了樓梯，到樓上的推拿室裡去了」（畢飛宇，2009：15）。聽覺與嗅覺成了比手杖還靈敏的導航器。推拿室裡的空氣對他們的情慾有極大的催化力量，特殊的情愫蕩漾起來了，成片成團，呈現出「推波助瀾的勢頭。……他們的雙手幾乎是在同時撫摸到了對方的臉。還有眼睛。一摸到眼睛，兩個人突然哭了。……他們都把各自的目光流在了對方的指尖上。眼淚永遠是動人的，預示著下一步的行為。……有依有靠的感覺真好啊。……多麼地踏實。相依為命了」（畢飛宇，2009：15–17）。從這一刻起，「小孔就被情慾所纏繞著。王大夫也一直被情慾所纏繞著」（畢飛宇，2009：80）。畢飛宇深刻的描繪盲人的情慾，把有光與無光世界之間的差異給弭平。小孔自己看不見自己，有什麼秘密總疑心別人都看得清清楚楚的，一點掩飾的餘地都沒有了（畢飛宇，2009：22）。王大夫的母親不停的誇說小孔漂亮，「小孔的氣色一天比一天好」，氣色是一個明眼人的觀念，其所表徵的意涵很多，對於戀愛中的小孔而言，身為女人，小孔很快就明白這樣的變化來自什麼樣的緣故，害羞得要命，開始慌亂。……小孔覺得自己驚心動魄的美好時光卻讓別人看去了（畢飛宇，2009：22）。好氣色是典型明眼人的價值觀，小孔的氣色王大夫看不見，但是她也不免感嘆她的王大夫看不見她的好看，「一輩子都看不見。他要是能看見，還不知道會喜歡成什麼樣子」（畢飛宇，2009：23）。顯然透過視覺所呈現的外形與感受仍是盲眼人所在意的。

此外，曾經推拿店裡的女客人與小孔聊天中提「睡覺的時候只穿香奈爾五號」的誘惑，小孔開始並不懂這句話的含義，然而，「究竟是女人，幾乎就在同時，小孔又懂了。小孔的心突然就是一陣慌，她對『只穿香奈爾五號』充滿了令人窒息的狂想」（畢飛宇，2009：90）。值得一提的是，香奈爾五號這個名牌表徵的不僅是資本主義中的性別與階級符號，它與能者意識形態亦緊密的串聯結合，在此不僅

有強烈的性幻想暗示，更象徵著一種身分階級。對於小孔而言，睡覺時穿香奈爾五號的象徵意義大於實質意義，雖然肉眼無法看見，但它代表了主流社會一種與能者意識形態或資本主義價值緊密結合的身分品味與「眼光」。這顯示了愛戀中的盲人仍是以主流社會的價值來忖度思索明眼人情慾世界的符碼。

(四)「主流社會」的信仰與蠱惑：沙復明的人生哲學

沙復明是另外一個典型的例子，他雖然是個盲人，但他所信奉的卻是主流社會價值，亦即所謂的能者意識形態，沙復明全然的受到了「主流社會」的蠱惑，盲人們一直擁有一個頑固的認識，他們把有眼睛的地方習慣性地叫做「主流社會」，「眼睛」和「主流社會」成了他的生命信仰，他願意為他的信仰奮力一搏（畢飛宇，2009：128）。他是個野心勃勃的創業者，有明眼人的精明，「如果不是先天性的失明，沙復明相信，他一個人就足以面對整個世界。他是一個讀書的好料子」，也懂得讀書的竅門，沙復明機靈的透過他的老師到醫學院學習解剖，「他觸摸著屍體，通過屍體，通過骨骼、系統、器臟和肌肉，沙復明對人體一下子就有了一個結構性的把握」（畢飛宇，2009：37），這正是沙復明自視甚高的緣由。沙復明的自尊心極強，他非常在意自己是一個「有理論」的人，他不在意人家誇他的手藝，卻在意人家誇他的「理論」（畢飛宇，2009：34）。他從不向人訴苦或表白內在想法。他會讀書，在與王大夫他們學習中醫經脈和穴位的時候，其他人還在摸索心臟、肺臟、腎臟、天中、尾中和足三里的時候，他已從西醫解剖學摸清了這些細節（畢飛宇，2009：37）。對病痛，他選擇了忍，他開了店，自己也成了「資產階級」，他理解只要有錢，未來也會有人為自己「生產」健康（畢飛宇，2009：41-2）。在健全人目光的期許下，盲人總是深刻的理解自食其力的重要，每一次身體不舒服的時候，「沙復明的腦海裡都想著一樣東西，

錢。要錢幹什麼？不是爲了該死的『自食其力』，是做『本』。他需要『本』。沙復明瘋狂地愛上了這個『本』」（畢飛宇，2009：37）。沙復明經過幾次病痛後，「他終於『看到』了。他業已『看到』了生活的真相。這個真相是簡明的關係：不是你爲別人生產，就是別人爲你生產。就這麼簡單」（畢飛宇，2009：37）。沙復明的精明在王大夫的眼中就像明眼人一般，「沙復明這小子說話辦事的方式越來越像一個有眼睛的人了。出息了。有出息啦。」言下之意，明眼人是精明、有出息的表徵（畢飛宇，2009：26）。

沙復明的人生目標就是要與健全人較勁，甚至超越健全人。

> 從打工的第一天起，沙復明就不是衝著「自食其力」而去的，他在為原始積累而努力。「自食其力」，這是一個多麼荒謬、多麼傲慢、多麼自以為是的說法。可健全人就是對殘疾人這樣說的。在殘疾人的這一頭，他們對健全人還有一個稱呼，「正常人」。正常人其實是不正常的，無論是當了教師還是做了官員，他們永遠都會對殘疾人說，你們要「自食其力」。自我感覺好極了。就好像只有殘疾人才需要「自食其力」，而他們則不需要，他們都有現成的，只等著他們去動筷子；就好像殘疾人只要「自食其力」就行了，都沒餓死，都沒凍死，很了不起了。去你媽的「自食其力」。健全人永遠也不知道盲人的心臟會具有怎樣剽悍的馬力。（畢飛宇，2009：36–37）

（五）「美」的魔咒：沙復明海市蜃樓般的情／愛

縱使現實如此的沙復明碰到情愛也不免陷入現實與浪漫的矛盾衝突中，他渴望都紅的美但又抗拒都紅的殘疾，他內化了健全人的愛戀價值觀，他一定要「得到一份長眼睛的愛情。只有眼睛才能幫助他進入『主流社會』」，無論是基於虛榮心或勢利眼，沙復明宣誓他絕對

不娶盲人（畢飛宇，2009：128）。沙復明的信仰是「沒有眼睛，他
願意一輩子不戀愛，一輩子不娶。可是，在『美』的面前他的信仰無
力了」（畢飛宇，2009：128）。事實上，盲人總是依賴別人的判
斷，到了戀愛的關頭，他們在意的還是戀人的長相，這點沙復明十分
的了解。他們把「別人」的意見記在心上，「做算術一樣，一點一點
地運算，最後，得到的答案彷彿是私人的，骨子裡卻是公共的。盲人
一輩子生活在『別人』的評頭論足裡」（畢飛宇，2009：119）。遇
到都紅後，他的堅持與信仰改變了。離開了音樂的舞台，都紅改學習
了不內行的推拿，她的「美」又讓她成為大眾「眼光」的焦點，「都
紅原來是個美女，驚人地『漂亮』」（畢飛宇，2009：76）。某天有
位導演進入推拿院看見都紅，他不由自主的讚美都紅：「太美了。」
在旁的女人也附和的說：「天哪。」女人立即又補充了一句，「真是
太美了。」之後，導演在門外又重複了一遍：「太可惜了。」沙復明
同時還聽到了那個女人進一步的嘆息：「實在是太美了。」她的嘆息
是認真的，嚴肅的，發自肺腑，甚至還飽含了深情（畢飛宇，2009：
78-79）。兩個明眼人的眼光卻帶給推拿院及沙復明謎樣的想像，雖
然他想放棄，「放棄這個妖言惑眾的、騙局一般的『美』。但沙復明
低估了「美」的能力——它是誘惑的，它擁有不可抗拒的吸引力。它
是漩渦，周而復始，危險而又迷人。沙復明陷進去了，不停地沉溺」
（畢飛宇，2009：119）。

　　極為弔詭的是，都紅是盲人，不是他選擇的對象，但是她卻擁有
主流價值觀的「美」，而沙復明內心對美的迷戀使他毫不猶豫的盯住
了都紅，都紅的美改變了沙復明的信仰；遺憾的是，他的愛情如海市
蜃樓，唯美加浪漫卻不敵主流社會的現實無情的黑暗，都紅的出現更
加凸顯了他生命中的矛盾與衝突。他認定盲人無法擁有正常人的愛情
生活，但是他卻十分渴望美女，情比盲更容易擊垮人，即便十足現實
的沙復明在愛情中也變得軟弱盲目，他年輕時與向天縱的邂逅，進而
對她產生迷惑，向天縱以冰在沙復明胳膊上寫名字，冰成了刻骨銘心

的媒介，事後證實那其實是一段被利用的感情（畢飛宇，2009：123-24）；面對都紅，同樣的迷惑與盲目再次出現。沙復明無論多麼精明卻仍是走入了「美」的陷阱與誘惑中，他對於都紅的單相思是苦的、糾纏的、銳利的（畢飛宇，2009：286），他也氣自己不爭氣的迷戀上該死的「美」（畢飛宇，2009：287）。在都紅受傷之前，沙復明每一次思戀都紅，「他能感受到自己的柔軟，還有猝不及防的溫情。這柔軟和溫情讓沙復明舒服。誰說這不是戀愛呢？——他的心像曬了太陽。在太陽的底下，暖和和，懶洋洋」（畢飛宇，2009：286），他不斷問自己，「你為什麼要愛？你為什麼要單相思？你為什麼要迷戀該死的『美』」（畢飛宇，2009：287）？「美」之為何物？讓沙復明想破了頭，越是參不透，他越是渴望擁有。沙復明對於「美」的渴望凸顯了深藏在他內心的主流價值或健全至上的觀念，畢竟「美」並非他能「懂」的。「盲人一直在『用』這個世界，而不是『懂』這個世界。問題是，『美』不是用的，它是需要懂的。……問題是，『美』有力量。它擁有無可比擬的凝聚力。反過來說，它給了你驅動力。它逼著你，要挾著你，讓你對它做出反應」（畢飛宇，2009：117-18）。事實上，「與其說是都紅的『美』吸引了沙復明，不如說是導演對『美』的讚歎吸引了他」目盲後的盲目，精明如沙復明也逃不過（畢飛宇，2009：118）。重視美並追求美的沙老闆在對美的沉迷中愛上了都紅，但卻遭到了都紅的拒絕，因為她認為沙復明並不愛她，他愛上的只是「一個概念」（畢飛宇，2009：184）！顯見愛情的「盲目」與主流價值的宰制。

(六) 愛的兩難：美與殘

情與盲其實是就是一體的兩面。儘管身陷單相思之苦，都紅的手受傷後，沙復明的腦海裡卻蹦出了一個詞「殘廢」，這個名詞是障礙者「最忌諱、最憤慨」的一個詞，他內心浮現的聲音是「都紅，我親

愛的都紅，你不再是殘疾人，你殘廢了」（畢飛宇，2009：277）。
在傳統的中國文化中，人們都是以「殘廢」這個詞稱呼障礙者，近年
來中國將「殘廢」改成了殘疾，臺灣則將「殘廢」改爲身心障礙者，
畢飛宇指出中國社會對障礙者做出了一個偉大的關注，那就是「他們
終於肯把『殘廢』叫做『殘疾人』了。這是全社會對殘疾人所做出的
奉獻。這是語言的奉獻，一個字的奉獻。盲人們歡欣鼓舞」（畢飛
宇，2009：277）。這段話其實反諷了主流社會的刻薄心態。都紅的
眼盲加上受傷雙重的障礙讓她又被打回「殘廢」的窘境。她讓沙復明
面臨了重大的矛盾，愛與不愛都無法出於他的選擇，儘管迷戀都紅，
但是最終他還是回到他所信仰主流價值，沙復明認爲都紅的手傷使得
她這一輩子都完了，都紅從殘疾變成殘廢，沙復明再也無法堅持，雖
然心裡也自責「你的心爲什麼就放不下那隻『手』」，此刻到他更深
刻的體會了「愛是不道德的，在某個特定的時候」（畢飛宇，2009：
287）。沙復明終於重回主流社會，再次拾起曾經失去的信仰。

(七)盲人與健全人交織的目光：一半將信，另一半將疑

　　盲人的眼睛與明眼人的目光有種極爲弔詭的關係，「他們的眼睛
沒有光，不可能成爲心靈的窗戶。但是，他們的眼睛卻可以成爲心靈
的大門」（畢飛宇，2009：188）。他們不想成爲明眼人目光的焦
點，他們以爲沒有肉眼的觀看，旁人就不會知道從他們的眼中看到他
們心中的渴望或關注焦點，但是他們的眼睛卻總是赤裸裸的洩露了他
們的觀看，「盲人很容易忽略一樣東西，那就是他們的眼睛。……
——當他們對某一樣東西感興趣的時候，他們不懂得掩飾自己的眼
睛，甚至把脖子都要轉過去，有時候都有可能把整個上身都轉過去」
（畢飛宇，2009：188）。在沒有肉眼的世界中，盲人儘管心眼明亮
無比，但在與明眼人目光交會時，終究處於一半將信，另一半將疑；
盲人與明眼人的目光交織組合的似是而非的人生，「盲人都是黑戶。

……盲人的人生是似是而非的人生」（畢飛宇，2009：282-83）。具體而言，「盲人自有盲人的忌諱，每一個忌諱的背後都隱藏著不堪回首的糊味」（畢飛宇，2009：222）。畢飛宇說：「盲人的人生有點類似於因特網絡裡頭的人生，在健全人需要的時候，一個點擊，盲人具體起來了；健全人一關機，盲人就自然而然地走進了虛擬空間。總之，盲人既在，又不在」（畢飛宇，2009：282-3）。值得省思的是，「盲人的世界裡始終閃爍著健全人浩瀚的目光。這目光銳利，堅硬，無所不在，詭異而又妖魅。當盲人們浩浩蕩蕩地撲轉（畢飛宇，2009：253）向健全人的社會的時候，他們腳下永遠有兩塊石頭，一塊是自己的『心眼』，一塊是別人的『眼睛』。他們只能摸著石頭，步履維艱」（畢飛宇，2009：254）。換言之，盲人的主體是由目光這個空缺的符碼所建構，目光進行宰制盲人主體的方式則端看盲人如何在目光的符號鏈上賦予其意涵與連結。因為不能看而只能被看，他們總是依賴別人的判斷，到了戀愛的關頭，他們在意的還是主流社會的價值，雖然他們也有自己的一套生活哲學與生存努力，不過面對健全人，他們就亂了套：

> 說到底盲人總是弱勢，他們對自己的那一套在骨子裡並沒有自信，只要和健全人相處在一起，他們會本能地放棄自己的那一套，本能地利用健全人的「另一套」來替代自己的「那一套」。道理很簡單，他們看不見，「真相」以及「事實」不在他們的這一邊。他們必須借助於「眼睛」來判斷，來行事。最終，不知不覺的，盲人把自己的人際納入到健全人的範疇裡去了。他們一點都不知道自己的判斷其實是別人的判斷。但他們疑惑。一疑惑他們就必須同時面對兩個世界。這一來要了命。怎麼辦呢？他們有辦法。他們十分自尊、十分果斷地把自己的內心撕成了兩塊：一半將信，另一半將疑。（畢飛宇，2009：253）

都紅與沙復明雖然有各自生命的亮點，卻全然的被健全人的目光箝制與牽制。都紅與沙復明的關係最亮眼卻也最悲情，兩個各具才藝與稟賦的人，在愛情裡未必能有完美的結局，比起其他盲人，他們的命運顯得更為悲情，是健全意識下的犧牲品。

四、明眼人的盲點

主流社會固然如影隨形無所不在的建構盲人的生活與價值觀，但並非無法自拔，在推拿院的這群盲人中，都紅與小馬算是能掙脫主流社會的價值，忠於自己內在的想法而活的兩個人，他們都勇於做自己。都紅不畏主流社會的目光，更不願屈從附和主流社會對盲人的期待，而小馬在愛情中以最唯美的方式體驗「浪漫」。

(一)看穿主流社會的「慧眼」：都紅的自覺與自決

都紅在音樂上面有特別的天分，尤其是記憶視唱的旋律、音程、和音高都十分精準。但是健全人對於盲人定型化的刻板認知及價值觀讓她放棄了唱歌，盲人一定要做些超常的事情，才能贏得大眾的認可，「都紅，你不懂事啊，不懂事！你一個盲人，唱歌能有什麼出息？你一不聾，二不啞巴，能唱出什麼來？什麼是特殊教育，啊？你懂麼？說了你也不懂。特殊教育一定要給自己找麻煩，做自己不能做的事情。比方說，聾啞人唱歌，比方說，肢體殘疾的人跳舞，比方說，有智力障礙的人搞發明，這才能體現出學校與教育的神奇」（畢飛宇，2009：65）。「盲人最困難的是彈、鋼、琴——你懂不懂？」克服障礙是主流社會期待障礙者努力的目標，「一個殘疾人，只有通過千辛萬苦，上刀山、下火海，做——並做好——他不方便、不能做的事情，才具備直指人心、感動時代、震撼社會的力量」（畢飛宇，2009：65）。為此，都紅選擇了她並不擅長的鋼琴，在一次失敗的演

奏後，女主持人仍然用了五六個形容詞讚美都紅的演奏，都紅深刻的體會到「她到底是一個盲人，永遠是一個盲人。她這樣的人來到這個世界只為了一件事，供健全人寬容，供健全人同情。她這樣的人能把鋼琴彈出聲音來就已經很了不起了」（畢飛宇，2009：66）。主流社會對於障礙者的歧視或優越感透過女主持人對都紅的讚美，反諷式的表露無遺。女主持人說道：「『可憐的都紅』一出生就『什麼都看不見』，她說『可憐的都紅』如此這般才鼓起了『活下去的勇氣』」（畢飛宇，2009：67）。女主持人並問了一個大問題，「都紅為什麼要在今天為大家演奏呢」（畢飛宇，2009：67）？她自問自答的說，「『可憐的都紅』是為了『報答全社會——每一個爺爺奶奶、每一個叔叔阿姨、每一個哥哥姐姐、每一個弟弟妹妹——對她的關愛』」（畢飛宇，2009：67）！都紅強烈的感受到主流社會「健全至上」的歧視思維，「報答」是她不曾有過的想法，她不懂「為什麼是報答？報答誰呢？她欠誰了？她什麼時候虧欠的？還是『全社會』」（畢飛宇，2009：68）。 她荒謬的體會到她並非去表現她的音樂才藝，而是「為了烘托別人的愛，是為了還債。這筆債都紅是還不盡的」（畢飛宇，2009：68）。她的表演與才藝無關，她演奏是為了讓人同情引人熱淚的，「別人一哭她的債就抵消了」，這種虛偽的情感及女主持人「讓她噁心」，而音樂也同樣的讓她噁心（畢飛宇，2009：68）。這場演奏會不僅讓都紅與音樂決絕，更成了她「內心終生的恥辱」，她在踏入推拿院之前，最大的領悟是看懂吃人且欺人的主流社會，也學會了拒絕接受這份憐憫或償還一份不曾欠下的債，她不僅拒絕再上鋼琴課，也同樣的拒絕了所有的演出。「『慈善演出』是什麼，『愛心行動』是什麼，她算是明白了。說到底，就是把殘疾人拉出來讓身體健全的人感動。人們熱愛感動，『全社會』都需要感動。感動吧，流淚吧，那很有快感。別再把我扯進去了，我挺好的。犯不著為我流淚」（畢飛宇，2009：69）。

都紅是個有主見及思想的女孩，她有靈敏的嗅覺，對於無謂的憐

憫與同情，有敏銳的辨別力，更有拒絕的勇氣。然而命運之神也特別會捉弄她，她偏偏擁有了主流社會讚嘆的「美」，她自己都看不見的「美」卻吸引了主流社會的「目光」，而這個「美」再一次的重傷她。盲人總是比健全人背負過多的尊嚴，「盲人憑什麼要比健全人背負過多的尊嚴？許多東西，其實是盲人自己強加的。這世上只有人類的尊嚴，從來就沒有盲人的尊嚴」（畢飛宇，2009：75）。都紅勇敢的抗拒主流社會的霸氣，她對自己說，「只要還有一口氣，都紅就不能答應自己變成一隻人見人憐的可憐蟲。她只想活著。她不想感激。不能欠別人的。誰的都不能欠。再好的兄弟姐妹都不能欠。欠下了就必須還。如果不能還，那就更不能欠。欠了總是要報答的。都紅不想報答。都紅對報答有一種深入骨髓的恐懼。她只希望自己赤條條的，來了，走了」（畢飛宇，2009：303）。

都紅的自尊心很強，她的美貌在一個看不見外表的盲人世界成了一個謎團。儘管都紅有著動人的「美」，她並沒有利用沙復明對她的愛戀，在受傷後，她其實是知道的。「她的後半輩子只有『靠』人家了，一輩子只能生活在感激裡頭。都紅矮了所有的人一截子，矮了健全人一截子，同樣也矮了盲人一截子。她還有什麼呢？她什麼也沒有了，只剩下了『美』。『美』是什麼？是鼻孔裡的一口氣，彷彿屬於自己，其實又不屬於自己。一會兒進來了，一會兒又出去了。神出鬼沒的」（畢飛宇，2009：302）。她主動的離開推拿院，不願「寄人籬下」，更不願成為別人同情或憐憫的對象。

(二)愛的「全視野」：小馬的唯美與浪漫

小馬是另外一個能捐棄主流社會的價值，忠於自己的情愛。九歲時的一場車禍摧毀了他的視覺神經，他徹底瞎了，連最基本的光感都沒有（畢飛宇，2009：44-45），但他一直渴望恢復視力，靜默的抗拒，返回原點，從表面上看，「車禍並沒有在小馬的軀體上留下過多

的痕跡，沒有斷肢，沒有恐怖的、大面積的傷痕」（畢飛宇，2009：45）。小馬作為盲人的認同問題也特別有爭議（畢飛宇，2009：44-45），因為小馬的眼睛看上去和一般的健全人並沒有任何的區別，而正因為看不出來，小馬比一般的盲人又多出一分麻煩，坐公共汽車時，沒有一個司機相信他有殘疾，而因為沒買票，他在大庭廣眾之中受到了司機的侮辱，他十分的憤怒，自嘲的說，「我這個瞎子還做不成了，大眾不答應。笑歸笑，小馬再也沒有踏上過公共汽車。他學會了拒絕，他拒絕——其實是恐懼——一切與『公共』有關的事物」（畢飛宇，2009：45-6）。

　　小馬在一個偶然的機緣下遇到了小孔，她將他自封閉的世界中喚醒，小馬立即對小孔有了感覺，藉著味道與觸摸產生了情慾，小馬遇見小孔的性反應，使小馬從沈默靜止的生命進入動態，小孔讓小馬聯想到他到母親，小馬透過小孔穿越創傷期，不自主的，不思議的再返九歲，愛情使得小馬走出其隱匿自我的安全地帶，自動繳械。小馬對於嫂子小孔的氣味迷戀、幻想、痛苦掙扎，情慾漲到無可宣洩、滿溢之處，他出手騷擾嫂子，眼看就要爆發難以收拾的局面。在同儕的引領下，小馬第一次走進按摩院附近的私娼，將對嫂子的愛戀宣洩在小蠻的身上，卻也因為進出私娼多次，與小蠻發展出感情。小馬有詩人的感觸與知性的思想，他更是個典型的「情人」，極為敏感與浪漫，他是個情種，加上心思細膩與敏感，畢飛宇把小馬對小孔的愛戀形容的很傳神，小馬對小孔有感覺後，他全神灌注在小孔身上，完全掌握小孔的一舉一動，她的一個轉身都能讓小馬感覺到「空氣會動」，他細微的感受到「幾乎不存在的震顫」（畢飛宇，2009：136）。他也對嫂子的氣味著迷了，「小馬卻不知道怎樣才能描述嫂子的氣味，乾脆，他把這股子博大的氣味叫做了嫂子。這一來嫂子就無所不在了，彷彿攙著小馬的手，走在了地板上，走在了箱子上，走在了椅子上，走在了牆壁上，走在了窗戶上，走在了天花板上，甚至，走在了枕頭上」（畢飛宇，2009：59）。小馬，用他細膩的想像力與她雲遊，小

孔或許未必如小馬心中所描繪的那麼美與妙，但這些浪漫柔情的想像卻凸顯了小馬內心中對情愛的想像或嚮往。小馬心中的浪漫想像非常人所及，所謂的健全人大概也難以如此深情的神遊在愛的世界中。

　　為了逃避這段無緣的戀情，小馬跑到附近的一家洗頭房尋歡，從此結識了並迷戀上了年輕的妓女小蠻。他並不像洗頭房中一般的客人，他專注在小蠻身上，洗頭房的經驗讓小馬的身心完全的放鬆、安逸，「從頭到腳都是說不出的安慰」（畢飛宇，2009：255）。他學會了關注小蠻，在「看不見」中，小蠻就是嫂子、就是小孔，在一種代換的情境中，小馬為自己療癒情傷，儘管這麼做對小蠻未必尊重，但是他終於成功的轉換了他的愛戀對象。在全然的愛戀情境中，小馬似乎發展出他獨特的目光，專注的愛與心眼讓他的「目光」變得活靈活現，當他全神關注盯著小蠻時，小蠻完全被他震攝住。當他撫摸小蠻眼眶時，小蠻覺得他們是「對視」彼此。「小馬並不存在的目光是多麼地透澈，潮濕而又清亮，赤子一般無邪。……他就那樣久久地望著她。他的瞳孔有些輕微的顫動，但是，他在努力。努力使自己的瞳孔目不轉睛」（258）。小蠻好奇那個透徹清亮的「不存在」到底是不是目光？小馬的「目光」讓小蠻無所適從。小蠻心中好奇的自問，「他們是在對視麼？他們在用什麼對視？他們對視的內容又是什麼」（畢飛宇，2009：258）？即便看不見，小馬仍然喜歡用他的眼睛，小蠻注意到了小馬的「目光」是好看的，是吸引人的，在與小馬的互看中，她訝異「一個男人怎麼能有如此乾淨、如此清澈的『目光』呢？從來都沒有見過。他『看見』的到底又是什麼」（畢飛宇，2009：259）？盲人的動手動腳等同於明眼人的目光，然而小馬以深情點亮了看不見的目光，小蠻好奇小馬「目光」的穿透力，而事實上，小馬看的以及想的都是嫂子小孔。在洗頭房進出一段時間後，小馬最終還是接受了小蠻。小馬的慾望流動從小孔轉到了小蠻，但原點可能更來自於對母親的一種懸念。

小馬對於愛的執著與專注使得他將「目盲」轉換成炯炯有神的目光，當外在的世界關閉後，在他的心識中，他開始把玩時間，將時間當成一種形而上的遊戲，他體會自己「不只是在時間裡頭，他其實是可以和時間玩的。時間的玩法有多種多樣，⋯⋯他嘗試讓自己和時間一起動」（畢飛宇，2009：133-34）；他更領悟出「要想和時間在一起，你必須放棄你的身體。放棄他人，也放棄自己。這一點只有盲人才能做到。健全人其實都受控於他們的眼睛，他們永遠也做不到與時間如影隨形」（畢飛宇，2009：136）。小馬終於發現了時間最為簡單的真相，而這個真相往往會被自己的眼睛所蒙蔽的，「眼見不為實」其實是明眼人的盲點，所謂的健全人其實都受控於他們的眼睛，「看不見是一種局限。看得見同樣是一種局限」，這樣的領悟讓小馬釋懷了，「高傲的笑容終於掛在了小馬的臉上」，而「閉目養神」看不見也是一種資產（畢飛宇，2009：135）。在與時間共舞的情境中，小馬體會出無論眼睛是否看得見，生命都有其不同的局限，心眼也可以超越肉眼。

五、結語

推拿院裡的情愛故事林林總總，各有所愛，亦各有堅持，他們愛的真實，愛的深刻。愛，超越一切，它能推倒國族、性別、身體的藩籬，障礙失能者不因身體的限制不能愛，在情愛世界中，他們一樣的浪漫，一樣的刻骨銘心。一般人慣常的以為障礙者是中性的，沒有性別，也沒有情愛，更沒有慾望，《推拿》一書成功的顛覆了大眾對盲人的刻板印象，彰顯了能者意識形態的偏狹；儘管他們遭遇了無數來自社會的主流價值或能者意識形態的挑戰與質疑，面對愛，他們有過人的勇氣與堅持；儘管看不見，他們發展出認識彼此的替代管道似乎既靈敏又有創意，他們嗅得到彼此，也摸得到彼此，眼睛也並非傳達

情愛的唯一的媒介，他們見證了愛的方式何其多元，又獨具創意。此外，他們的故事也提供了批判能者意識形態的觀點與例證。小馬面對所愛，義無反顧，全心的愛，浪漫的愛，無悔的愛，唯美的愛，他對於愛的執著與專注令人動容。至於都紅，她寧可選擇孑然一身，不願屈就主流能者意識形態的壓迫與歧視，她沒有利用她的「美」呼風喚雨，換取愛戀關係中的紅利；她更是決絕的與同情切割，她不屑歌唱節目主持人以「能者」之姿給予的同情，更不接受推拿院好友給她的資助。她，勇敢的做自己！

的確，無論眼睛是否看得見，生命都有其不同的局限，但明眼人或健全人總擺脫不了莫名的優越或傲慢，覺察不出自己的「盲目」。事實上，健全人或能者意識這種壓迫人的思維本身比「盲」更可怕，「像是賭場的老千」；作者畢飛宇說道：「面對盲人，社會更像一個瞎子，盲人始終在盲區裡頭。這就決定了盲人的一生是一場賭，只能是一場賭，必然是一場賭。一個小小的意外就足以讓你的一生輸得精光」（畢飛宇，2009：283）。畢飛宇的這段話道出了生命的無常與能者意識的霸權，一個小意外僅是一場意外，但是意外之後，難以面對的是能者意識這個賭場老千，他讓盲人的一生輸得精光。這場不合理的博奕在華人的社會中好似無解，只能認命。在書中結尾，畢飛宇給這場博奕下的結論是，一個盲人看不見，命運也看不見，因此盲人與命運的距離格外地近。「命是看不見的。看不見的東西才是存在，一個巨大的、覆蓋的、操縱的、決定性的、也許還是無微不至的存在」（畢飛宇，2009：285）。在華文世界的文化中，「嚥下去」或「認命」是與命運搏鬥的唯一籌碼，「盲人的眼裡沒有目光，淚水可是不少」（畢飛宇，2009：284）。

畢飛宇在《推拿》書中，與其說是刻畫盲人世界的眾生相，毋寧說是揭露了華人世界中欺人的惡霸——能者意識！盲人的一生除了認賭服輸，任命宰割外，難道沒有其他的出路嗎？推拿院中的都紅與小馬或許踏出了一條多數盲人都未選擇的路——能者的霸權可以抵制、拒絕！情愛的浪漫與唯美可以登峰造極！命運掌握在自己手中！

Garland-Thomson, Rosemarie. (2006) Ways of staring. *Journal of Visual Culture*, 5: 173-192. Retrived from http://www.youtube.com/watch?v=RW AhKNkO9-I

Garland-Thomson, Rosemarie. (2009) *Staring: How we look*. Oxford: Oxford UP.

McRuer, Robert. (2013) *Crip theory: Cultural signs of queerness and disability*. New York: New York UP.

Rousso, H. (2013) *Don't call me inspiration: a disabled feminist talks back*. Philadelphia: Temple UP.

Wilkerson, Abby. (2002) Disability, sex radicalism, and political agency. In *NWSA Journal*, 14(3): 33-57.

Wilkerson, Abby. (2012) Normate sex and its discontents. In Robert McRuer and Anna. Mollows (Eds). *Sex and disability*. Durham: Duke UP.

Chung, Ju. (2014)〈《推拿》：群盲並非一種病〉。取自http://health.gvm.com.tw/webonly_content_2877_3.html

〈中國興化網〉取自http://www.xinghua.gov.cn/gtb/index.jsp?url=http://www.xinghua.gov.cn/art/2015/8/14/art_5592_190200.html

呂苡榕〈「手天使」讓身障者活得更像人〉。取自http://www.new7.com.tw/NewsView.aspx?i=TXT201407161648208PF

李敬澤（2015）〈中國之體與心〉，《推拿》。臺北：九歌，4-6。

邱大昕、孫小玉（2015）。〈失能身體的創傷敘事與療癒書寫〉高雄醫學大學人文社會科學院主辦「生命倫理與醫學人文」研討會，高雄醫學大學，10月2日。

河合香織（2007）《性義工》。臺北：八方。

孫小玉（2013年3月13日）〈能者主義：等待被馴化的文明野獸〉，《比

較文學學會電子報》（CLAROC Newsletter）No. 8. 取自 https://sites.go
ogle.com/site/claroc100/newsletter

孫小玉（2014）《失能研究與生命書寫：失能女性之性／別、身體／政
治、與詩／美學》。高雄：國立中山大學出版社。

朱元鴻（2004）〈不完美的人，的性〉。取自 http://in.ncu.edu.tw/~csa/oljou
rnal/

陳 Damon（2015）〈香港，取消 modern slavery，放過現代奴隸吧〉。取自
http://www.vjmedia.com.hk/articles/2015/04/20/104814/

〈感性藝文報〉（2015/5/25）取自 http://www.books.com.tw/exep/epage/read.
php?id=15290&loc=003_006

〈電影網評論〉（2015/6/21）取自 http://www.wikiwand.com/zh-mo/%E6%8E
%A8%E6%8B%BF_(%E9%9B%BB%E5%BD%B1))

〈維普閱讀網〉（2015/5/11）取自 http://www.vipreading.com/novel-view-12
49.html

婁燁（2014）《推拿》。北京：恆大影視文化有限公司。

畢飛宇（2009）《推拿》。臺北：九歌。

鄒家彥〈「有沒有？天使？」天使讓我們看見正常人的無知與傲慢〉。
（2015/1/14）取自 http://buzzorange.com/%202015/01/14/%20HANDJOB
TW/

障礙與性別：
女性視覺障礙者自傳中的做性別

邱大昕

一、前言

　　「性別」是一種日常生活中反覆練習、格式化而成的展演效果。而主流性別秩序則是透過社會常規的遵從和內化，學習與接受特定性別認同、性別特質、性別符碼，或實踐某種性別表現。「性別」並非生物身體所決定，而是個體與他人在特定社會情境互動過程中「做」（doing）出來的結果（West and Zimmerman, 1987）。在這「做性別」（doing gender）的過程中，性別是一連串實踐過程中動態的展現，而非固定不變的存在。性別特質的展現固然會受到社會結構與關係的影響，但這種影響也並非機械化地決定個人的行動，個體在互動過程中仍具有主動選擇的可能（劉泗翰譯 [Connell, 2002]，2004）。另一方面，身體的物質性也會影響社會實踐的形式，因此身體不僅是社會實踐（social practices）的受體，也是社會實踐的媒介。透過與既定的性別規範的溝通，個體能夠接受或遠離某種性別認同、特質或表現。不符合主流異性戀符碼的身體，可以透過具體行動創造出屬於個人的風格，展演出異於傳統樣貌的性格特質（楊幸真，2010/2012）。

　　過去研究發現，當男性障礙者難以達成傳統陽剛論述所賦予的角色時，可能會同時採用修正（reformulation）、依賴（reliance）和拒絕（rejection）等幾種不同策略，或做出複雜的組合來因應性別認同的困境（Gerschick and Miller, 1995）。採取第一種修正策略的男性障礙者，通常不會公開質疑霸權陽剛特質的標準，而只是依照自己的實際情況重新定義陽剛特質。有些男性障礙者雖然需要他人協助，但透過控制來得到協助時，便不覺得自己是依賴他人。因此階級扮演重要角色，越是依賴社會福利救濟的，就越難覺得自己是獨立的。反之，只要事業成功仍然可以成為男人，即使身體有損傷。但是透過職場上的成就，仍然可以得到男性自尊（邱大昕，2007）。此外，男性障礙者可以透過個人經濟能力的提升，與明眼女性結婚來享有某些性別紅利，並部分擺脫因障礙而受到的污名。第二類因應方式「依賴」則是堅持傳統陽剛特質的定義，並加倍努力來達成這些目標。依賴有時是情境式或強迫式的，比方一般人認為障礙者就是需要依賴，如果不提供幫助就不知如何和障礙者相處。然而當男性接受他不需要的幫助，或者過多的幫助時，往往會覺得男性尊嚴受威脅（Gerschick and Miller, 1995）。因此有些堅持陽剛男性的障礙者，會刻意拒絕所有的幫助，或者以工作或運動上更大的挑戰來肯定自己的陽剛特質。比方有些男性視障者為了表現極端陽剛，會故意壓低嗓音、主動照顧他人、或者凡事愛說道理（邱大昕，2013）。另外，有些障礙者會堅持傳統陽剛特質的定義，努力去精通某些被認為該損傷無法做到的活動領域，比方馬拉松或登山。第三種因應方式是採取「拒絕」策略，則完全否定霸權陽剛特質的正當性或重要性。有些男性視障者難以以傳統的方式來表現男性氣概，比方在餐廳時難以先去付帳或替女性開門（Shakespeare et al., 1996: 64）。因此他們會另闢不同的新認同，尋找或建立支持性的次文化團體。這些身心障礙男性多受到身心障礙運動或性別平權運動影響，因而不認為需要性別認同，需要有個支持的環境或群體（Gerschick and Miller, 1995）。

如果男性障礙者因爲「獨立、強壯、主動」的陽剛性別腳本，與「依賴、脆弱、被動」的障礙腳本衝突，以至於產生認同危機。那麼女性障礙者是否可能因爲陰柔性別腳本與障礙身體腳本的重疊（Murphy, 1990），因而比較沒有性別認同的困擾呢？女性身體損傷如何影響性別的實作，以及女性障礙者又會採取什麼樣的策略，來因應性別認同上的困境呢？女性的「做性別」和日常生活中所做的事情彼此扣連在一起，像是懷孕、生產、成長、老化等。然而在「做性別」的過程中，主體會隨階級、生命階段、障礙過程的差異而採用不同的協商策略。本研究以 2000 年之後出版的四本臺灣女性視覺障礙者的傳記——朱萬花（2002）的《用心看世界》、薛以柔（2006）的《盲眼媽媽一顆心》，莊靜潔（2010）的《點亮幸福微光》和賴淑蘭（2012）《人生瞎半場》爲主，輔以當事人在其他媒體的自述進行研究。

　　1965 年生於南投縣中寮鄉的偏遠山區的朱萬花，出生時先天眼盲，八歲時開刀後才有模糊的視覺。她只在鄉下小學讀過半年書，曾從事按摩工作長達 20 年，後來轉而從事藝術及傳播工作。1971 年生的薛以柔先天性靑光眼，父母離異加上父親嗜賭因而未去就醫，國中之後完全失明，後到台北啓明就讀高中。三度婚姻育有一子一女，兒子國小時右眼已看不見且有過動傾向，女兒則是視網膜退化。1986 年出生的莊靜潔因生於桃園中壢，因「少年型視網膜黃斑部病變」國中開始視力不佳。資賦優異的她畢業自清華大學資工系，因刻苦學習而獲頒發總統敎育獎，2016 年 3 月疑似死於心肌炎。1955 年生的賴淑蘭年輕時就被診斷出視網膜色素變性，台大畢業後嫁給醫生，曾經擔任東海大學校長秘書。2001 年全盲後繼續念研究所，於 2012 年獲得中正大學博士學位。這四本傳記涵蓋不同年齡層與階級的女性，而她們的失明時間和過程也不太一樣，因此能夠呈現女性視障者性別實踐的不同樣貌。

二、外表管理

外表管理應該是女性視障者在「做性別」時，最早也是最常會碰到的課題。在明眼人的世界裡，穿著打扮在兩性關係發展是重要催化劑（邱大昕，2013）。女性視障者必須依賴外表來展現她們的女性特質，但視力的限制卻使得她們在穿著打扮上較爲困難。即使不是爲了吸引異性，日常生活的打扮也會影響別人對她的觀感（Hammer, 2012）。全盲的視障者無法透過觀察知道周遭明眼人穿什麼衣服、做什麼事，或什麼是該場合的適當行爲。男性通常比較不需要外表管理，只要透過競爭、領導、攻擊性、野心之類的陽剛特質表現與認同，便能部分擺脫所受到的身心障礙污名（邱大昕，2007）。而女性視障者則需要依賴外表來展現她們的性別特質，才能降低身心障礙的污名。由於整個社會的性別文化是非常「視覺的」，在缺乏視覺訊息的情況下，女性視覺障礙者會發展許多不同途徑來學習性別符號與進行性別展演。

1971 年生的薛以柔先天性青光眼，上小學時視力就開始變弱，國中之後就只能看到光線和影子。由於童年家境貧窮，她和妹妹由父親獨自撫養長大，從小衣服都是撿來的。長大後薛以柔和許多明眼人一樣，會透過連續劇來學服裝搭配，不同的是，她的美學性別符號需要透過多次轉譯來學習。比方她喜歡韓劇「背叛愛情」的女主角，於是和小孩上街時，小孩看到某件衣服和該女主角穿的很像時，薛以柔就會去摸摸看，認識這件衣服（薛以柔，2006：82-83）。美學性別符號在這過程中被「轉譯」多次，由自己的聽覺喜歡上某位角色，透過小孩的視覺記住該角色的穿著，最後再轉變成自己的觸覺的感受。此外，媒體評論權威也是薛以柔學習美學性別符號的管道。比方某次奧斯卡金像獎頒獎典禮，報導說：「大牌明星穿的衣服總是樣式簡單、大方，顏色單純、素雅，全靠明星自己的自信和風格來展現衣服

的質感與生命」（薛以柔，2006：86）。於是她把這句話用小孩聽得懂得話說給他聽，經過小孩的轉譯之後「素雅」變成「少有卡通圖案」，然後再到由小孩陪同到服飾店具體化爲性別實踐的消費行爲。

「妳看起來不像盲人」對許多女性視障者好像是一種稱讚，但其實是一種緊張關係的開始。在與明眼人的「混類接觸」（mixed contacts）中，障礙者必須小心管理看似尋常的社會情境。偶然的錯誤舉動，很容易就被解釋成是受污名者差異的表現（曾凡慈譯 [Goffman, 1963]，2010）。透過訊息和污名可見性（visibility）的管理，而在「明顯遭貶抑」（discredited）和「可能遭貶抑」（discreditable）之間游移，這也使得女性視障者在公開場合無法對自己的身體感到安全和放鬆，而必須隨時小心控制訊息的揭露。在社會污名壓力下，能夠隱藏的障礙者比較不會願意「公開」（come out），以維持暫時而片斷的「正常」身分。雖然在現代社會，傳統女性束縛減少，女人有更多表現自己的自由。可是如果女性視障者不遵循傳統性別規範時，社會並不會認爲她們是「新女性」，而只會想到她們是視障者（Hammer, 2012）。因此現代女性可以透過顛覆傳統性別符號，擺脫傳統女性柔弱、依賴的刻板印象。但女性視障者如果這樣做時，別人反而會想到視障者的缺陷和無助。女性視障者唯有在言行舉止嚴格遵循性別規範，別人才會忘記他們是盲人。因此女性視障者做性別時努力去符合傳統性格規範的目的，可以說是爲了避免別人把她們當成盲人。換句話說，障礙是比女性更受污名的身分類屬。

相對於先天視障者，成年中途女性視障者有較高的學歷和工作經歷，且在失去視力之前便已經習得主流社會性別視覺符碼及其展現方式。1955 年生的賴淑蘭雖然年輕時就被診斷出視網膜色素變性，但直到中年（2001 年）才成爲全盲。因此她失明後透過訓練與調整，

就比較容易與原來的生活接軌。比方她到服飾店可以將自己想要購買的衣服款式、顏色以及價格等資訊，清楚地告訴服飾店的人員讓他們來挑選，然後再請同行友人評斷是否合適。回家後的衣服管理也有一番學問，她把冬裝和夏裝分開存放，彼此搭配的上衣、褲子或裙子放在一起。再把相同的鈕扣縫在要搭配的上衣、褲子或裙子上，然後利用觸覺來辨識，避免亂搭而產生失禮的尷尬。由於視障重建訓練都不會有這類外表管理課程，因此賴淑蘭必須土法煉鋼自己想辦法來解決（賴淑蘭，2003）。

三、生殖決策

雖然生育對多數女性可能是結婚之後很久才會碰到的事情，但「遺傳陰影」很早就會籠罩在女性視障者身上。由於父權社會秩序依照生育能力來定義女人，不能生育者經常被視為「不自然」或「不完整」，無法生育是女性身分的嚴重威脅（Connell, 2011；嚴韻譯 [Lisle, 1996]，2001）。西方國家由於受到優生觀念的影響，身心障礙女性經常不被賦予生育權力。身心障礙女性常被視為危險的生殖者，因此遺傳問題是許多人對女性障礙者的疑慮，也是女性障礙者共同的擔憂。

1986 年生於中壢的莊靜潔國中時看不清黑板的字，考試時表格會填錯，打躲避球時很快被打到，使用速讀機時即使速度放最慢也常看不到，騎腳踏車常發生意外，後來被診斷出患有「少年型視網膜黃斑部病變」。她高中時的男友母親第一次見到她時，就直接了當地問：「妳的眼睛都不能好嗎？……會不會遺傳？」。1965 年生於南投縣中寮鄉的偏遠山區的朱萬花生下來就失明，1973 年（八歲）在南投縣政府補助下，和兩個失明的姐姐到台中中山醫藥學院開刀，才第一次體會到「視覺」的意義。此後約略可以看到 4、5 公尺的範

圍，可以分辨色彩，也可以看見較大的物體，至於小的輪廓或文字，還是一團模糊。由於家中五個子女包括她自己有三個視力不佳，因此常被認為可能會遺傳。她自己也經常以「我是一個沒有權利快樂的人」（朱萬花，2002：74）或「我不能為一個真正的家延續下一代嘛！我害怕眼睛的遺傳，所以我是個沒有權利談婚姻的人」（朱萬花，2002：100）來拒絕追求者。直到後來遇到同樣是視障的先生也不打算要有小孩時，才答應結婚。婚後為了彌補自己無法為夫家傳宗接代的「遺憾」，朱萬花放棄所有興趣和研習機會，全心投入按摩工作。但是每當看到同事「擁有自己的孩子，逗弄成長中的嬰兒」時，朱萬花就會感到「最深的心痛和羨慕」，可是「遺傳的陰影」讓她不敢做此「妄想」（朱萬花，2002：105）。隨著年歲增加，朱萬花開始覺得沒有孩子是人生中最大的遺憾。她想去領養個小孩，先生反對說：

> 「妳既然怕生到不健康的，又怎能保證領養回來的孩子是健康的？更何況眼疾只是身體上喪失了一種接受外界視覺訊息的不幸而已，事實上有更多先天疾病並不比眼疾容易照顧。如果我們為了自己想要避免遺傳的可能性，反而抱回一個我們沒有能力照顧的小生命，對他來說也是不公平的。至少視障我們都很了解，自己的孩子如果真有此不幸，我們也有能力好好教養他。」（朱萬花，2002：108）

朱萬花又徵詢父親意見，她的爸爸回答說：

> 「當時我們並沒有想到我和你母親都是視力健全，竟會生下三個眼盲的孩子。如果知道，是不該把你們生下來的。但是現在時代不一樣了，醫學比過去更進步，更何況醫師也無法證實妳們的眼睛絕對是遺傳，如果要聽我的意見，我認為可以生一個，這頭一

個如果健康再生第二個。萬一不幸第一個確實有了眼睛的遺傳，
你們也得好好照顧他們，但是不要再讓錯誤繼續下去。」（朱萬
花，2002：109）

臺灣女性智能障礙較常是結育計畫的對象，許多女性智障者家長
會讓她們接受結紮手術（卓妙如等，2007）。但「遺傳的陰影」仍普
遍存在於其他障別中，「醫學進步」和「碰運氣」是女性視障者最後
決定生育的常見說詞，但背後其實是做爲「完整」女性的渴望。

四、照顧工作

社會上對女性身心障礙的刻板印象是，她們沒有能力照顧自己也
沒有能力照顧他人，因此是沒有資格談感情或成立家庭的。莊靜潔雖
然從小患有「少年型視網膜黃斑部病變」，但學校成績一直非常優
異。可是她高中時第一次交男友，男友的母親就對他說：「［媽媽］
希望你找一個將來會照顧你的太太，而不是一個要你去照顧的人。」
（莊靜潔，2010：179）因此她當時就開始產生爲什麼眼盲者沒有追
求愛情權利的疑惑。「非身心障礙者」和「身心障礙者」經常被視爲
可以截然劃分的類屬，且能與「照顧提供者」和「被照顧者」做一對
一的對應。非身心障礙者被當作是不需要被照顧的「照顧提供者」，
而身心障礙者則是不能提供照顧的「被照顧者」（Hughes et al.,
2005）。過去女性主義研究有關照顧的討論，也多將女性與被照顧者
視爲兩個不同的主體，忽略女性障礙者可能兼具照顧與被照顧者的雙
重身分。「個人即政治」（the personal is political）的原則往往只用
在負責照顧的「非身心障礙者」，而不是被照顧的「身心障礙者」。

在傳統性別分工架構下，女性障礙者由於無法提供照顧，便被認
爲不適合結婚。但是男性障礙者卻因爲被視爲需要被照顧，家人往往

會設法幫他們找到非障礙者來「照顧」他。男性視障者只要有獨立生活和經濟能力，與一般人結婚的機會就很大，但女性視障者就無法透過事業或經濟上的成就，來享有這種性別紅利。因此許多女性障礙者最常碰到的歧視，並非社會將她們的角色限定在家庭主婦上，而是社會不期待他們擁有妻子與母親這些角色（Lloyd, 2001）。過去研究發現女性障礙者結婚的機率是男性障礙者的三分之一到四分之一，而中途成為障礙者的女性離婚率則為中途障礙男性的四倍（Hannaford, 1986）。

當女性障礙者有了小孩之後，許多人第一個反應就是他們如何能夠照顧小孩。薛以柔最初想要給小孩餵奶時，婆婆不是說「你眼睛看不到，餵奶一定會嗆到孩子的」，就是說「你的眼睛不好，孩子喝了你的奶，眼睛也會跟你一樣不好」（薛以柔，2006：11）。她的明眼朋友也常有類似的擔心，看到她餵母奶時，在一旁拼命喊奶水會滴到嬰兒眼睛，叫她不要再餵母奶，讓她感到非常挫折（薛以柔，2006：34-35）。照顧小孩並不是天生的，許多照顧知識是需要學習而得到的，但視覺障礙者常會覺得缺乏所需要的資訊。當薛以柔想找有相似障礙的前輩學習，而求教於其他盲眼媽媽時，發現她們多因按摩工作不方便不餵小孩母奶，因此只好改向她們學習沖泡奶粉的方法。當沒有現成的對象可以學習時，視障媽媽會透過有聲書籍學習一般人的照顧知識，然後再透過嘗試錯誤的方式來找出路。像是給小孩洗臉、洗頭、洗澡、刷牙、剪指甲，薛以柔就改良發展出自己特殊的解決方法。

上述私領域的照顧工作，可能還不是女性視障者母職實踐時最大的挑戰。女性視障者母職身分在眾目睽睽的公領域中所受到的威脅更大，視障的污名經常被用來質疑和貶抑女性視障者教養子女的能力。由於視障媽媽在家無法親自教小孩如何「正確」的拿碗筷，夾菜、盛飯、添湯，因此小孩只能透過自己模仿來學習。有些細微的動作小孩可能模仿不來，視障媽媽就會成為未善盡母職的指責對象。每當薛以

柔帶小孩和親友吃飯時，常會緊張焦慮到全身發抖，擔心她做母親的資格受到挑戰。「你的爸媽眼睛看不到，所以阿公要代替你的爸爸媽媽教訓你，你拿筷子的姿勢不正確，別人看到了，一定會瞧不起你們，筷子應該這樣拿……」、「你不要以為你的爸媽看不見你就可以亂來，別忘了我這個伯父是看得見的，所以我要替你爸媽管教你……」、「阿姨告訴你，你一定要改掉這個壞習慣，否則別人看了會認為是你看不到的爸媽沒有把你教好……」（薛以柔，2006：74）。做為一個視障母親，不只自己經常是眾人「凝視」（gaze）的對象，也經常透過自己的孩子被「凝視」。小孩無法乖乖坐著吃飯，或者亂動打翻東西這類事情，其實是許多家長常會碰到的問題。但是視障者的小孩只要不符合社會期待，許多人會立刻把問題歸因於母親眼睛看不見。

24 小時不打烊照顧陪伴小孩的辛苦，讓薛以柔睡眠不足而導致經常莫名的頭暈目眩、疲倦不堪、性情焦慮（薛以柔，2006：97）。然而儘管如此，薛以柔認為照顧孩子讓她找回真正的自己。她還沒小孩以前討厭出門，更討厭拿走杖，擔心受到恥笑。小孩剛上幼稚園時，她仍害怕拿手杖出入園所，或一踏進園所就趕快把手杖收起來藏進包包，因為擔心小孩受到連帶污名（courtesy stigma）的影響而受到排斥。可是幾度可能的交通意外後，她為了小孩安全著想，逐漸放下眼盲的羞恥感，和孩子一起學習所有的新事物，不知不覺中踏出「自卑、自憐」的壁壘（薛以柔，2006：72）。

五、家務勞動

傳統觀念下的家務工作，每日經常性的家務像是買菜煮飯、洗碗洗衣、照顧幼童等多由女性來負責。男性在家務工作上多是扮演協助的角色，例如修繕簡單水電、倒垃圾這些時間比較短暫，且可以自行

決定何時開始何時結束的工作。在夫妻都是視障者的家庭中，到傳統市場買菜或上街買衣服大部分仍是女性的工作，因為「男性不太習慣與商家討價還價」（顏彩妮、成令方，2012）。男性外出到附近的超市與市場採買時，由於「愛面子」不願意去問服務員，因此必須自己花比較常時間慢慢摸索。因此男性視障者較常透過網購，因為這樣省時、省力又可直接宅配到家，減少外出的辛苦。然而可以網購的食品與新鮮蔬果種類選擇性不多，價錢沒有市場和超市的便宜。

中年失明的賴淑蘭（2003）曾談到自己的居家生活經驗，由於調味罐的外觀都一樣而難以分辨，所以在不同調味料的罐子上綁繩子或橡皮筋做辨識，這樣做飯料理時就可以隨時拿取調味罐，不用再每罐拿起來聞。不過剛失明時她的家人希望她少進廚房，有次她的明眼先生便對她說：「可不可以請妳以後少進廚房，因為我要花加倍的時間來整理。」（賴淑蘭，2012：12）相較於三餐的準備，清潔工作對視障者是件難度較高的工作。衣服或環境清潔與否，有時需要透過明眼者的幫助才能得知，像是找保育員到宅協助或者家裡小孩的幫忙。顏彩妮、成令方（2012）發現雖然有些視障先生也會參與家務清潔工作，可是男性多會依賴科技工具（例如好神拖、洗衣機、吸塵器等），可是大部分男性對清潔的標準沒有像女性高，因此有些視障女性會因為先生做得不夠好，選擇用徒手方式像是用抹布擦地板、用手洗衣服重新做。當然女性視障者有時也會使用輔具來協助家務，比方賴淑蘭（2003）曬衣服時便使用可以上下調整曬衣架高低的新產品，來減少將衣服掛在曬衣架上的困難度。

非障礙者和障礙者在一起時，經常會被當作是一種「英雄式的犧牲」（heroic sacrifice）。如果非障礙者本身也有這種想法時，便容易要求障礙者事事讓步配合自己，因此家中的性別權力平衡關係也會產生變化。如果中途失明者是先生，太太在家庭事務的決策會取得更多的影響力，不過這種性別權力關係反轉的代價，就是照顧生病或身體損傷的先生。反之，如果中途失明的是太太，她們的處境會往往辛

苦許多。許多研究都發現，身心礙礙男性比較容易維持原來的異性戀家庭關係，而身心障礙女性則較容易被原來的配偶拋棄（Shakespeare et al., 1996: 95）。賴淑蘭曾對家人抱怨說：「為什麼在外的陌生人都會主動給我必要的協助，而妳們這些親人卻無動於衷呢？」結果家人直白地回答說：「哎呀！你在外面遇到的人，可能只需要幫助你一次，所以他樂得日行一善，但我們就不同啦！如果我們要完全配合你的需要，我們就慘了」（賴淑蘭，2012：12）。傳統性別角色要求女性比男性更需要去取悅別人、保持和諧、幫助他人。這種要求讓女性身心障礙者更不敢表達她們的憤怒和需要，女性障礙者如果要維持原來的關係，往往要對伴侶或家人更為容忍（Shakespeare et al., 1996: 95–96）。

六、結論

自傳是作者對自己生命旅程的一種話語性回憶，也是「現在的自我」對「過去的自我」的一種詮釋。透過停格的歷史和生命片段的敘述，當事人以「當下」視角重新認識與把握過去的「我」，而得以療癒某些幽深難言與未解的痛苦（游鑑明，2011）。和父權體系一樣，視覺霸權並不是隨時都處於穩定狀態。視覺霸權是意義、法律和社會關係的不斷鬥爭和妥協的動態結果，因此經常會碰到「反霸權」（counter–hegemony）力量的抵抗與挑戰（陳品秀譯 [Sturken and Cartwright, 2000]，2009：75）。因此障礙作為一個主體認同的對象是游移難以定義的，因此損傷或疾病對生命是資產還是負債，端視當事人如何與損傷和疾病協商、抗衡甚至妥協（孫小玉，2014）。

雖然在「做性別」的過程當中，障礙主體會隨階級、生命階段、障礙過程的差異而採用不同的協商策略。然而相較於男性障礙者，女性障礙者因應性別認同困境時所能採取的策略似乎較為有限的。女性

視障者沒法像男性一樣，透過提高個人經濟能力來部分擺脫障礙污名。在父權社會秩序下，女性障礙者如果不能遵循傳統性別規範，正常生育、提供照顧和家務勞動時，社會並不會認爲她們是「新女性」，而只會想到她們是視障者。女性視障者唯有在言行舉止嚴格遵循性別規範，別人才會忘記他們是盲人。因此女性視障者做性別時努力去符合傳統性格規範的目的，可以說是爲了避免別人把她們當成身心障礙者。儘管女性視障者可以依照自己的實際情況，透過他人協助和自己的調整，來達成傳統性格規範的要求。但是不論在公領域還是私領域，女性視障者經常都是衆人「凝視」的對象，而無法對自己的身體感到安全和放鬆。

長久以來，女性身心障礙者不論是在公領域還是私領域，一直受到性別與障礙的「雙重壓迫」。臺灣過去的福利政策與制度，主要建立在「男主外、女主內」的傳統價值之上。女性若要取得福利必須依附在母親、妻子、照顧者、或養育者這些身分，才能得到制度的回應（王國羽，2010）。可是女性身心障礙者經常被認爲不適合擔任照顧者或養育者，女性身心障礙者結婚率比男性身心障礙者低，中途致障女性面臨離婚的比例則比男性障礙者高。已婚女性視障者即使在外面有工作機會，回到家仍必須負責家務和照顧小孩。但是現代社會福利制度以提供身心障礙者就業與經濟支持服務，而較少考慮到女性家務勞動所需要的協助時，也讓女性障礙者的性別實踐上更加辛苦。

王國羽（2010）〈臺灣女性障礙者的邊緣地位：從臺灣看女性身心障礙者的處境狀況與現況突破〉，第二屆「國際接軌・權利躍進」國際研討會，12 月 12–13 日。臺北：殘障聯盟。

朱萬花（2002）《用心看世界》。臺北：文經社。

卓妙如、潘玉涵、詹沛祺、王秋琪、蔡育倫、吳佳靜、王譽潔（2007）〈智能障礙者絕育議題之倫理考量〉，《身心障礙研究》，5(3)：178–197。

邱大昕（2007）〈男性障礙者勞動邊緣化的陽剛困境〉，《女學學誌》，23：71–91。

邱大昕（2013）〈盲人如何成為異性戀—再談視障者的性／別教育〉，《性別平等教育季刊》，62：14–20。

孫小玉（2012）〈卡蘿的疾病誌：失能主體的思辯〉，《文化研究》，15：43–86。

孫小玉（2014）《失能研究與生命書寫》。高雄：中山大學。

莊靜潔（2010）《點亮幸福微光》。臺北：寶瓶。

游鑑明（2011）〈改寫人生之外：從三位女性口述戰爭經驗說起〉，游鑑明、胡纓、季家珍編《重讀中國女性生命故事》，13–30。臺北：五南。

楊幸真（2010）〈成為男孩：陽剛特質的學習路〉，游美惠、楊幸真、楊巧玲編《性別教育》，51–76。臺北：華都。

楊幸真（2012）〈成為女孩：少女雜誌作為女孩培力與性別教育之資源〉，《當代教育研究》，20(1)：41–82。

顏彩妮、成令方（2012）〈全盲夫妻的家務勞動經驗與家務分工〉，《身心障礙研究》，10(2)：130–147。

賴淑蘭（2003）〈黑暗中的摸索〉，《台東特教》，18：52–54。

賴淑蘭（2012）《人生瞎半場》。臺北：一品。

薛以柔（2006）《盲眼媽媽一顆心》。臺北：寶瓶。

Ahlsen, Birgitte, Hilde Bondevik, Anne Marit Mengshoel and Kari Nyheim Solbrække (2014) (Un)doing gender in a rehabilitation context: a narrative analysis of gender and self in stories of chronic muscle pain. *Disability and Rehabilitation, 36*(5): 359–366.

Barnes, C. (1991) *Disabled People in Britain and Discrimination.* London: Hurst and Co.

Callon, M. (1986). Some Elements of a Sociology of Translation: Domestication of the Scallops and the Fishermen of St. In Brieuc Bay. J. L.(ed.), *In Power, Action and Belief* (pp. 19–233). London: Routledge and Kegan Paul.

Connell, Raewyn (2002) *Gender.* 劉泗翰譯（2004）《性／別：多元時代的性別角力》。臺北：書城。

Connell, Raewyn (2011) Southern Bodies and Disability: Re-thinking Concepts. *Third World Quarterly, 32*(8): 1369–1381.

Finkelstein, Vic (1980) *Attitudes and Disabled People.* NY: World Rehabilitation Fund.

Finkelstein, Vic (1981) Disability and the Helper/Helped Relationship: An Historical View. A. Brechin, P. Liddiard, and J. Swain (Ed.), *In Handicap in a Social World.* England: Hodder and Stoughton.

Garland-Thomson, Rosemarie (2002) Integrating Disability. Transforming Feminist Theory, *NWSA Journal, 14*(3): 1–32.

Gerschick, Thomas J. and Miller, A. S. (1995) Coming to Terms: Masculinity and Physical Disability. In Donald Sabo & David Frederick Gordon (Ed.), *Men's Health and Illness: Gender, Power, and the Body* (pp. 183–204). CA: Sage Publications.

Gerschick, T. J. (2000) Toward a Theory of Disability and Gender, *Signs, 25*(4): 1263–1268.

Goffman, Erving (1963) *Stigma: Notes on the Management of Spoiled Identity.* 曾凡慈譯（2010），《污名：管理受損身分的筆記》。臺北：群學。

Hammer, Gili (2012) Blind Women's Appearance Management: Negotiating Normalcy between Discipline and Pleasure. *Gender & Society, 26*(3): 406–432.

Hannaford, Susan (1986) *Living outside Inside: A Disabled Woman's Experience.* Berkeley. CA: Book people.

Hughes, Bill, Linda McKie, Debra Hopkins, and Nick Watson (2005) Love's Labours Lost? Feminism, the Disabled People's Movement and an Ethic of Care. *Sociology, 39*(2): 259–275.

Latour, Bruno (1987) *Science in Action: How to Follow Scientists and Engineers through Society.* Cambridge, MA: Harvard.

Lisle, Laurie (1996) *Without Child: Challenging the Stigma of Childlessness.* 嚴韻譯（2001）《如果妳沒有小孩：挑戰無子的污名》。臺北：女書。

Lloyd, M. (2001) The Politics of Disability and Feminism: Discord or Synthesis?. *Sociology, 35*(3): 715–728.

Macfarlane, A. (1994) On becoming an older disabled woman. *Disability & Society, 9*(2): 255–256.

Murphy, R. F. (1990) *The Body Silent.* NY: Norton.

Oliver, M. (1990) *The Politics of Disablement: A Sociological Approach.* NY: St. Martin's Press.

Oliver, M. (1996) *Understanding Disability: From Theory to Practice.* Basingstoke: Macmillan.

Oliver, M., and Colin Barnes (2012) *The New Politics of Disablement.* NY: Macmillan.

Shakespeare, T., Kath Gillespie-Sells and Dominic Davies (1996) *The Sexual Politcs of Disability: Untold Desires.* NY: Cassell.

Sturken, M. and Lisa Cartwright (2000/2009) *Practices of Looking: An Introduction to Visual Culture.* 陳品秀譯《觀看的實踐：給所有影像世代的視覺文化導論》臺北：臉譜。

West, C., and D. H. Zimmerman (1987) Doing Gender, *Gender and Society, 1*(2): 125–151.

不可能的健全：
運動休閒中失能的性別身體

徐珊惠

一、前言

　　國內過去十年研究中，性別與失能相關研究議題如雨後春筍般的大量出現。許多研究指出，女性失能者所受制的社會壓迫與歧視遠比男性失能者來的嚴重，女性失能者長期處於雙重邊緣化的處境—身為女性且失能（Morris, 1996; Rintala, Howland, Nosek, Bennett, Young, Foley, Rossi, and Chanpong, 1997; Olkin, 1999；楊雨涵、陳渝苓，2011）。

　　無論是肢能或是生理的失能，身體無疑最直接被凝視的焦點。女性身體深受社會文化性別期待影響，格外受關注。長久以來，對於身體認同乃至社會差異的建構總以肉體的裝飾、展示與改造等加以界定與詮釋（Shilling, 2004）。例如在 O'Neill 提出的 *"five bodies"* 以及 Turner 說的 *"the body and society"* 等概念，皆是運用「肉身化」（embodiment）觀點，討論身體是如何經社會過程的方式再製。換句話說，社會價值正是藉由身體而得以顯現。日常生活中的身體行動與他人互動的形體基礎（bodily base），一方面突顯著身體的物質性，另一方面，社會過程是如何建構其身體物質性，並創造出身體認同與

社會差異更值得我們思考。失能者的性別身體價值與概念如何社會過程再製，亦是本章節重要探討的議題之一。

在此脈絡中，身體之所以重要，不只因為身體提供失能者生存能力的基礎，同時身體也形塑了失能者的性別身體認同，並體現了社會體制與價值系統。他／她們的身體總是扮演著重要的外在指標，猶如戈夫曼以及 Jenny Morris（1993）所說的，能力缺損的身體或是與眾不同的身體，就像是「有缺陷的個人特質」或是「一種不完整的身體」的外在指標。不可否認的，這些透過身體延伸的主題切入有助於協助失能者尋找在社會的定位，但卻也不斷地生產再製其刻板印象，合理化失能者所受制的社會文化壓迫。例如視盲者從事按摩的職業、喜憨兒被教育從事簡易的手工藝品等工作。失能者的教育不僅一開始以醫療面向進行診斷、處理，積極以復健與健全的教育訓練為主軸，使他／她們融入／符合該社會所期待之文化體系。這一現象使得失能者深信自身身體的認同建構在社會體制的定位與分類系統之中，處於在被健全人歸類的「他者」、被剝奪的性別身體、以及長期失去參與休閒身體活動的隱形者。

身體不僅是透過肉眼即可見的物體，更是一個行動媒介。藉由這個媒介，讓自己以及他人知道我是誰，扮演各種角色，因此，身體的展演成為一種政治，也與認同的議題息息相關。但失能者透過身體這一行動媒介所衍生自我認同方式，仍不知覺地深受社會文化所支配著。在過去相關女性主義與失能論述的討論中，Susan Wendell（1989）提醒我們，對失能者的壓迫與身體的文化壓迫有密切關聯。以女性參與運動為例，過去相關的女性運動團體常以「殘障」（handicapped）來比擬女性在父權社會的處境，將「失能」和「性別」建構於同一社會建構類屬。換句話說，女性身體即是失能身體，不等同於能者身體。再者，男性失能者因教育與職業訓練過程把他們「去陽剛化」，將失能／非失能，陽剛／去陽剛以及男性／女性以二元類比方式（邱大昕，2007、2012），再次強調了女性與失能者的邊

緣化與污名化。這些例證再次說明，失能的身體不只是被詮釋為具性別的，同時是深受社會文化所支配的政治身體。

具性別且政治的失能身體促使失能者長期在休閒運動參與的缺席。值得注意的是，近年來國內外許多學者紛紛發現運動參與有助於失能者的身心健康，藉以醫學觀點，促使與失能者相關的政策、媒體、教育等面向漸漸受到重視並進而推動。然而不可忽視的是，失能者獲得參與休閒運動權利的同時是否又被標籤化，因而再次陷入另一合理化的社會文化生產機制中。

本論文將以此為切入點，檢視臺灣 2000 年後生產與女性失能者休閒運動相關的紀錄片，一方面探討女性失能身體如何在紀錄片的敘述中被描繪，另一方面將進一步探討紀錄片的再現模式如何呼應現階段臺灣社會文化脈絡下對於休閒文化概念與失能身體的理解與詮釋。研究主要聚焦影片的再現模式，輔以敘事結構與修辭的分析，探討這些影像文本如何透過運動休閒方式敘述鋪陳女性失能者的相關生活與經驗，進而探討其影片敘事的描繪失能者的性別身體，以及披露社會休閒運動文化如何安置不完整的殘缺身體。

二、文獻回顧

失能（disability）經常被放置在「能力」（ability）與「正常」（normal）的對立面被理解。換句話說，在二元的思維架構中，失能的身體與健全的身體相對立。在臺灣社會環境中，我們也可輕易發現失能與健康身體之間兩極對立的現象。基於傳統社會的文化概念，失能者是必須被照料與引導。因此對於失能者的教育較重於協助他／她們自理生活，以達在社會立足的能力照護，而相關的休閒身體活動與運動權利卻往往被忽略、甚至被剝奪（林鎮坤，2012）。以 2007 年內政部統計處公布「國民生活主觀指標」的調查數據為例，我們發現

與運動休閒有密切相關性的「健康」與「休閒文化」等兩個面向，失能者參與運動休閒呈現嚴重的不足（林鎮坤，2012）。失能者的休閒運動權利被剝奪的情形，同樣可在臺灣現行的法令中發現，相關法令相當程度體現了臺灣社會文化中的運動與休閒概念。在 1929 年所制定的國民體育法，直到 2007 年第一次修改條文，其中第二條：「中華民國國民，依據個人需求，主動參與適當之體育活動，與家庭、學校、社區、機關、團體及企業機構中分別實施，以促進國民體育之均衡發展及普及」。顯而易見地，人民參與運動是以較消極的方式依據個人需求所需，進而促進體育發展與普及，並非主動積極推動使人民有權行使運動的權利，更遑論失能者參與運動的推動。

在傳統主流的文化論述中，關於失能者的討論並未如預期的豐富，且經常被負面表述。許多學者均已指出，失能者常常被排拒主流社會的價值之外，更經常被賦予負面的社會刻板印象。而這一刻板印象印證了失能者深受該社會文化壓迫和其身體傷殘與不完整性的片面武斷詮釋（Wendell, 1996; Crawford and Ostrove, 2003; Davis, 2103）。失能者被定義為失能來自於其文化敘述的意涵，即是他／她們的個人特質。例如，失能的意象時常被詮釋為孤弱的、易受傷的、去性的、具孩童似的無辜或是醫學狀態的再現等（Olkin, 1999; Haller, 2000; Crawford and Ostrove, 2003）。值得一提的是，McAvoy（2008）藉由在文學、電影、電視劇的媒體文化中指出失能者的失能特質如何被描述，早期文化中失能者被描述為殘缺、變形、惡魔、恐懼以及遺棄等特質，且這些失能特質不僅是身體傷殘，更重要的是這些身體的傷殘也使得他／她們變得邪惡和可悲。

失能者論述與女性主義的合流結盟並不令人驚訝。在西方社會文化中，一如失能者標示著殘缺不完整的身體，女性同樣被類比為「傷殘的男性」（mutilated males），因此女性與失能者都標誌著次於男性的不健全身體（Garland-Thomson, 2001; Kudlick, 2001）。再者，Garland-Thomson（2001, 2005）及 Hall（2002）主張的「女性主義失

能的研究」（feminist disability studies）將失能面向整合融入女性主義分析，讓女性主義在認同、身體、表徵、行動主義等四領域更爲增強。Rohrer（2005）標舉的「全融女性主義」（full-inclusion feminism），透過女性主義的失能理論（disability theory of feminism）中將失能面向納入女性主義理論之中（邱大昕，2011，2012）。過去相關的研究不僅爲了跨越當前失能研究與女性主義研究疆界，將失能論述的觀點，納入傳統的性別研究與女性主義之中，也提供更多元的觀點瞭解各種壓迫形式之間的連結，進一步拓展性別研究的視野，亦能轉化女性主義的面貌。

同樣地，在傳統主流論述中，女性與失能者一樣被排拒在主流論述外，並經常被賦予負面的特質與刻板印象。然而更值得我們注意的是，過去女性主義論述對失能議題經常以能者觀點看待失能者處境，如同在失能者運動的相關研究，不僅以能者觀點探討其失能身體如何透過運動成爲能者身體外，亦經常以「男性」爲主要對象進行討論。在能者觀點的失能運動，更以「羸弱」、「被動」與「依賴」等陰柔特質描述，強調運動中陰柔特質與失能共同之處，並以異常或次等的方式，將失能運動排除在公領域和社會經濟生產之中。再次藉以二元思維辯證，將能者運動即是剛毅、剛毅即是男性之能者觀點；反之，失能運動即是陰柔、陰柔即是女性之父權意識重新宰制失能者參與運動。這一論述使女性失能者更加處於雙重弱勢的地位（邱大昕，2012），既非能者亦非男性失能者。

但不可否認的，女性主義的概念與理論，對於失能研究具有相當重要的啓發。如相關的雙元論場模型（two-realms model）無疑來自過去女性主義對性（sex）與性別（gender）的劃分（邱大昕，2012），開啓了個人能選擇參與社會時的性別範型，指出「性」是先天身體之生理事實，區分動物的雄性與雌性差異；「性別」則爲後天社會文化所建構而成，區分在社會活動中的角色。在早期失能研究亦有相似的雙元論場概念，發展了「失能的社會模式」（social model of disability）以及「失能的醫療模式」（medial model of disability）。前者模式將「損傷」（impairment）和「失能」（disability）加以區分，認為「損傷」是肢體、器官組織或身體機能有缺陷的狀況，而「失能」為社會制度或組織所造成的限制或不利地位（邱大昕，2012）。身體的損傷與病痛雖然需要醫療來介入處理，但是「失能」卻不是「損傷」的必然結果（Barnes, 1991; Finkelstein, 1980, 1981; Oliver, 1996）。而後者模式以「失能的醫療模式」加以說明，著重於損傷，認為身體損傷是影響個人參與社會活動的問題，並非社會環境所致。但早期此雙元論場模型的概念已經逐漸不被現今失能研究所接受。

　　過去的女性主義論述中不僅時常忽略失能觀點，並且經常以「非失能者」（nondisabled）或「健常主義者」（ableist）的偏見來看待失能者（邱大昕，2012; Lamp and Cleigh, 2011; Lloyd, 1992; Morris, 1993）。女性失能者的議題不僅常被女性主義所忽略、也被男性為主的失能研究所排除，且她們的需求無論在「婦女政策」或「身心障礙政策」中亦經常被遺忘，導致再次陷入男性失能者可以在優勢的男性認同和劣勢的失能身分間選擇，而女性失能者只能選擇同樣劣勢的女性或失能身分的性別政治現象（邱大昕，2012）。再者，以臺灣懷孕媽媽時常被問的問題：「妳希望生男生還是女生？」為例，有許多回覆是：「男女都沒關係，只要健康就好」。有趣的是，在她們回覆「只要健康就好」的同時，背後已假設是「身心障礙（失能）必然過得比較痛苦，比較沒有希望」，因此，此句話中「健康」概念聽在失能者耳中感覺格外顯得複雜與矛盾（孫小玉，2012）。弱勢族群論述的興起讓我們得以正視這一問題，並重新檢視兩者的社會與文化處境。然而在相關論述中，女性失能者更值得我們助益。在健康照護、職業、性以及其他社會關係的經營與建構中，女性失能者不斷深受歧視與該社會文化壓迫，她們的身體不僅不是完整的健全身體，更不是完

美的女性身體（Morris, 1996; Rintala et al., 1997; Olkin, 1999）。因此，女性失能者在失能者與女性論述中都佔有雙重邊緣的位置。

三、研究方法

本章節以檢視臺灣 2000 年後生產與失能者休閒運動相關的紀錄片，一方面探討失能身體如何在紀錄片的敘述中被描繪，另一方面探討紀錄片的再現模式如何呼應現階段臺灣社會文化脈絡下對於休閒文化概念與失能身體的理解與詮釋。一般而言，記錄片透過影像特殊的處理與安排，記錄社會文化現實，但同時也生產社會現實並提供某種解釋。英國紀錄片之父 John Grierson 所謂的「眞實性創造的處理」，主要涵蓋兩個特質：1.記錄眞實生活的影像與聲音；2.呈現個人的觀點，以詮釋手法拍攝的眞實生活。因此，紀錄片即是對眞實事件作創造性的處理（王尉慈，2003）。但儘管紀錄片的影像並不等同於社會現實，然而如廖炳惠（1997）所指出的，紀錄片的「再現」運用語言、美學以及戲劇演現的方式，再透過一系列的生產過程，包括意象、敘述鋪陳、描繪所再形塑機制得以呈現，而這一呈現模式則相當程度呼應當下文化概念與思考模式。

2000 年以後臺灣本地生產與失能者休閒運動相關的紀錄片並不算多，包括 2008 年曾祈惟以盲人棒球為主題的「一百呎的距離」、2010 年吳尙融以聽障籃球為主題的「夢想。發聲」、2011 年楊力州以一群高齡阿公阿嬤組成的啦啦隊為主題的「靑春啦啦隊」與同年李翠雲、鄧素涵、曾琳詒以視力僅剩 0.0 的運動田徑選手為主題的「0.0」、2012 年方淑慧以視障自行車騎士為主題的「黑暗騎士協奏曲」、以及 2013 年章大中以被截肢的超馬媽媽為主題的「看不見的跑道」等共 6 部國內運動紀錄片。其中，僅有三部紀錄片有描述或是以女性失能者為主要對象：1. 2011 年楊力州所記錄的失能老化老人

參與啦啦隊表演的「青春啦啦隊」、2.2012年方淑慧記錄一群失明者透過協力車環臺的「黑暗騎士協奏曲」以及3.2013年章大中記錄超馬媽媽從超馬的常勝軍到截肢後運動參與的「看不見的跑道」等三部主要目標紀錄片。其劇情內容大致如下：

1.「青春啦啦隊」

此部紀錄片主要以一群居住在臺灣南部的長者們參與2009年高雄舉辦的世界大學運動會開幕表演的故事為題材。以一群年齡相加超過千歲的啦啦隊成員組成，重新詮釋高齡者在日常生活中面臨的問題，如身體的老化、與家人間的聯繫、隊友間的互動、對於生活的想像以及面對死亡的處理等。高齡者們從啦啦隊組成、訓練、到最後的開幕表演，一一以個人故事的影像再現模式，深入了解他／她們日常生活中面對身體老化的各種思索與期待。

2.「黑暗騎士協奏曲」

此部影片以探討視障者參與協力車環島運動的故事題材為主，從「生命會自己找尋出口的概念」出發，由一群勇於追夢的視障者與能者協力合作方式，進行環臺11天的規劃與訓練。再藉由每個參與活動的視障者故事，敘說自己的困境與夢想。協力車環臺的活動，是讓能者與視障者多了一層互動合作方式，共同完成目標。同時，是透過身障者以身體感受的方式去體驗環境與運動間完美的協奏方式。再重新反思生命與社會價值的意義探索。

3.「看不見的跑道」

是一部以臺灣超馬媽媽邱淑容的人生故事為題材的紀錄片。邱淑容因跑步豐富了她的生活與節奏，也因跑步使她失去了雙腿成為失能者。她在中鋼服務了35年，參與中鋼慢跑社團，也透過丈夫曾是田徑教練的訓練陪伴，參加了大大小小的馬拉松比賽以及超馬競賽，甚至被稱為是「亞洲天后」的超級馬拉松跑者。直到2008年參加法國

舉辦的 18 天超馬賽事，參與途中因細菌感染被迫截去雙腿。邱淑容堅毅的運動家精神，重新設定目標讓自己再次跑在曾是熟悉的運動場上，再次與大家一同運動。其中，此部影片探索的是她內心的協商故事，以及與家人、朋友間社會體系的支持與鼓勵。

　　本章節聚焦在這些影片的再現模式，輔以敘事結構與修辭的分析，探討這些影像文本如何透過運動休閒方式敘述鋪陳失能者的相關生活與經驗，進而探討其影片敘事描繪失能者的身體，以及如何披露社會休閒運動文化如何安置不完整的殘缺身體。為進一步了解紀錄片中所組成的元素及其想傳達的重要意象，本研究透過內容分析的方式將影片以故事事件、影像片段、人物、地點、意象訊息等重新的分解再組成，進而深入探討各情節段落著重之影像拼圖構成，以及該紀錄片核心意象背後的意識型態傳導。

四、研究發現討論

　　臺灣相繼承辦許多國際大型運動賽事，尤其以 2009 年在臺北舉辦的國際聽障奧運最具指標性。失能者參與運動的議題開始被關注、被看見，甚至被討論。如表二所示，相關的女性失能者參與運動紀錄片紛紛在 2009 年後出現，且拍攝的題材與運動參與的選擇大都與社會時勢相互呼應著，如 2009 年政府相關數據指出臺灣高齡人口高達 10.63%，同年高雄也舉辦世界大學運動會賽事，因應高齡化政策與高齡運動推動，運用再回「青春」與「身體動能」概念拍攝「青春啦啦隊」；2011 年的「看不見的道路」，不但因應總統帶動的路跑的風潮，也是國內流行運動排行榜前三名；以及 2012 年的「黑暗騎士協奏曲」是因應臺灣發展綠化慢活休閒生活型態之自行車環島潮流，亦是流行運動排行榜首位。在這 3 部描繪女性失能者參與運動影片中，僅有一部是以女性為主體的方式再現於影像之中，敘述女性從能

者變爲失能者參與運動的歷程經驗。而另兩部影片女性再次成爲附屬題材，襯托出失能者參與能者運動的不可能之可能性，探討失能者參與休閒運動的處境。回顧臺灣過去十五年以女性失能者參與運動爲主體的影片，僅有一部以「損傷」的觀點加以被紀錄、再現，不僅說明女性失能者（尤其是天生失能的女性）在臺灣社會中仍長期被忽略、缺席甚至不被看見的狀態。

因此，失能的女性參與運動總是以消極且具能者觀點的方式進行處理，使得「失能的」女性身體在運動中被放大詮釋。大量運用「失能」vs.「健康」、「運動」vs.「女性」等兩元思維符號加以對比，強調女性失能者參與運動的不被期待性。如當性別議題放入至失能者參與運動的面向討論時，女性議題似乎被失能概念所稀釋，成爲男性視角下的失能者運動經驗論述。

在此基礎上，以下的討論可聚焦以二個面向：

(一) 藉由參與運動，重新再製「能者論述」下的邊緣建構中心

失能的身體時常因能者主義（ableism）的阻礙導致形成邊緣建構中心的論述，即是以能者觀點進行詮釋與理解失能者身體論述在社會發展的可能性，以此三部目標紀錄片爲例，無論其失能者生理性別之差異，他／她們參與運動／休閒活動被呈現不僅藉以文化二分化概念將社會期待分爲能與失能此二元對立之觀點，同時更以能者他者視野（otherness）的角度詮釋失能者在現有的社會結構下參與休閒運動成爲一種「透過運動便成爲『能』者」的社會支持／接受的論述。以楊力州在處理老化高齡者議題爲例，老化的失能身體以及相較於年輕族群之能的身體作爲對比，記錄高齡者參與「青春」啦啦隊表演的過程。例如，在影像中導演刻意找尋服務於機構的替代役與參與啦啦隊表演的高齡者們相互比較；以及安排專業健美先生出現在影片中，運用眞實的年輕壯碩肌肉線條以及高齡者男性以扮裝穿著有肌肉的服裝

對比。此對比方式，不僅再現年輕之敏捷、壯碩的「能者」身體與年長之遲鈍、瘦弱的「失能」身體，同時以二元對立方式，重新翻轉使得老化失能的身體，以服裝裝扮、努力練習等方式，成為能者身體。其中以老化的身體不但在能者主義下成為失能的身體，更是藉由高齡者參與年輕族群的啦啦隊運動，使得成為能者主義下的能者身體，並合理化其邊緣建構中心所建構之能者概念。同樣地，方淑慧以一群視障者與能者透過協力車環臺的「黑暗騎士協奏曲」以及章大中以邱淑容失去雙腿重回路跑為題材的「看不見的道路」。如在「黑暗騎士協奏曲」影片中，藉由以能者引導視障者一同協力合作騎腳踏車的方式；或是在「看不見的道路」中，邱淑容從能者用自己雙腿參與路跑到失去雙腿後參與路跑。影片巧妙的運用失能者身體失能的部分和運動所著重之身體健全部分，一方面再現能與失能間的差異，一方面再次陷入以能者觀點詮釋其失能者挑戰能者世界的可能性。換句話說，無論是記錄視障者也能騎腳踏車環臺或是一位從超馬常勝軍之能者女性因運動而被截肢成為失能者身分參與運動，皆可發現以能者主義所建構的邊緣化中心論述，即是「老化 vs.青春啦啦隊」、「視障 vs.協力車環島」、「雙腳截肢 vs.路跑」等強烈對比，失能者再次陷入文化二分化的概念（能與失能），使得在影片中長者努力練習試圖與年輕人比拚、視障者與能者一同協力完成不可能的環臺夢想、超馬媽媽失去雙腳後重回路跑行列等，失能者藉由運動的參與重新強調失能身體如何在能者的社會脈絡下獲得社會支持／接受的「能」身體，以能者之他者視野（otherness）概念，論述失能者運動的參與方式，即是一種再製邊緣建構中心的論述架構。

　　此邊緣建構中心的論述，如前述是以主流（主體）意識所建構的（他者）邊緣論述中心。也就是，以能者為主體進行思考邊陲的失能者需求與權力。以能者運動（主流）觀點切入，運用身體差異辨別，思考失能者參與運動的困難與社會支持，進而建構邊緣論述。在「青春啦啦隊」、「黑暗騎士協奏曲」、「看不見的跑道」此三部紀錄片

中，可以清楚的發現故事敘事大都藉以能者觀點出發，運用認識失能者身體損傷狀態，進一步探討女性失能者參與運動的經驗，思考她們所面對的困境與挑戰，如家庭、結婚、照護、美以及女性角色等議題。同時更是以勵志、鼓舞人心的視角重新詮釋與傳遞失能者參與「能者」運動的可能性。因此，以上述的討論可得知，女性失能者參與運動不但被視為是以「能者觀點」的想像，且更受制「父權意識」操控所建構的邊緣論述。

再者，在此三部紀錄片中所詮釋的失能者意象，主要在探討「獨立」、「社會支持」、「毅力」等三大共通概念，如在「黑暗騎士協奏曲」中，視障者用導盲杖自己穿梭於街道間、「看不見的跑道」中，超馬媽媽使用特製的家具，自己拿東西、做家務，以及「青春啦啦隊」中，老奶奶獨自走在道路上等紀錄片畫面中，企圖展現及強調失能者獲得「獨立」；在許多片段及影像皆表現失能者的家人及朋友對其之「社會支持」；以及失能者排除萬能參與運動之不屈不撓的「毅力」，如在相關的畫面中，描述著下大雨仍不放棄的視障者們、記錄著雖然截肢還是繼續以腳踏車方式重新出發的超馬媽媽、或是高齡老化仍堅持參與練習表演的阿嬤等。無論是視障者、被截肢的女性失能者、或是因老化而失能的身體，她們都藉由參與運動強調著運動精神之獨立自主、堅忍不拔的毅力以及來自社會的支持（家人與朋友）。同樣地，以情節段落所組成的視覺影像圖（參見表一）來說明，視覺影像不斷重複運用失能者在日常生活身體活動、訪談（自述、家人與朋友）、往返醫院、參與運動的練習、以及運動競賽的宣示等事件，且以失能者平時生活的規律活動、以個人／他者表述方式、在病床上／聽醫療報告／看診／照護、參與運動的練習情況、出席運動競賽以及參與競賽獲得的成就等片段組成，重新描繪／再現失能者參與運動意象—獨立、毅力、具社會支持—再次間接聲明失能者藉由運動參與達到能者論述中運動精神特質，加以詮釋與再現，構成

「透過運動去達成『能』的概念」以及「獨立」、「社會支持」、「毅力」等影像，重新詮釋失能身體的可能身體參與。

(二)父權體系下之能者論述概念

　　以女性視角切入加以探索，可發現女性失能者參與運動不僅藉由失能身體再現女性意象，更是以適合的女性運動、美／裝扮、照護者、家中女性空間等方式呈現。以「看不見的道路」為例，邱淑容以「超馬媽媽」為名，說明她是一位母親／妻子，亦是一位跑者。影片中，運用傳統家中被歸納為屬於女性空間，加以描述她在廚房做飯、梳妝間化妝、洗衣間洗衣等中，不僅強調其失能身體的可能身為母親或是妻子（女性）身體，更是重述傳統家庭價值觀下的女性家務勞動身體。再者，因雙腳被截肢之女性失能身體，不斷透過口述強調愛美是她的天性，並以化妝、穿花紋絲襪、短裙等畫面再現失能者的女性價值等。反之，當在舖陳邱淑容運動參與的經驗，以突顯運動之剛毅精神，她好勝的心贏得許多的勝利獎牌，也因丈夫為她的私人超馬教練，扮演在她生命中不可缺少的陪伴角色。曾是女性路跑的常勝軍，她堅毅的個性，具領導力與號召力。影片以邱淑容對於運動的好勝心為轉淚點，從能者變成失能者，再從失能者成為不可能的「能」者。在丈夫、家人與路跑友人的支持讓她重新面對失能的身體，再拾雙腿的記憶，踏出人生難忘的獎牌。在邱淑容的故事中，她從失能者的視角看見能者的世界，進而強調女性空間中的女性價值，同時透過日常生活裝扮強化女性與美的連結。同樣地，從能者視角看見失能者的不可能的運動參與，以運動家的不服輸精神以及不斷自我身體練習，使她重回路跑競賽之中，以扮演補給的角色給參與路跑的選手打氣與支持。

　　然而，在「青春啦啦隊」以及「黑暗騎士協奏曲」這兩部影片是以男女失能者一同參與方式呈現，其中在影像出現的頻率以男性居多

且較深入探索男性失能者所面臨的身體議題、生活、家人與挑戰。反之，影片中女性失能者出現在學習的課程如日本舞蹈、英文語言學習班、國際標準舞等，著重在家人間的情感流露以及損傷／疾病所造成她們的內在心靈層次的影響。女性失能者以情感流露、情緒表達以及舞蹈等分鏡方式重新再現影像中女性空間。其中，運用與家人間的情感互動，強調「依賴」、「家人支持」等概念的操作；以自我情緒的表達方式呈現女性之「感性」與「脆弱」一面；日常生活中從事之舞蹈類別突顯女性之「律動」、「線條」、「柔順」等面向專屬。使得女性失能者不僅處於在家人支持下的依賴外，更是透露出失能身體建構她們內心之脆弱與感性的思維。再藉以能者世界所提出之適合女性從事休閒運動分類加以劃分，女性失能者再次陷入父權意識操弄，透過運動、失能身體以及生理女性等符號，再次合理化傳統父權意識之女性特質。在「青春啦啦隊」的影片中，「阿嬤換上迷你裙，阿公祖露小白肌」的畫面，不只是突顯性別二分化的性別身體，亦是「美」與「力」的運動結合概念。或是在「黑暗騎士協奏曲」裡，女性失能者總是強調「教練」角色扮演的陪伴，男性失能者為「規劃者」、「經濟支柱」、「獨立自主」等符號強調其自主性以及主動性。

故，在此「能」與「失能」觀看之中，女性失能者不單受制在父權意識操控之中強調傳統女性特質與角色，亦深受能者論述影響創造出不可能的健全運動身體的挑戰。

五、結論

近年來因科技傳播的興起，我們可以發現女性失能者開始在能者社會之中大量被關注、被看見、被討論。有趣的是，以女性失能者為題材的運動紀錄片中，描繪與理解女性失能者的殘缺不健全身體參與休閒運動的經歷，其失能的身體似乎被安置在能者論述下的「安全保

護」傘，深受父權意識的操控。女性失能者的休閒／身體、個人與社交面向等觀點，在影像中時常以普遍性或是常態性的個人與社交面，如休閒時間、自由感、健康、成就感、社交活動等的方式再現，同時透過能與失能的相互比較，如身體能力的侷限、休閒時間的缺乏、家人的擔憂、社交活動的差異等不斷強化談論其中的議題與阻礙。又或者是女性失能者參與運動的經驗，透過感官的表達，也由感官技能的轉換至身體活動表現。從失能者內在心理過程的協商，產生的夥伴關係與自信心等，但往往還是無法跳脫傳統女性被賦予的女性價值枷鎖。

再者，在影像敘事特性與性別關係的協商之中，經由表述失能者的身體時總是以灰階的色彩、黑色的引鏡強調其失能的身體。女性失能者參與運動依舊如同在能者運動中女性運動員的影像角色配置，男性教練／夥伴總是扮演著背後主要的推手，女性失能者參與休閒運動所被詮釋的社會仍局限於父權體制下之能者休閒運動參與的狀態。進一步運用影像美學／政治的再現，以道德教說、憐憫同情以及正常化的概念加以詮釋其女性失能的身體活動，敘述與再現女性失能者殘缺不完整的身體之中，將女性失能者安置在不可能的能者運動，使得女性失能身體再次被忽略與掩蓋。因此，此具父權意識之能者論述，建構了邊緣論述，亦值得我們深思當前失能論述與女性主義論述的限制與盲點。

表一　情節段落所組成的視覺影像構圖

事件	動作	人物	地點	影像意象
青春啦啦隊				
平常生活	一個人走路	長輩（女1）	道路	獨立／證明非失能
參與啦啦隊	報名參加（拿出健檢報告）	長輩們與啦啦隊老師	文化中心	證明非失能
訪問長輩女兒	講述	長輩2女兒	家中	社會支持（家人）
生病	向老師報告病情	長輩（男1）／啦啦隊老師	練習場地	失能的體現／毅力／堅持
打電話關心	對話	長輩（女2）／啦啦隊老師	練習場地	社會支持度（朋友）／關心／擔憂
健美先生來訪	教導健美動作	長輩們與啦啦隊老師／健美先生	練習場地	對能的渴望／對比／青春（能）老化（失能）
正式表演	表演啦啦隊	長輩們與啦啦隊老師／觀眾	體育館	社會支持度／驚訝／顛覆印象／盛大／自信／活力／佩服
黑暗騎士協奏曲				
平常出門	用導盲杖走路	臺灣阿甘	捷運站	獨立自主
訪問／上課	跳舞／自述	女視障者	教室／活動中心	失能女性的孤獨／失去性別角色／無奈
練習陡坡	騎自行車	教練與視障者	山坡	目標的艱難
產檢	照護	視障者／妻子	醫院	失能的性別角色差異／樂觀
出發儀式	搖旗吶喊	視障者／教練／群眾	自由廣場	積極／夢想／挑戰不可能／社會支持
下大雨	騎自行車	視障者／隨行團隊	公路	堅持／毅力
訪問	談話	視障者父親	車上	社會支持（家人支持）／愛與擔心

最後一天的訪問	發表	臺灣阿甘	會議室	對能者的期待／呼籲／對運動的渴望
訪問參與的能者	闡述感想	參與能者	公路	對失能者的佩服／能者論述角度
看不見的道路				
受傷前	跑步	超馬媽媽	下雨的山中道路	能者意象／夢想
外出散步	走路、聊天	超馬媽媽與跑友	澄清湖	社會支持／社會接受高
接受訪問	細數獎盃	超馬媽媽／記者	家中	榮耀／遺憾
練習過度住院	躺在病床	超馬媽媽與丈夫／記者	醫院	失能想變成能／艱難與艱辛
接受訪問／展示特殊家具	對話	超馬媽媽／記者	家中	希望獨立自主
受邀法國演講	演講	超馬媽媽／群眾／市長	會場	鼓勵／社會接受／社會支持
受傷後	洗衣服	超馬媽媽	浴室	獨立自主
煮晚餐	煮飯／端菜	超馬媽媽／家人	廚房	女性能者論述角度

表二　女性失能者參與運動紀錄片與臺灣社會脈絡發展的相關性

電影名稱	失能身體部位	運動參與	歷史年代	相關政策與運動背景
青春啦啦隊	老化	啦啦隊	2009 年高雄電影節登台 2011 年首映	2009年臺灣老年人口達10.63% 2011年體委會著手於高齡運動創新研究─芬蘭
黑暗騎士協奏曲	失明	自行車	影片年份2012年	2006年政府串連全國自行車道 2009年發展自行車道美化並結合當地特色 2013年自行車成為年度流行運動冠軍
看不見的跑道	肢障	跑步	影片主角2008年在法國賽中受傷 2011 年高雄電影節登台 2013 年上映	2008年新任總統上任，愛跑步 政府介入在各區舉辦路跑，總統親自參加帶動風潮 2013年年度流行運動第三名

參考文獻

王慰慈（2003）〈臺灣紀錄片的類型發展與分析──以 Bill Nichols 的六種模式為研究基礎〉，《廣播與電視》20：1-33。

全國身心障礙國民運動會舉辦準則（民國 100 年 01 月 19 日）。

身心障礙者權益保護法（民國 101 年 11 月 30 日）。

林鎮坤（2012）《弱勢族群運動與休閒》，黃東治主編《運動社會學》，14：4-28。臺中：華格納。

邱大昕（2012）〈為什麼需要女性主義身心障礙研究？〉，《婦研縱橫》，96: 16-24。

孫小玉（2012）〈失能者的表徵模式、主體論述與倫理議題〉，「蕪土吾民」文化研究，臺灣大學霖澤館，1 月 8 日。

國民體育法（民國 100 年 11 月 9 日）。

楊雨涵、陳渝苓（2011）〈雙重困境：女性身心障礙者參與運動的阻契機〉，《大專體育》，112: 8-15。

楊嘉慧（民 94 年 8 月 8 日）〈扁指示積極保障身心殘障者運動權〉，《大紀元》。取自 http://www.epochtimes.com/b5/5/8/8/n1011723.htm

廖炳惠（1997）〈後殖民研究的問題及前景：幾個亞太地區的啟示〉，簡瑛瑛主編，《當代文化論述：認同、差異、主體性──從女性主義到後殖民文化想像》，111-152。臺北：立緒。

Barnes, C. (1991) *Disabled People in Britain and Discrimination: the case for anti-discrimination legislation*. London: Hurst and Co. in Association with the British Council of Organizations of Disabled People.

Crawford, D., and Ostrove, J. M. (2003) Representations of disability and the interpersonal relationships of women with disabilities. In M. E. Banks and E. Kaschak (Eds.), *Women with visible and invisible disabilities: Multiple intersections, multiple issues, multiple therapies* (pp. 179–194).

New York: Haworth.

Davis, L. J. (2013) *The disability studies reader* (4th ed.). New York, NY: Routledge.

European Sport for All Charter (1975) Paper presented at the Conference of European Ministers responsible for Sport Brussels. Retrieved from http://www.coe.int/t/dg4/sport/resources/texts/spchart2_en.asp

Finkelstein, V. (1980) *Attitudes and Disability*. Geneva: World Rehabilitation Fund.

Garland-Thomson, R. (2001) *Re-shaping, re-thinking, re-defining: Feminist Disability Studies [Barbara Waxman Fiduciary Papers on Women and Girls with Disabilities]*. Washington, DC: Center for Women Policy Studies. Retrieved 25th of July 2007, at http://www.centerwomenpolicy.org/pdfs/DIS2.pdf

Haller, B. (2000) If they limp, they lead? News representations and the hierarchy of disability images. In D. O. Braithwaite and T. L. Thompson (Eds.), *Handbook of Communication and People with Disabilities: Research and Application* (pp. 273–288). Mahwah, N. J.: Lawrence Erlbaum Associates, Publishers.

Kudlick, C. J. (2001) The Outlook of the Problem and the Problem with the Outlook: Two Advocacy Journals Reinvent Blind People in Turn-of-the-Century America. In P. K. Longmore and L. Umansky (Eds.), *The new disability history: American perspectives* (pp. vi, 416 p.). New York: New York University Press.

Lamp, S., and Cleigh, W. C. (2011) A Heritage of Ableist Rhetoric in American Feminism from the Eugenics Period. In Kim Q. Hall (Ed.), *Feminist Disability Studies* (pp.175–190), Bloomington: Indiana University Press.

Lloyd, M. (1992) Does she boil eggs? Towards a feminist model of disability. *Disability, Handicap & Society*, 7(3): 207–221.

McAvoy, L. H. (2008) Disability as diversity. In M. T. Allison and I. E. Schneider (Eds.), *Diversity and the Recreation Profession: Organizational*

Perspectives (Revised Edition ed., pp. 39–64). State College, Pa.: Venture Pub.

Merriam, S. B. (2002) *Qualitative Research in Practice: Examples for Discussion and Analysis* (1st ed.). San Francisco: Jossey–Bass.

Morris, J. (1996) *Encounters with Strangers: Feminism and Disability*. London: Women's Press.

Oliver, M. (1996) *Understanding Disability: From Theory to Practice*. London: Macmillan.

Olkin, R. (1999) *What Psychotherapists Should Know about Disability*. New York: Guilford Press.

Rintala, D. H., Howland, C. A., Nosek, M. A., Bennett, J. L., Young, M. E., Foley, C. C., Rossi, C. D., and Chanpong, G. (1997) Dating issues for women with physical disabilities. *Sexuality and Disability*, 15(4): 219–242.

Smith, B. G., and Hutchison, B. (2004) *Gendering Disability*. New Brunswick, N.J.: Rutgers University Press.

United National Educational Scientific and Cultural Organization. (1978) International Charter of Physical education and Sport. Paper presented at the The General Conference of the United Nations Educational, Scientific and Cultural Organization Paris. Retrived from http://assets. sportanddev.org/downloads/17__intl_charter_of_pe_and_sport.pdf

Wendell, S. (1996) *The Rejected Body: Feminist Philosophical Reflections on Disability*. New York: Routledge.

領養與失能的交岔

陳福仁

　　近年來，從事領養的研究橫跨多項領域，涉足文學、人類學、心理學、法律、政治、社福等學科，並出現相當可觀的學術成長。與其現象能相提並論的為失能研究，於 1980 年代始成學術領域，並於 2005 年獲美國現代語言協會（Modern Language Association）認可為「學科分支」，近期已有相當完備的發展。這兩個領域皆獲教育機構重視並開授專門課程，也有愈來愈多人關注兩者的科際整合。然而，近期學術界的相關跨界研究卻屈指可數。事實上，領養與失能研究有諸多相似處，兩者都會激起不管是失能者或健全者族群（the abled or the disabled）、非領養／領養家庭（the non-adoptive or the adoptive families），甚至領養家庭內的三角關係人（養父母、生父母、被領養人），種種百感交集複雜的情感。並且，在後現代—全球—資本主義政體崇尚主體性的新模式：拒絕僵化統一的身分，不斷投注在偶然的認同與暫時性的體現，在全球資本主義大行其道，盛行的全球消費氣氛，失／能與領養被用來製造更大的消費市場，定調成一項商品，轉化成服務、商品、康復或醫療工業。領養與失能身分認同常落入消費者的身分及消費實踐，靠攏資本主義的邏輯。同時領養與失能兩者之間關係亦非常密切：失能議題於領養文化極為普遍，而跨國領養亦

重新詮釋被領養人失能身；一方面，失能的文化想像影響領養家庭、宗親與社群間的關係與功能；另一方面，跨國界／種族領養為失能身分在全球市場開創新的探究觀點。失能與領養身分需要不斷地接受質詢、再經驗，並開放協商溝通，進行更為根本、關乎本質的探究，並要求普世的承認與回應。筆者強調，失能與領養論述應作密集的交互檢視，特別在當今全球市場的制度下，現代失能觀點深切影響領養的意涵與實踐，而反之亦然。綜合領養與失能研究的觀點，引導我們來到最陌生、同時也是最切身的幾個問題：面對自身內外在詭異他性（uncanny otherness）時該當如何自處？面對他者的他性時，應當如何避免自我投射或以偏概全？在這文化交流迅速升溫的時代，這個議題無論在心理乃至於全球層面都極其重要。由於其與無意識密切相關，這是個隱含全球意涵的在地議題。

在本文中，筆者首先針對失能作理論式與本體論式的探討——意圖檢視能者心態如何在文化想像中運作，而非揭露失能者的脆弱性與「失能心態」（disabled psyche）。我認為我們必須改變自身對失能的態度：須將其視為先驗式的內在疆界，而非外在限制；並將其導向一項存有真理——人生而失能（we are always already disabled）。本文的第二部分，檢視三本回憶錄，其內容皆呈現當今領養父母與特殊需求子女的種種特性。前兩本回憶錄——派翠西亞・哈里斯（Patricia Harris）的《愛上失「格」孩》（*Loving the "Unadoptable"*）與珍妮佛・泰勒（Jennifer Taylor）的《佯裝正常：一個母親撫養胎兒酒精綜合症孩童的故事》（*Forfeiting All Sanity: A Mother's Story of Raising a Child with Fetal Alcohol Syndrome*）——述說傳統觀點如何看待失能，例如醫療／生理障礙或宗教／道德缺陷。相較之下，丹尼絲・雪拉・雅各森（Denise Sherer Jacobson）的著作《大衛的問題：一位失能母親的領養、家庭與人生之旅》（*The Question of David: A Disabled Mother's Journey through Adoption, Family, and Life*）與前兩

本回憶錄迥然不同，不僅因爲作者本身爲失能者，更因爲她擺脫傳統框架，將領養與失能連接至諸如社會階級、性／別、創傷等敏感議題。再來，第三部分開門見山，直接談論如何對應失能他者與看待其他性。前兩本回憶錄採用傳統觀點書寫失能——諸如悲憫、容忍與認同等心態——強化能者與失能者的差距。不可避免地，如此觀點落入溫和專制主義（paternalism）的窠臼，迴避了本體與結構層面上的差異性。然而，丹尼絲的著作《大衛的問題》超越失能的傳統與社會模式，與大他者（big Other）建立新關係；另外，回憶錄最後，作者接受他性，將其視爲存在核心，並認其爲快感（jouissance）的特殊形態。結尾中，筆者再次強調人生而失能，大他者亦同；尤其在後人類時代，人體似乎已超出人類拓樸學既有的框架，並不斷革新自身與輔具的連結、積累與消費。在此「成爲」（becoming）的進程中，透過多元化來對抗常規，不見得挑戰能者主義，甚至與資本主義邏輯靠攏。正是這種主觀的反作用與減損，而非外在連結與無限上綱的加成，促成失能的去標籤化，並進一步與能者主義他者發展新關係。

　　身爲特殊需求孩童的家長都會面臨一項關鍵的挑戰：如何領養難領養子女並應對其難以參透的他性？（*How can one adopt the unadoptable and deal with its unadoptable otherness?*）面對難以參透的他者及其難以捉摸的欲望時，我認爲我們必須先認識到「埃及人的秘密對埃及人本身也是個難解謎團。」換言之，一位被認定爲「難以領養的」孩子，並不清楚自己爲何如此，他對他自己而言也是個謎團。同樣地，紀傑克（Žižek）針對鄰近的「他者」提出批判：「拉岡式的大哉問 "chevuoi?" 不僅僅意謂著『你要的是什麼？』，更意謂著『你在煩擾什麼？』是什麼煩惱讓你如此沉重，無論對你我而言，逼迫你到無能爲力的境地？」（*Neighbor*, 141）從拉岡的觀點來看，我們「皆是晦澀不明的，無論是對自己或對他人而言」（Kotsko,

56）。換言之，我們之所以如此地晦澀難解與難以參透，不僅為了他人，更為了自己，因為徹底他性宛如無底深淵般永存於我們的內在；因為我們的存在便內含了陌生難解的核心。因此，「煩擾著你的問題」也同樣煩擾著我們，而他者中難以參透的元素也存於每個人的心中（"what's bugging you" is also bugging us and what is unadoptable in the other also resides within every one of us）。

面對主體中難以承受的過剩／匱乏時，否認是常見的第一反應。陌生他性所威脅的，是人文價值所講求的完健身心，為求防範，能者主義主體極可能會排除存有的不可能性，並將其中的他性投射於失能個體上。接著，於失能者身上所體現過剩的他性將於生命政治實踐中被命名、馴服與規訓。能者主義者會將失能者異己化，或者將他們當作孩童看待，為一種尚未分化且完全修辭化的存在。不論何者，皆將失能錯當想像的存有——乃一種缺乏主體性、遭受污名化之他性的體現，或一個缺乏他性的主體。任何與失能的碰撞皆反映外界欲將真實界緊閉，因其映照出人們的脆弱與匱乏，並激發對存在的深沉恐懼。

否定的行為並不僅限個人層次，其蔓延於制度與政治層面上，影響其他的少數族群論述。當社會少數族群（就種族、性／別、或階級而言）企圖爭取更多的社會意識，試著將影響力攀升至政經層面，他們卻視失能為所有「不幸」的最底層，比任何人類經驗都來得糟糕。正如同米歇爾與史奈德（Mitchell and Snyder）所言：「種族、女性主義與酷兒研究皆或多或少具有哲學傾向，試圖使社會問題遠離『現實的』生理缺失」（17）。為了與種族、性別與異性戀主義歧視相抗衡，並去除他們加諸種族、性／別少數族群的各種以「反常」與「失當」標籤為武的指控，這些政治論述試圖將他們區分於「這些累人的生理與認知連結」（Stanley et al., 78），並將失能定義為「『真實的』不足，並欲使其族群擺脫弱勢的行列」（"'true' insufficiency, thereby extricating their own populations from equations of inferiority"）

（Synder, 17）。

　　承接種族與性／別等少數族群對失能的刻薄態度，勞工階級將失能身體視作資本主義下勞工剝削的證明。「在馬克思與階級相關論點中」，如雪倫・米歇爾與大衛・史奈德（Sharon Snyder and David Mitchell）所言，「失能是沉痛的，肇因於身體的驅能被過量勞動剝奪；直直攀升的工作失能率成為腐化資本的有效見證」（15）。藉由疏離失能者，種種身分的多元化與反歧視的實踐才得以實踐，代價是失能成為一種固有的劣勢，而非社會不公的結果。有鑑於此，失能研究「長期被大學課程輕視」，「失能理論無法有效提供大眾意識，被許多其它諸如女性主義、酷兒理論與後殖民主義等發展領域拋在腦後」（Goodleyet, et al. 1）。不出所料，直到 1997 年，美國芝加哥的伊利諾大學始創第一個失能研究的博士班課程；另外直到 2006 年才出現第一期批評失能相關文學的期刊：《失能文學期刊》（*The Journal of Literary Disability*），2009 年改作《文學與文化失能研究期刊》（*Journal of Literary & Cultural Disability Studies*）。

　　在文化想像中，失能常以烙印（stigma）之姿現身，既作為「人類失格的主要範疇」（Snyder, 125），也作「最終的後現代主體性」（Rohrer, 41–42），還有「最終交錯的主體」（Doodleyet et al., 34）。如同萊納・傑・戴維斯（Lennard J. Davis）所觀察的，即便在我們身處的時代，多元儼然成為一種新常規，失能仍不屬於眾多差異的一種，也不被視作少數族群的種類之一。戴維斯強調，失能是「身分的根本指稱，將身分歸屬於人與自身的原始意義，畢竟這才是所有差異的起源」（"the ultimate modifier of identity, holding identity to its original meaning of being one with oneself. Which after all is the foundation of difference"）（14）。換言之，在面對失能者，該當如何避免異己想像、自我投射、或以偏概全？然而，在檢視這些跨主體關係前，必須要捫心自問，失能如何促使我們自我檢視，去面對本體中那最陌生同時也是最熟悉的事物。

　　對失能作本體論式的檢視，其目的不在於揭露失能者的脆弱性與其「失能心態」。就如同種族主義被視作「白人的問題」（Shildrick, *Dangerous*, 15），或是性別主義被看作男人的問題，能者主義該當檢討的對象應該是非失能的個體——更確切地來說，那些與能者多數族群認同，且向能者常規看齊的人們。能者主義是一套思想、作業與生產的體系，著重健全、正常與能幹等人類價值。當個體愈滿足於能者社會現狀，便會愈加投入當中的秩序，在其中追求認同，並在僵化的身分樣板中故步自封。為了與能者主義霸權相抗衡，首要之務為了解失／能不僅存在於實證層面，本質上也是個本體議題，失／能這個大哉問尋求的是更根本的本體論式探究，來檢視能者主義的心理運作如何製造文化想像。

　　對拉岡而言，人類本質上是分裂的主體，是斷裂、不一、零碎的個體，與自身異化，毫無「完整」的可能性。拉岡稱我們為「隔裂的主體（the barred subject）」（Écrits, 258, 278）。紀傑克解釋道，「我們無法完全實現本體身分」，就如同「卡在能指的喉中刺」（Žižek and Daly, *Conversations*, 4）。換言之，主體乃「象徵與符號表象的挫敗」（Žižek, "Class", 120）。主體之所以產生，並不在於自我認同（或反認同）的當下，而在自我認同失敗的時刻。這種失敗並非來自於理想與現實的鴻溝；相反地，正由於個體永遠無法完整實現自身，自我認同才能達成。

　　承接拉岡式主體的誕生過程，當個體無力（並非成功）迎合能者主義常規對完美身心的追求時，便會成為一名能者主義者。對能者主義者而言，意識型態的常規得以保證全然的快感與存有的完現。或是說，它包涵了完全快感的不可能性，對能者主義者而言，它能有效處理創傷的缺失。就如同幻想功能所扮演的角色，能者主義試圖「轉化個體因匱乏而受創的經驗，個體才較能接受匱乏，並產生綺想，認為某處藏有中意的慾望客體」（McGowan, *Enjoying*）。現今，即便常

規無法經由獨霸壟斷來保證個體的完整無缺，它仍透過逾越與進犯而不斷運作，成爲後現代多元身分的參照背景。後現代－全球－資本主義（postmodern-global-capitalist）體系偏好一種新模式來定義主體，崇尚多元解放與不斷變換的身分認同。然而。這種訴諸常規或多元的認同仍是對主體斷裂的棄絕，爲一種結構死鎖。不管怎樣，兩者皆幫助個體克服疏離感，使其活在想像中的完健狀態。

然而，失能他者的意象激發能者主義主體的隱憂，使其貼近他們自身的過剩／匱乏。能者主義主體並不承認他們早已洞悉的事實——用紀傑克的話來說「我們不知我們已知（the "unknown knowns"）」——在能者主義的世界中，「人們假裝不知道那些理應棄絕的思想與陋習，即便他們的公共價值深深受其影響」（"Wheelbarrow"）。他們假裝不知道慾望本身是靠過剩／匱乏辯證來支撐。常規之所以會建立，是透過與完人的邏輯靠攏，來避免過剩／匱乏所引發的焦慮（Ragland, 262）。他們假裝不知道個體永遠無法完全遵循常規，因爲每個個體或多或少會藉由一種匱乏感來掌握「常規」表徵的過剩。他們假裝不看見真相，假裝不知道沒有真正的正常人，假裝不知道我們總是有些地方不太正常。

面臨他性的威脅時——不論在本體或結構層面——被能者主義意識型態所建構的主體，不是轉而去體現全然快感的無望／未閹割境地，就是去排除賤斥的他性，將失能個體當做一個例外，甚至當作一個需要藉由標籤化與完整化來矯正的個體。因此，失能他者便成爲主體匱乏與社會失衡的肇始者。在能者主義個體的自我防衛中，他性（例如過剩／匱乏）被排除於自身以外，因爲他們將自身的他性投射在失能他者的身上，並堅持替失能他者的異己性與特殊性定位。因此，我們需要認識的是，所有投射到失能的他者性所反映的，其實是關於人類自身的真相。正是這無法承受的雷同——而非差異——威脅到能者主義個體的本體安全。「失能之所以威脅到非失能」，如同湯

瑪斯・庫瑟所言「也許在於兩者疆界的模糊性與滲透性」（"Part of what makes disability so threatening to the non-disabled, then may be precisely the indistinctness and permeability of its boundaries"）（178）。

即便現今社會鼓吹地方化、異質性與多元文化，能者主義價值仍無法使人信服並付諸實行。諷刺的是，透過他者，人們得以間接皈依某些信念。此外，能者主義他者無須確實地存在，其影響力透過大眾的信念便能發揮作用。例如，在領養孩童的議題上，能者主義也許會如下所言：「我們也疼愛失能孩童，不論他們的出身背景，不管他們生得如何。我們不應該歧視失能族群。只不過——這仍是個能者當道的世界。殘疾歧視仍在當今的社會十分常見。領養失能孩童將導致父母與孩童的生活異常艱辛。」在這後意識形態的年代，能者主義他者的消極態度將促使人們繼續當個能者主義者，卻隱藏其對能者主義的更深承諾。現在，我們的文化仍充塞著棄絕否定與能者主義，其藉由扮演假定存在的他者，在人們的信念與實踐中大行其道。

回到正題，我們該如何對抗能者主義並應對其難以參透的他性？在失能層面上，我們所需做的，不僅僅是承認自身對於失能他者的幻想，以及我們在失能個體上的心理投射／外部化。我們必須改變自身與失能的連結：從自身的主體位置移轉到失能本身。確切而言，失能並非外在限制，而是內在疆界一為判定能力的首要條件。因為內在不可能性／失能的時時阻礙，我們永遠無法成為完人。換言之，超越缺失的先驗式有機完體並不存在，而彌補缺失的行為反倒助長缺失的形成。失能構成了主體，用較極端的觀點而論，主體並不先於失能而存在，而是透過失能實現自身。主體透過喪失能力（或喪失初始完整狀態）來實現自身。失能早已先發制人，我們則活在其餘波當中（The subject emerges through its own loss of ability or, an original unity; the loss has already taken place and we are living in its aftermath）。

因此，失能並非常規引起的效果，而是建構能者世界的先驅。雖

然失能者在能者主義社會的形象不盡理想，被視為亟需矯正的謬錯，或是阻礙快感的屏障，他們仍組成一個族群，呈現能者主義社會必要的內在限制，並充當能者主義社會的幻象架構，使其得以維持現況並從中獲得快感。作為一個結構性匱乏，或作為一個反思的屏障，失能支撐著能者世界，使能者主義者來去自如，並享有優越感。倘若現實世界去除失能，能者世界將會分崩離析。倘若失能者不復存在，能者世界便需要創造失能來維持現狀（If we subtract the fantasy of disability from reality, the ableist world disintegrates; if the disabled do not exist, the ableist world would have to invent them）。[1]

　　唯有認識到失能為一種內在疆界與愉悅來源，才能將失能免除於慾望的投注（libidinal investment），主體也才能脫離能者文化。當然，永遠都會有失能者，但我們對失能的了解能終止能者世界對失能者的剝削。由於失能為先驗式的內在疆界，其指向的存有真理為人生而失能。我們之所以生而失能，不僅因為人類在生理構造上較其他生物來得早熟。更是因為人類得先成為失能者，才能享有能的愉悅。此外，失能不僅因為我們，身為暫時健全者（temporarily able-bodied persons, or TAB），禁不起疾病與災禍，也不僅因為真實與理想身軀間的鴻溝，如同羅伯特・麥克魯爾（Robert McRuer）所言：「理想的健全身分絲毫不可能達成」（9）。確切而言，正是本體與結構層面的背景使我們生而失能：我們無法避免分化、分裂與異化，所以不得不渴望／發聲／展演，卻仍無法直達快感。失能在邏輯與本體上先行於能力／常規。聲明「人生而失能」，我絕不忽視失能者在社經上

---

[1] 我在這裡跟隨麥高恩的反恐論點的邏輯：「人們會認識到恐怖主義作為全球資本主義社會的內在根本侷限。恐怖主義從來都不是阻礙全球資本主義極致享受的外在障礙。恐怖分子提供一個虛幻存在的障礙，從而資本主義社會達到其享受。如果恐怖分子不存在，全球資本主義社會就必須塑造他們出來」（Enjoying, 285）。

遭受的不公不義，我也不以失／能疆界的模糊性作爲解決能者主義的捷徑。爲終結能者主義，我們必須改變自身與失能的聯結。正如陶德・麥高文（Todd McGowan）所言：「理想的精神分析政治須扭轉僵局，將阻礙轉化爲認同的轉機」（"A properly psychoanalytic politics would transform it [the deadlock] from an obstacle into a point of identification"）（End, 263），我們必須認同失能——這能者世界的僵局，並認定它是快感與可能性的來源。不將失能看作能者世界的外在他性，而是擁抱失能，認其爲自身的內在疆界，不是「缺失的狀態」而是「初始狀態」（not as "a state of loss" but as "originary"）（McGowan, End, 195）。藉由聯結失／能症狀建構自身，毋須權威的支持與承諾，便能建立快感的特殊形式。如此聯結失能的新思維，能帶動快感的革新，並從根本上改變無望／窒礙／對立的局面。

檢視的前兩本回憶錄哈里斯的《愛上失「格」孩》與泰勒的《佯裝正常》所反映的，是深深影響失能形象的兩項傳統觀點：失能即宗教／道德缺陷亦或失能爲醫療／生物障礙。《佯裝正常》以呼籲政治改革告終，要求妨治胎兒酒精綜合症，其政治、宗教與生物醫學的觀點仍將失能納於個人議題，框限在家庭場域。在這兩本回憶錄中，失能在最壞的情況下，作爲應當抵制、解決與消彌的問題，即便在最好的情形下，仍被當作是需要認可、容忍與同情的對象。與失能相關的社會批評因此在文本中不見蹤影（In these models presented in the memoirs, disability is identified as a problem to be scorned, fixed, eliminated at worst, or recognized, tolerated, pitied at best. A social critique of disability is thus absent in the memoirs）。

近期，難養型孩童的父母替自身發聲的案例並不少見，《愛上失「格」孩》（Loving the "Unadoptable"）便是其中一例，由作者親身述說一位養母如何養育一名不具被領養資格的孩子。透過反思經驗，

派翠西亞・哈里斯分享照顧特殊需求的兒子的歷程，過程中她不僅回應社運人士的理念：「沒有不能被領養的孩子。」[2]甚至展現其對「無私之愛」（unconditional love）的信念，相信「基督價值與其專業指引」（59）能帶領這群孩童邁向正常人生。第一章節介紹哈里斯從事製藥工業，並參與當地教堂的領養業務；多年來她嘗試各種不孕症療法卻以失敗告終，這驅使她決定領養一位孩子。接著敘事轉向對養子柯瑞的描述。柯瑞的生父具暴力傾向，生母對古柯鹼成癮；被上一位養母貼上「無法被領養的」標籤後（x），柯瑞被送去許多寄養家庭。七歲時，他被託付至哈里斯的家中寄養；三年後，他在法律上正式成爲哈里斯的養子。《愛上失「格」孩》橫跨三年的歷程，紀錄柯瑞如何在家庭與學校中輾轉，以及他如何在醫院與地方醫療中心徘徊。由於柯瑞的各種非典型行爲（例如肢體暴力、情緒失控與智力缺陷——各式徵狀似乎皆證明他的確是「無法被領養的」），診斷結果中他的病症如同「字母湯」（alphabet soup）般複雜多樣：注意力不足過動症（ADHD）、反抗性偏差障礙（ODD）、情緒障礙（ED）、學習障礙（LD）、憂鬱症（MD）、創傷後壓力心理障礙症（PTSD）、躁鬱症（Bi-Polar），甚至還有「魚缸症」（"fishbowl syndrome"）（33）——這是哈里斯自創來形容養子所展現的一種特殊行爲模式。即便柯瑞活在宛如「字母湯」的世界，哈里斯相信永恆的愛（如同某個章節標題所示），認定「科學與上帝話語的結合」能幫助柯瑞長成一位「成熟、負責任的大人」（x; 55）。此回憶錄彰顯哈里斯的虔誠信仰、對醫學的信心與對未來的寄望——寄望她的兒子擺脫「無法被領養的」標籤，邁向美好的未來。

---

[2] E. Wayne Carp 寫道：「在戰後時期，社會工作者開始拋棄有些孩子是無法領養的想法，進而擁抱一個孩子也不能少，每個孩子都可領養的理念」（14）。

同樣地，珍妮佛・波斯・泰勒（Jennifer Poss Taylor）的著作《佯裝正常：一個母親撫養胎兒酒精綜合症孩童的故事》（*Forfeiting All Sanity: A Mother's Story's of Raising a Child with Fetal Alcohol Syndrome*）也分享一段領養與照料特殊需求孩童的經歷。在回憶錄中，泰勒的養女不僅讓她認識到何謂「無法被領養的」，也令她對諸多議題困惑不解：為何養女的生父母要佯裝「正常」並傷害他們的親生女兒（兩人皆為酗酒的癮君子，對其女有諸多忽視與暴力行為）？養女的諸多反常行為從何而來？著作標題《佯裝正常》即指養女的心智在營養失調與缺乏治療的情況下失去健全，也指出作者自願領養此嬰孩的決定是如何地不合常理；或是更確切地說，作者在推論胎兒酒精綜合症孩童的各種反常行為時所遭遇的挫敗。《佯裝正常》仔細描述泰勒對養女艾希莉的各種行為深感不解與挫敗，例如養女的說謊、偷竊、恐慌、焦慮、幻覺、成癮、自毀行為、差勁衛生習慣以及其他問題。泰勒不禁懷疑：「我試著了解為何她不在意外觀與外界眼光。我就是無法理解為何她無法理解這些常識」（119）。如同哈里斯，泰勒參考靈性取向書籍並引用《聖經》，並展現對醫療的信心。不同於哈里斯，泰勒在回憶錄結語中並不寄望未來她的養女能發展獨立自主的人生，反倒呼籲社會重視胎兒酒精綜合症，並要求「立法明文禁止孕母飲酒」（127）。正是這種宗教與政治使命感（在回憶錄中步步彰顯）促使她重獲清明神智，並賦予領養意義。

前兩本回憶錄皆採用常見的敘事觀點，來記敘現代父母養育或領養特殊需求孩童的歷程。面對「無法被領養的」與難以理解的養子女——或是反常詭異的他者時——（or, rather, an unlikeable and uncanny other）哈里斯與泰勒歷經複雜的情緒起伏，從興致勃勃到抑鬱寡歡，從滿懷憧憬到憂心如焚。與養子女的他性交鋒的當下，他們也如同多數的養母一樣，轉向醫療求助：只要賦予他性意義，便較能承受其重擔。醫界專業人士用一連串講究科學與客觀的字首語將這群反常行為醫學化。一方面，簡化成宛如「字母湯」的符碼或許可幫助養父母得

到社會關注、法律庇護、甚至金錢上的補助；可是另一方面，這種將症狀醫學化的行爲顯示「認知在調和難解事物時所歷經的掙扎」（Garland-Thomson, 189）還有回應「跨時代心靈層面上的本體焦慮」而生的共識（Shildrick, *Dangerous* 52）（such an act of medicalization of disorders also suggests our "cognitive struggle to forge coherence from the inexplicable" and collective response to the "trans-historical ontological anxiety operating at a psychic level"）。現今年代講求營建培養一個強壯健全的自我，失能卻「攪亂現代人對本體安全的渴求」（Campbell, *Contours*, 13），毀壞失能孩童的形象，並背離「講求樂活與玩中學的育兒模式」（Burman, 157）。失能所蘊含的匱乏與過剩深具威脅性——無論在身體或心靈層面——進而引發本體焦慮，亟需平息安撫。醫學化正能解除人們對未知的焦慮，並還原本體的必閉合性。現在，醫療體系成爲實行生命權力（bio-power）的後現代技術，教導人們如何過活。情緒與行爲反常的醫學化所顯示的，是人體身心如何受制於美國當局的偏好與論述隸屬關係。

在這兩本回憶錄中，醫療專業將失能轉化成臨床概念，將養子女矮化成一份份的病症清單。然而，醫療他者總有失敗的時候——正如同哈里斯所觀察到的，「長期以來，我的兒子已接受許多臨床診斷，心理醫生卻還是無法給他的疾患冠上一個名。」（43）——但我們在回憶錄中卻不見作者對醫療專業的質疑。在回憶錄中，無論在臨床或語言層面，診療的失敗並不足以揭露生物醫學論述的不足，反證其「難以領養的」養子爲難以參透的他者。

當生物醫學論述無法有效提供合理的解釋（未必指療法層面），焦慮便應運而生，這時哈里斯與泰勒轉向宗教信仰求解並尋求教會協助。的確，在兩位失能孩童的養母筆下，宗教語藝貫穿全文。毫不意外的是，文本中常見難以領養的／難以參透的他者連結於最難解的他者——上帝。在猶太基督傳統中，信徒暴露於神性他者的可怖深淵，

無法參透其高深莫測的神諭。神性他者的意慾令人費解，驅使信徒不斷探詢：「祢想從我這兒得到什麼？」同樣的問題也困擾著許多養母，養子女對其而言是另一種人種，為深不可測的謎團。如同多數信奉基督的養母，哈里斯與泰勒試著回應神旨、紓解焦慮，並以愛行事——準確而言，母愛。藉由母愛，原本的疑問——「祢（上帝）想從我這兒得到什麼？」——改變為「我該如何幫助他們（難以參透的孩童）？」

反觀丹尼絲・雪拉・雅各森的著作《大衛的問題：一位失能母親的領養、家庭與人生之旅》將本就錯綜難解的領養議題複雜化，提供進一步的見解，將領養議題與失能、性／別、種族、階級、人母之道與創傷相連。文中雅各森針對領養經驗作出思想、情感與反叛的總述，論述範圍涵蓋夫妻雙方的親朋好友、社會工作者、醫療專業人士、司法人員，及一位名叫大衛的嬰兒。回憶錄一開始，大衛還只是個六個月大的嬰兒，醫生猜測他可能罹患腦性麻痺。大衛潛藏性的失能導致他的領養過程不甚順遂，出生前就被放棄領養，出生後又被一對條件良好的準父母拒絕領養。本回憶錄記述大衛的領養過程與早期童年生活，結尾時大衛已開始蹣跚學步，不僅健康有活力，且只有輕微的語言遲緩，並不被生理障礙所困。

《大衛的問題》區別於現存領養論述的關鍵，不在那位可能罹患腦性麻痺的嬰兒，而在於兩位養父母——丹尼絲與尼爾——他們天生便罹患腦麻並使用電子輪椅過活。正是這對「靠不住」的夫婦——他們的自我懷疑與內在掙扎，以及外界的懷疑眼光、敷衍、甚至蔑視——加深此領養敘事的思維深度。此外，丹尼絲將失能與許多棘手的議題聯結，例如性、父母之道（特別是人母之道）及創傷。

綜合失能議題與人母之道與性愛等議題，丹尼絲向讀者呈現一名享受快感的母親／他者（enjoying (m)other）。在上述回憶錄中，養子女的形象多被刻劃成難以參透的他者；但在《大衛的問題》中，身障母親不僅享受人母的喜悅，並活躍於性生活。即使身為一位身障母

親／他者，即便遭遇許多疑問與挫折，丹尼絲仍心滿意足地扮演主要照顧者的角色，樂意給大衛替換尿布與更衣、清洗消毒奶瓶，及應付預約看診。作為一名照顧者而非被照顧者，丹尼絲拒絕能者主義思維加諸於身障婦女的形象，體現一般認為所欠缺的「母親的靈活度與成熟度」（"the dexterity and maturity to mother"）（Mintz, 144）。她種種養護照料的舉止皆撼動母儀的常規。

在能者視角下，令人感到侷促不安的，不僅止於丹尼絲所展現的渴望與被渴望的母親／他者角色，還在於她樂於扮演性主體並享受性愛：

> 我從枕頭下取出帶有淡淡香氣的身體乳液。尼爾打開瓶口，將大量的乳液倒入我的掌心。我的手循著襯衣，一路滑向尼爾的雙腿之間。我開始撫慰他的身體。我禁不住顫抖，我的柔軟期望著他的壯大。他慢慢滑進我的下身，宛如套進一個舒軟的皮手套。
> 「妳感覺真好！」他呢喃著。
> 「你也是。」
> 他轉身，讓我將雙腿環住他纖瘦的下身，他用強壯的手臂撐起身子。我抬頭望著他。我們的雙眼交會，凝視著彼此，千言萬語皆不足以表露深情。細碎的低吟，隨著他韻律的抽動，自我的深處溢出，疼痛中夾雜快感。我不希望他停下，最好永遠別停。
> （55）

一個被理解成「衰敗」或「匱乏」的殘障身體，怎能享受性愛的歡愉？多數人認為，失能婦女具有無性的身體，絲毫不像個女人；而正常／非失能身體才是渴望／可慾求的主體，才能享盡魚水之歡。然而，丹尼絲卻直紓性愛的樂趣，挑戰了能者主義下的性規範。

除了將享受快感的母親／他者再現，《大衛的問題》中丹尼絲罕見地將失能與創傷連結。詹姆斯・博格（James Berger）的文章〈無

創傷的失能，無失能的創傷：一個學科劃分〉（"Trauma Without Disability, Disability Without Trauma: A Disciplinary Divide"）將兩種論述作精確的劃分。創傷理論「根本上是一種隱喻理論，同時也是一種思維模式，探索某些極欠語言特徵的極端事件與經驗」（563–64）。而失能研究「本質上旨在批判隱喻」，認為隱喻「緊連於意識形態的壓迫機制」，並「帶有貶義色彩，對失能族群造成社會傷害」（Disability studies are, however, "a critique of metaphor perse," regarding metaphor as "irremediably tied to oppressive ideological systems" and "pejorative and socially damaging to disabled people"）（564; 570）。承上，丹尼爾·莫瑞森（Daniel Morrison）與莫尼卡·傑·凱斯柏（Monica J. Casper）指出兩種論述的互斥，並認為創傷理論應在失能研究中噤聲。

> 失能研究已順利跨越人體場域，將失能放置在社會、政治與文化背景，探討人體在不同環境下所賦予的意涵。然而在創傷理論的視角下，失能似乎成為災難的體現，這與失能研究學者意欲最小化與脈絡化苦難之目的背道而馳。創傷理論重新檢視殘障的過程，這些身體傷害與心靈創傷的當下使人心生恐懼。

當失能成為一個宗教／道德問題，受到個人／醫療悲劇的渲染、文化的建構與社會的阻礙，將失能與創傷相連似乎將失能重新納入個人疾患的範疇，並冒著政治邊緣化的風險。

然而，丹尼絲的回憶錄並無出現創傷與失能的互斥現象。如同莎莉·羅森塔爾所觀察的，此著作「立基於丹尼絲夫婦的過往」，文中大衛的處境與丹尼絲痛苦的童年回憶交織，與作者身為腦麻兒的過去與身障母親的現況相呼應。換言之，大衛的現狀與未來經常與丹尼絲的過去相互對映，而這種對應多少反映在心理層面。例如，作者與大

衛的初會中，彼此間的「沉默交流」萌生出強烈的羈絆，並夾帶「一種深沉痛苦的喜悅」與「一份無言無思無慮的情感」（16）。目睹大衛所接受的生理障礙治療，丹尼絲回想從前接受疼痛療法的童年經歷。她回憶起傑（Jay），一個遭物理治療師斷腳的男孩。她寫道：「我總納悶橡膠束緊繃帶如何助人放鬆」，並坦言「從沒人談論傑如何承擔這一切」（27）。此外，家族聚會場合中，親朋好友對大衛的冷淡總提醒著丹尼絲，在她的悲傷童年中，她是多麼地「微不足道」且「默默無名」。她的不起眼源於人們對她的漠視，只當她是「貨物」或「植物」（15; 34）。外界對這對母子的冷漠以對肇始於他們的失能身軀，如此經歷帶來終生遺憾，不論是對丹尼絲而言，或如作者所相信的，也會對她的兒子造成影響。

　　回憶錄中，失能與創傷的關連不僅彰顯在大衛的潛在失能與丹尼絲的受創童年，同時也反映失能對身邊的手足與父母所造成的經濟與情感負擔——特別是對於尼爾的雙親，兩人皆為反猶大屠殺的生還者。丹尼絲的婆婆古塔（Guta），「每時每刻難以忘懷當年的記憶」（58），而其子尼爾的「成長過程伴隨著母親所講述關於羅茲猶太區與奧斯威辛集中營的故事」（58）。丹尼絲強調古塔怎麼叨唸著反猶大屠殺的艱難時期與養育失能孩子的艱辛，可見失能敘事緊連於典型的創傷研究對象——反猶大屠殺。丹尼絲的失能帶給她重創，而她的婆婆遭受反猶大屠殺的摧殘而受創。失能在丹尼絲的敘事中並非只是一次性的嚴酷考驗或獨立於時空的單一事件。對丹尼絲而言，失能對身心造成的傷害是永無止盡並難以抹滅的。失能與創傷的關聯讓我們重新檢視前失能與後失能或者兩者間的情形。失能在此回憶錄中並非置放在個體生命的欄框下，缺少了清楚的開頭與明朗的結尾。相反地，失能永遠在縈繞徘徊，其伴隨而來的破壞與驟變恫嚇著人們。

　　經過前文的文本分析與拉岡式分析，一個問題值得我們再次思考：如何應對失能他者及其難以參透的他性？多數的敘事，包括本文所介紹的前兩部回憶錄，皆採生物醫學與慈善的觀點來談論失能。這些角度本質上並無絕對的好壞。即便經常與隔離及歧視經驗疊合，醫療並無明顯含有歧視意味。例如，為了更加「健全」——我們會採取視力矯正的措施，像是戴上眼鏡或隱形眼鏡，或是接受近視雷射（LASIK）或激光矯視等手術——而這些手段不一定代表對常規的服從，或強化了能者主義的理想價值。[3] 同樣的道理，慈善事業也不能全然視為阻礙資源重配的實現——公平正義的終極目標。然而，倘若我們不正視現代人的分裂主體性，不接受我們 生而失能的存有事實，或不將失能視為內在疆界及能者世界的僵局，生物醫學與慈善觀點是大有問題的。前者很有可能迎合常規，將醫療照護與療程強施在個體上，塑造醫學權威的形象。後者則會落入同情的圈套，藉由強調能者與失能者的差異，及藉由強化觀者與患者間的差距，將焦點放在個人苦難的種種。這兩種觀點無意改變失／能的社會觀感，或審視能者主義的制度層面及其對於人權的侵犯。

　　哈里斯的《愛上失「格」孩》與泰勒的《佯裝正常》忽略本體與結構層面上的他性，而採取傳統失能觀點；他們看待失能的角度——諸如悲憫、容忍與認同等心態——一方面強化能者與失能的差距，落入家長主義的窠臼。反觀丹尼絲·雅各森的著作《大衛的問題》則採取截然不同的角度，探索失能的不同樣貌，包含來自親朋好友、學校師長、物理治療師、社工，以及最重要的，雙方家庭成員的心聲。

　　首先，尼爾與丹尼絲的母親採取傳統觀點，將人母定義為主要照顧者的角色，她們愛護著失能兒女，並堅決對抗醫生對其子女未來的

---

[3] Tom Shakespeare 提出：「給予隱性障礙病患清楚病名的診斷可幫助他們得到醫療或教育的支持，而且也賦予他們法律上的保障免於歧視」（96）。

悲觀預測。身為一名二戰生還者與「堅毅的女人」（58）[4]，尼爾的母親堅持告訴尼爾他的長相是多麼地英俊，而養育尼爾對她而言，就像戰勝另一個悲劇。同樣地，丹尼絲的母親，以作者的說法，「用過去十五年的時間照料我、鼓勵我、敦促我抵抗專家所謂的客觀現實」（35）。丹尼絲的母親樂於幫助丹尼絲做學校作業，而且只要學校老師稱讚丹尼絲多麼「正常」，多麼不像腦癱兒，便會感到心滿意足。相較於保護慾強的慈母們，尼爾與丹尼絲的父親將他們的子女丟入殘酷的能者世界，連虛幻的希望也不給。尼爾的父親總對兒子叨念：「你長得真醜。」僅因為「想讓尼爾做好面對外頭世界的心理準備」（82-83）。丹尼絲的父親則訝於丹尼絲能在學校與常人做朋友，並嚴肅地告訴丹尼絲要好好珍惜這些友誼：「能交上像他們這樣的朋友算妳幸運」（67）。不是照護就是安慰，不是建言就是關於現實的嚴酷教訓，這些人——包括父母與手足——皆視失能為負擔，為個人與家庭的不幸。

在周遭有許多失能偏見的環境下被扶養長大，尼爾和丹尼絲究其一生努力去了解自身的身體與腦癱症狀。這部回憶錄對尼爾與丹尼絲的成長過程有諸多描繪，接著鋪陳他們為人父母的種種，及其扶養一名具有腦癱風險嬰兒的歷程。更重要的是，本作將尼爾刻劃成一個代表性人物，呈現失能的社會模式如何付諸實行以創造理想化社會。作為針對醫學模式的反擊，失能的社會模式將焦點從個人轉向社會，而這樣的失能社會模式批判的對象就是整個環境結構性的隔離。失能社會模式認為並非倚靠個人適應與醫療，而是友善的社會環境除去態度的偏見與環境隔閡，才能真正幫助失能者得以自立。只要環境具有妥善的設計與意識形態的自由，失能就能消失。如此理想的無障礙環境在尼爾工作的銀行中獲得實現。尼爾的職位是一位備受推崇的電腦工

---

[4] 在回憶錄中，其他創傷性事件包括丹尼絲的母親由於腎功能衰竭突然去世，尼爾的父親的心臟發作。

程師與副總裁；丹尼絲如此形容道：「銀行是尼爾的天堂。他備受眾人歡迎與尊敬。他發揮所能並做的得心應手。一切是如此地清楚分明且井然有序」（183）。談到他游刃有餘的工作環境時，尼爾吹噓道：「如果別人沒辦法與我共事，他們便遭到解雇。這是他們的問題，不是我的」（183）。尼爾被刻畫成「強壯」而「理智」，以及「聰明」而「疏離」，是通曉「如何應付事情」的高手（39）。透過掌握工作場所並全心參與其中，尼爾過著自足自立的生活——而這正是失能社會模式所勾勒的理想環境。

藉由將丈夫刻畫成實現失能社會模式的代表性人物，丹尼絲展現此模式的限制，包括忽略負面情緒的影響、失能身體的不利，以及無障礙烏托邦的稍縱即逝。如同回憶錄所提及的，尼爾幾乎無法處理任何動情的場合，如同丹尼絲所言，「痛苦與不愉快使他慍怒」（39），防衛性地退回到「他自己的邏輯世界，抽離醜陋的情緒中」（104）。此外，並非如社會模式所言，失能是「中性的生理差異」，生理障礙在此的確具有不利條件。即便尼爾符合「超級殘缺者」的角色，戰勝逆境並克服自身失能，然而在行動功能上卻仍感到拘束與限制。丹尼絲說道：

> 對尼爾和我（和對於大部分的失能者）而言，我們的生命總是充斥著無助的時刻；它們不定時到來。在好日子裡，我們對它不屑一顧，甚至嗤之以鼻。在壞日子中，我們會詛咒喝斥，並將自己沉浸在自嘲與自憐的情緒中。然而，我們知道，這些難熬時刻總會過去，而這不並代表我們是無助或無能的。（144–45）

任何的社會調適辦法皆無法能將生理障礙的問題一勞永逸地解決，如同湯姆・莎士比亞所觀察的，「即使除去社會障礙及壓迫，生理障礙仍會造成問題」（41）。事實上，我們對無障礙大他者的需求，需要

去要求並反抗能者主義大他者所設制的規需。由於受制於能者主義大他者，個體的精神變得萎靡／殘疾，被迫去回應、實現、壓抑、規避並加強能者主義大他者的規需。當我們愈發依賴烏托邦大他者的理想，以為藉此能調解各種身心差異，卻會使我們愈難突破能者主義大他者規需的桎梏。然而，擺脫個體／臨床本質論，反倒落入另一個窠臼——「環境本質論（contextual essentialism）」（Shakespeare, 76）。

一方面，在開頭介紹的前兩部回憶錄中，醫療權威並無遭到挑戰，即便其失／能醫學化成病症的辦法失效時也是如此；另一方面，失／能的社會建構所要求的是不可能實現的大他者，即使這樣的要求無法被應允。即便失能的醫療與社會模式在政策光譜上各據一端（如同夾在失能的個體與結構層面），雙方皆視大他者為全然統一、閉合的總體。失能的醫療與社會模式根植於失能與能者身分兩者的差距，雙方皆受制於大他者，需要大他者給予特殊病症／身分或特殊需求／要求的認證。

身為一名「高風險」新生兒的身障母親，丹尼絲的人生不免與許多權威人士正面交涉——包含社工、教育家、醫師及治療師等。不同於前兩部回憶錄，也異於《大衛的問題》中的其他人物，丹尼絲並無將大他者視為總體機制或自然權威。反之，在領養與育嬰的過程中，她逐漸與大他者建立新關係，體認到大他者也承受著同樣的分裂。如同回憶錄中，醫師扮演的角色是大他者的代理人，判定丹尼絲失格；丹尼絲的婆家也不看好大衛，認為這孩子日後會像他們一樣說話結巴或被同儕嘲弄（185），他們的「失敬」比起「質疑」更讓丹尼絲惱怒（186）。他們的疑慮來自對失能的偏見，視其為固有的生理問題，而非主體性的問題；他們的鄙視，是因為他們自認是未分裂的主體，而忽略他們其實在本質上與丹尼絲同樣地失能。事實上，大他者本身便是分裂與矛盾的狀態，任何能指皆不足以保證其連貫性（此處

指的是「常規」）。在大他者的場域中，實體與命名之間，本體與經驗現象之間，存在難以跨越的鴻溝。例如，在回憶錄中，外界投射在大衛身上的眾多形象有諸多矛盾。自處的能力本應視為成熟的象徵，然而，大衛的沉著與自處卻被幼教老師琴解讀為「孤僻」症（183-84）。琴難以容忍大衛的與眾不同，便把問題訴諸於一個固定的參照點──失能。她的觀察是對主體與結構層面之零碎不一的拜物式否定。不僅各式權威（法律、政治、宗教、醫療）缺乏全面的掌控，連同指涉失能的「客觀」過程也漏洞百出、鬆散不整。

回憶錄的尾聲中，正是一場戲劇性的意外驅使丹尼絲與大他者建立新關係。四歲的大衛跟著母親過馬路時，手指被輪椅的托帶嚴重割傷。抵達現場的護理人員使場面更為緊張。他們無視丹尼絲，並要求獨自帶大衛前往醫院。丹尼絲深深了解「如果我讓他們帶走大衛，他對我的信任會開始瓦解」（206），因此堅持留著兒子身邊。最終他們妥協了，將這對母子抬到擔架上，並將輪椅擺在救護車的前座。丹尼絲猶憶前往醫院的過程中，她與其中一名護理人員的對話及當時的感覺：

> 大家似乎對眼前所見過於深信，以致於忽略了育兒過程中，那最重要的、看不見的部分──孩子與父母的羈絆。
> 我直視他的眼眸，並說：「最大的困難是讓別人認為我無法勝任母親的角色。」
> 他臉上的同情消失無蹤。「我對剛才發生的事深感遺憾。我很抱歉。」（209）

丹尼絲認識到人母之道──並非單指養育孩子的行為──而主要根植於母親與孩子之間強烈的羈絆。更甚者，相較於大他者的不足與不一，丹尼絲將自己定位為最了解大衛情況的人：「我開始認識到別

人所想所言並非我以爲的那麼重要。凡是需以大衛優先！我必須相信我知道什麼對他是最好了。他也須知道他可以依靠我。」

　　有趣的是，丹尼絲身爲人母的自主與機能並非藉由解放自我意識與理性來達成，而是透過本能或直覺。的確，主體機動與自主的眞實時刻不是仰賴大他者所提供的資源（此處就失能者而言），例如無障礙家園、直接給付薪資、自由選擇以及醫療控制、照護。如此自主與自立的假象，即便用心經營，也容易被外在因素擊潰。以丹尼絲爲例：即便她享有自主生活，也容易因爲保母辭職、幫傭罷工、或社區服務中止而好日子不再。然而，正是丹尼絲的「本能」或「直覺」使她擺脫對能者屬意他者的慾望投資。在回憶錄中，丹尼絲多次求助「本能」或「直覺」（27）：例如，「我的直覺知道有更好的療法，但我沒有專業知識，只有直覺」（27）及「我的直覺告訴我大衛並不屬於琴的教室。我花了三個月的時間才決定帶大衛遠離那可怕的地方——只因爲我試著去理性思考，而非相信我的直覺」（189）。當她訴諸自身的直覺與本能時，才得以察覺象徵界大他者（Symbolic Other）的根本匱乏。這樣的匱乏不僅形成主體存有的原始狀態，並「製造裂縫———道打開主體自主與自由可能性的裂縫」（creates a crack–a crack opening up possibilities for（a kind of）autonomy and freedom of the subject）（Watson）。

　　回憶錄的尾聲中，丹尼絲不僅與大他者建立新關係，甚至將自身的他性（以匱乏／過剩呈現）完全主觀化，將棘手的他性定位在情緒與智力層面。自孩提時期，丹尼絲總覺得「爲強烈情感所擾」，無法「表達她的傷心、痛苦、憤怒」（181）。丹尼絲坦言，「偶爾我會大發脾氣，將平時累積的情緒發洩出來」（181）。因此，丹尼絲所面對的，不僅是自身的肢體障礙——而是，用她的話來說，「喜怒無常」（154）。爲了擁抱滿溢的情緒並將其主觀化，丹尼絲冒著遭受社會批判的風險。身爲一名身心障礙權利運動的專家與擁護者，她卻

遭到眾多非議，只因在回憶錄中，她所展現的形象是「情感用事的婦女」（157），「女人不理性的刻板印象」貫穿全文，情緒的描繪多半是「大驚小怪甚至歇斯底里」（Mintz, 155-57）。回憶錄著重的是「無助、被動、與順服的氛圍」（Mintz, 142）。然而，正是丹尼絲對負面情緒率直的回應（與丈夫退回理智的反應成對比），呈現她對抗失能與領養之棘手他性的過程。丹尼絲拒絕再次服從於能者主義他者（就治療與改善而言），也不願迎合「超級殘缺者」的失能模式（多指克服失能的絕對意志），最終，她擁抱自身棘手的他性－無論身心－視其為身分的內在部分（154-55）。她寫道尼爾與她「掙扎已久，難以承認失能為自身的一部分，難以正視腦麻為自身的敏感處、力量與弱點所在，難以考慮失能對人生經驗的重要性」（154-55）。

第十章「蛋捲冰淇淋」的一個橋段中，也許能展現丹尼絲主體性遽變的可能性；換句話說，丹尼絲沒有讓腦麻落入能指的死胡同，而是從大他者的凝視（gaze）中解放自己，欲望得以自由流動，無須與失能掛勾。在某個週末早晨，丹尼絲與尼爾受到一位長者的款代，他請這對夫婦一份冰淇淋：「恕我冒昧，內人與我想問我們能不能請你們吃份蛋捲冰淇淋？」（134） 丹尼絲說道：

> 我倆皆不覺得這人的舉動是在同情或者憐憫我們。那是個美好的日子，這對夫妻見著我們正在享受當下，而這景象讓他開心——開心到想請我們吃冰淇淋。尼爾和我決定將此舉解讀成善意的表現。
>
> 尼爾的臉上掠過一個惡作劇的表情。「妳能好好拿著一支蛋捲冰淇淋嗎？」
>
> 「嗯－哼！」我搖頭「你能嗎？」
>
> 「不，」他聳著肩回應道。臉上的深紋突顯了他長滿雀斑的鼻子。「真可惜他沒有提議要請吃牛排。不然我就答應他了！」
>
> （134-35）

　　丹尼絲對此景的描述展現了善意之舉的意義流動、失／能主體位置的轉換、他者性如何成為存在核心，還有對快感特殊形態的認同。最後，她終於能享受自己的症狀，以及它所帶來的一致感與快感。

　　在生成的過程中，我們天生具有人類與非人類的特質。「沒有人能自給自足」，如同費歐娜・庫馬利・坎貝爾（Fiona Kumari Campbell）所說：「我們的生活不斷改變，隨著自身腳步與環境而改變」（"Stalking", 217）。事實上，身體生成的過程（藉由連結、累積、消費等行為）已成為失能與非失能者日常的一部分：實體間的連結從混聲器、高科技彈簧鞋、助聽器至拐杖、助行器和揚聲器；從眼控打字機、電子閱讀儀器至眼鏡、雙筒望遠鏡及行動電話。現在被視作輔具的儀器遲早會變成一種人體的衍伸。如此「生成過程」，會將常規多元化或革新，卻沒有直接挑戰能者主義，縱容其充斥在日常經驗中。根植於生成過程的實踐稱不上是解決能者主義的辦法。

　　儘管生成的複雜特性已獲持續的關注，現今最要緊的，便是我在文中重複提醒多次的，我們要正視存有真相：人生而失能，大他者亦同，具有同樣的斷裂與自我分裂。若將失能看作在自身與他者裡固有的（換言之，主體性斷裂與結構性死結），才能使我們的生活自能者主義的健全／缺失神話抽身，才能擺脫社會機構所設的封閉系統，並脫離資本主義的積累實踐。正是主觀的反思與回歸——而非外在連結或無限上綱——才能重新標籤失能，並得以大他者重新建立關係。能者主義的消滅，是無法藉由無線連結或生理療法來實現的。我們所能做的，是把失能失能化，透過能指的革新，重新定義快感——意即，我們必須成為能「承擔自我定義之重擔」的主體（Žižek, less than nothing, p. 340），才能在這種失敗的特殊模式中獲得滿足。

Berger, James (2004) Trauma without Disability, Disability without Trauma: A Disciplinary Divide. *JAC: Rhetoric, Writing, Culture, Politics*, 24(3): 563–82.

Burman, Erica (2008) *Developments: Child, Image, Nation*. London: Routledge.

Campbell, Fiona Kumari (2009) *Contours of Ableism: The Production of Disability and Abledness*. London: Palgrave Macmillan.

Campbell, Fiona Kumari (2012) Stalking Ableism: Using Disability to Expose "Abled" Narcissism. In Dan Dooley, et al. (eds), *Disability and Social Theory* (pp. 212–30). London: Palgrave Macmillan.

Carp, E. Wayne (2004) *Adoption in America: Historical Perspectives*. Ann Arbor: U of Michigan P.

Couser, Thomas (1997) *Recovering Bodies: Illness, Disability, and Life Writing*. Wisconsin: U of Wisconsin P.

Davis, Lennard (2014) *The End of Normal: Identity in a Biocultural Era*. Ann Arbor: U of Michigan P.

Dooley, Dan, Bill Hughes, and Lennard Davis (2012) Introducing Disability and Social Theory. In Dan Dooley, et al. (eds.), *Disability and Social Theory: New Developments and Directions*. London: Palgrave Macmillan.

Fedosik, Marina and Emily Hipchen (2015) CFP: A Collection of Essays on Adoption and Disability. 11 June 2012. Web 2 Jan. 2015. http://www.disabilitystudiesnetwork.gla.ac.uk/2013/04/01cfp-a-collection-of-essays-on-adoption-and-disability/

Finger, Anne (1992) Forbidden Fruit. *New Internationalist*, 233: 8–10.

Garland-Thomson, Rosemarie (2006) Ways of Staring. *Journal of Visual Culture*, 5: 173–92.

Harris, Patricia (2008) *Loving the "Unadoptable."* Bloomington: AuthorHouse.

Jacobson, Denise Sherer (1999) *The Question of David: A Disabled Mother's Journey through Adoption, Family, and Life.* Berkeley: Creative Arts Book Company.

Kotsko, Adam (2008) *Žižek and Theology.* London: T & T Clark.

Lacan, Jacques (2002) *Écrits, A Selection.* Trans. Bruce Fink. New York: Norton.

McGowan, Todd (2003) *The End of Dissatisfaction.* Albany: SUNY P.

McGowan, Todd (2013) *Enjoying What We Don't Have: The Political Project of Psychoanalysis.* Lincoln, NE: U of Nebraska P.

McRuer, Robert (2006) *Crip Theory: Cultural Signs of Queerness and Disability.* New York: New York UP.

Mintz, Susannah B. (2007) *Unruly Bodies: Life Writing by Women with Disabilities.* Chapel Hill: The U of North Carolina P.

Morrison, Daniel and Monica J. Casper (2012) Intersections of Disability Studies and Critical Trauma Studies: A Provocation. *Disability Studies Quarterly, 32*(2). Web. 10 Jan. 2015. http://dsq-sds.org/article/view/3189

Ragland, Ellie (2000) How the Fact That There Is No Sexual Relation Gives Rise to Culture. In Kareen Ror Malone and Stephen R. Friedlander (eds.), *The Subject of Lacan: A Lacanian Reader for Psychologists.* Albany: SUNY P.

Rohrer, Judy (2005) Towards a Full-inclusion Feminism: A Feminist Deployment of Disability Analysis. *Feminist Studies, 31*(1): 34–61.

Rosenthal, Sally (1999) A Multilayered Adoption Saga. Rev. of *The Question of David,* by Denise Sherer Jacobson. July/August 1999. Web. 10 August 2014. http://www.raggededgemagazine.com/0799/d799bk.htm

Shakespeare, Tom (2013) *Disability Rights and Wrongs Revisited.* London: Routledge.

Shildrick, Margrit (2012) *Dangerous Discourses of Disability, Subjectivity, and Sexuality.* London: Palgrave Macmillan.

Shildrick, Margrit (2004) Queering Performativity: Disability after Deleuze.

SCAN: Journal of Media Arts, 1 (3). Web. 10 Oct. 2014. http://scan. net.au/scan/journal/display.php?journal_id=36

Siebers, Tobin Anthony (2010) *Disability Aesthetics.* Ann Arbor: U of Michigan P.

Stanley, Sandra Kumamoto, et al. (2013) Enabling Conversations: Critical Pedagogy and the Intersections of Race and Disability Studies. *Amerasia Journal, 39* (1): 75–82.

Synder, Sharon L. and David Mitchell (2006) *Cultural Locations of Disability.* Chicago: U of Chicago P.

Taylor, Jennifer Poss (2010) *Forfeiting All Sanity: A Mother's Story of Raising a Child with Fetal Alcohol Syndrome.* Mustang, OK: Tate Publishing.

Watson, Cate (2013) Identification and desire: Lacan and Althusser versus Deleuze and Guattari? A Sort Note with an Intercession from Slavoj Žižek. *International Journal of Žižek Studies, 7* (2): 1–16. Web. 10 Jan. 2015. http://zizekstudies.org/index.php/IJZS/article/view/671

Slavoj Žižek (2000) Class Struggle or Postmodernism? Yes, Please! *Contingency, Hegemony, Universality: Contemporary Dialogues on the Left* Eds. Judith Butler, Ernesto Laclau, and Slavoj Žižek. New York: Verso, pp. 90–135.

Slavoj Žižek (2005) The Empty Wheelbarrow. *The Guardian*, 19 February 2005. Web. 10 Oct. 2014. https://www.theguardian.com/comment/story/0,, 1417982,00.html

Žižek, Slavoj, and Glyn Daly (2004) *Conversations with Žižek.* Oxford: Polity.

Žižek, Slavoj, Eric Santner, and Kenneth Reinhard (eds.) (2005) *The Neighbor: Three Inquiries in Political Theology.* Chicago: U of Chicago.

翻轉主流文化的癌症想像：
《哀悼乳房》與《天生一對》與大眾的對話[*]

王　穎

「我們對癌症感到恐懼、逃避，主要是由於我們的無知。堅持無
知，也是一種無可救藥的疾病。」

——西西《哀悼乳房》，頁 iii

「所謂往事情的光明面看，無非是一種比較好聽的說法，用來掩
飾一些不堪檢視的現實，並防止人們因檢視它們而改變現狀。」

——羅德《癌中手札》，頁 76
（Audre Lorde, *The Cancer Journals*, p. 76）

　　生老病死都是人生必經的歷程，然而傳統文學多半側重談論生
死，老病經驗以具體鮮明的意象出現在各文類之中，實爲相當晚近的
現象。西方的中世紀文化關注死亡，啓蒙以後，則轉而追求飽含智識

* 本文得以順利完成必須感謝審查人的寶貴建議，以及楊芳枝教授與游素
玲教授的鼓勵與支持。謹將此文獻給李元麒醫師：謝謝您積極救治我的
生命，並勉勵我回國服務，希望您在另一個世界依然以您的光熱改變周
遭的人。

與肢體力量的人生。根據傅科的分析，西方文化一直要到十八世紀，也就是現代醫學初步建制完成之後，才開始有系統地「看見」失能與不完美的身體。在西方現代性與能者身體主義（ablism）的脈絡底下，率先出現的疾病論述是以管理人民生命爲出發點的醫學與公衛知識，嗣後，隨著社會資本的結構變動，女性、族裔、性相等諸波平權運動湧起，挑戰前述知識—權力的反對型敘述（counter-narratives）於焉而生，疾病論述的力場因而日趨多元（Synder and Mitchell, 2001; Tremain, 2010）。在這個脈絡底下，我們可以理解爲何現當代「醫療文學」必然包含「無病者（探究疾病及其社會影響的）視野」與「病者（探究疾病及社會管理機制的）視野」兩大類型。前者視疾病爲社會無可迴避的棘手難題，時常思考合理合情、並儘量避免傷及無辜的解決方法，後者往往以患病之人對自我與社會的剖析爲起點——它們述說自己被社會當作問題的感受，從而揭露社會集體心理的問題。[1]這兩大類型的敘述可以出現在同一部文本中。宏觀而論，它們互證互補，呈現疾病如何將現代社會切割爲「正常」與「不正常」的人。[2]

近二十多年來，失能研究跨越學科、文化與語言的疆界蓬勃發展，爲醫療文學研究打開了寬廣的地平線。就批判理論的發展而言，有鑑於失能研究學者對各文化之中能者中心主義的針砭，並分別以悲劇模式、醫學模式、社會模式析論失能的意義，今時今日的我們得以比從前清晰無數倍地看到醫療文學中有血有肉，有悲有喜，四季流轉

---

[1] 關於近年敘事醫學（narrative medicine）如何透過這兩類書寫積極提升醫學專業人員的養成教育，Charon（2006）堪爲當前最具影響力的文獻之一。

[2] 值得一提的是，近年有越來越多的醫生和學者超越自己原有的專業角色，在自己或家人朋友罹病之後，以病人、照顧者、和對某疾病無甚所知的「半常民」立場書寫疾病所造成的影響。近三年內最著名的例子包括 Gubar（2012）和 Sacks（2015）等。

的人生。[3] 其實，失能者所經歷的萬千艱難，莫不由從天而降的疾病開始。能者中心的主流文化習慣將失能者與病者想像為不幸的零餘者；在醫療體系之中，失能者與病者的意義便是他們與常人不同的身體，他們無法如常人所執行的身體功能；在社會日常生活中，由於失能者與病者不被認為是各項公共基礎建設的主要使用者，所以他們的需求通常不被納入建設主導者的考慮之中。然而，在面對社會與醫學體系中，失能者與病者的立足點仍有不可忽視的差異。誠如失能研究學者透過批判社會模式所指出的：失能者受苦的根源未必（只）是他們不理想的身體功能，更重要的常是我們麻木不仁、偽善無能的社會。[4] 相比之下，許多病者能夠混身進入（pass）社會，因此不若廣大失能者那樣日復一日地因社會的粗暴和健忘受到痛苦，然而病者的根本困境在於他們無法脫離自己作為醫療治理系統當中的一個微小數字的卑微命運。當疾病成為他們的主宰符號，他們就不再被當做他們自己，有時也不被當作能夠思想與需要尊嚴的人。

　　這篇文章將借助當前失能研究的幾個核心論點，探討兩部以當代

---

[3] 關於能者主義社會如何習慣式地以悲劇模式（the tragic model）、醫學模式（the medial model）、社會模式（the social model）「定位」失能者的分析著作數量浩繁，代表性理論專書可參見 Davis（1995），Mitchell and Synder（2000），Garland-Thomson, Snyder and Brueggemann（eds.）（2002），McRuer（2006），Couser（2009）。粗略而言，悲劇模式指主流社會通常將失能者與病者視為悲劇的符號，而非真實生活的個人；醫學模式指主流社會時常將失能者與病者化約為他們的疾病，未由全人觀點對待已經身處弱勢的他們；社會模式則指主流社會通常將失能者與病者排除在基本設定的社會成員之外，使得他們與家人在病痛之外受到更多人為的痛苦。本文對此三大模式的中譯依循孫小玉（2014），在分析方法上亦深受該書啟發。

[4] 關於過去十年來失能研究學界重新連結社會模式與醫學模式（或者說，重新省思失能平權運動與其他平權運動在生命政治網絡中的差異）的討論，可以參考 Shakespeare（2004）與 Barnes and Mercer（2004）。

香港女性乳癌患者為核心的作品，初步思考這兩個癌症敘述在當代華語文化社群的意義。[5] 無可諱言，本文的寫作動力部分來自於作者曾在 28 歲得到肺癌，從此成為一個病者的經驗。當時，一生從未吸煙的我，因為久久不癒的小感冒發現了左肺的惡性腫瘤；那時我倚靠獎學金在美國求學，確診後，無奈休學，回到臺灣進行一年的治療。肺腺癌是一種難纏的病，當今醫學對其瞭解有限，加上它沒有明顯癥狀，不易早期發現，所以存活率一向很低。我在臺灣和加州都參加了肺癌病友的支持團體，但是因為病魔兇險，多數病友與我們在一起的時間有限。新的成員一直進來，舊的成員一直離開，速度快得令人心酸。當年我受到前輩病友們的鼓舞，一步步走回原來的軌道求學就業，如今，我倖存的年份也鼓勵著惶惑孤單的新病友們。[6] 作為一個文學研究者，我從此便一直持續關注主流文化癌症想像。我們這個時代，到處都有罹患癌症的人，然而大眾在心態上迴避癌症的方式千奇百怪，透露出混亂的恐懼心理。究竟通俗媒體如何挪用醫學話語，將罹患癌症的人框限為在身體上有問題的社會少數，從而提供大眾點點滴滴虛幻的安全感？在那些繪聲繪影的暴露裡，得到癌症這件事，究竟被描寫成什麼呢？它是上天的懲罰嗎，還是錯誤生活的累積呢，為什麼許多當今醫學還無法解釋的病理機轉，在大眾傳媒和民間信仰中好像已有了確鑿的定論？

這篇文章希望透過兩篇不落俗套的乳癌敘述，思考患病者視野超越自身框架，積極介入社會的文化實踐。這兩篇作品都是透過病者視

---

[5] 在二十世紀的西方社會，乳癌敘述與各地女性主義運動一直有密不可分的關係。雖然本文關注的焦點在於癌症作為一種不治之症的再現政治，而非癌症的性別化政治，有興趣考察歐美地區相關學術討論的讀者可以參閱 Davis（2007）。

[6] 關於近年臺灣的青年癌友如何透過網路尋找病友、建立支持性的社群，請參見林怡秀、蔡美慧（2015）。

野所作的敘述。一方面，它們與近代各波平權運動的個人化敘事一樣，述說「患病者也是人」這個簡單無比卻不被尊重的事實。另一方面，它們對於其他觀點的乳癌敘述和知識生產，也作出引人深思的回應。它們檢視悲劇模式、醫學模式、社會模式底下「乳癌」的意義，透過自嘲與對他者的戲謔，揭露大眾所想像的癌症從來不只是一種疾病而已。整體而言，《哀悼乳房》動人地呈現了癌症患者有時記得、有時忘記癌症的平凡生活，《天生一對》則講述女主角在患病之後與資本主義社會種種主流價值所（被迫與自願）拉開的距離。這兩部作品回視這個不願或不敢看到癌症的社會，說出大眾關於疾病的幻想與盲點。

我們之中的「他們」：《哀悼乳房》對乳癌的文化位置考察

在當代醫學對各種癌症完成解盲之前，收到癌症入場券的人，都沒有辦法自由離場，但是儘管病者的人生因癌症永遠地改變了，病者的人生要對付的不只是癌症，還有數之不盡的生活考驗。其中一個考驗就來自身旁人們對癌症的恐懼；患病已經是不幸的事，更令人灰心的是發現自己只能在他人害怕與憐憫的眼光中孤軍作戰。《哀悼乳房》的書名予人錯覺，彷彿它是一本充滿敘述者自傷自憐的書，但是，任何人只要打開第一頁閱讀第一行，就能立刻發現這本書完全是一本試圖透過奇趣與思辨，解構大眾對乳癌與疾病誌的刻板印象的作品：

> 尊貴的讀者，打開這本書的時候，你是站在書店裡嗎？今天你到書店來，想瞄瞄有什麼合自己心意的書吧。你見到了《哀悼乳房》，咦，是本講什麼的書？左右沒有什麼人，你隨手拿起書來。芸芸書本中，你竟然翻起《哀悼乳房》，是「乳房」這兩個

字吸引了你，而表面上你又有點抗拒？關於乳房，此刻你的腦子裡想起些什麼？

這是一本有關乳房，以乳房作為主題的書，但內容可能與你心目中聯念、臆測的不同。三十多個月之前，一個晴麗的夏日，當敘事者快快樂樂地游泳後，站在泳場浴室淋浴，發現自己的乳房上長出了小小的硬塊，不過如花生米大小的硬塊罷了，不久就驗定是乳癌。書本所說的，是失去乳房的事，沒有哀豔離奇角色與情節，如果這不是你想找的書，還是繼續你探索的旅程吧，並祝你幸運。不過，我還不打算失去你這位讀者，你何妨也買一本《哀悼乳房》，因為它和你的關係，在許多方面來說，其實相當密切。你是一位女子麼？今年貴庚？請原諒我的冒昧。且不管你的年齡，既然你能閱讀上述的文字，那就是說，你已足以身陷發現乳癌的處境。可以這樣說吧，你和書裡的敘事者一樣，在這個世界上活得自由愉快，有許多事想做、等著做，對前途充滿憧憬，但並不覺察一個小小的異類正在體內聚結成形，想喧賓奪主，要把我們吞噬，那就是癌魔了。（1-2）

這本書以私人經驗為起點，但是它勘察分析的卻是一整個對疾病——特別是對於像癌症這樣的不治之症——視而不見的社會。與其說這本書為乳癌手術所割除的乳房而哀悼，不如說它積極告別華人社會對乳房與乳癌的壓抑情結。作者如此解釋了這本書希望在當代華語文化所實踐的「哀悼」的積極意義：

中國人從來就是一個諱疾忌醫的民族，總把疾病，尤其是這種病，隱瞞起來，當成一種禁忌，到頭來，有病的不單是肉體，還是靈魂。精神病的醫師治病的方法是把病者無意識的心結轉化為意識，然後面對它、化解它。作者把疾病公開描畫，不敢說是打

> 破禁忌，卻不失為個人自救的努力。所謂「哀悼」，其實含有往者不諫，來者可追，而期望重生的意思。（4）

這本書出版於 1992 年，源起於作者西西自己在 1989 年後所做的乳癌手術與放射線治療，以當時的香港作為背景。彼時作者已由教職退休，從事寫作與文學翻譯多年，無意間發現乳房的惡性腫塊，乃至一間聲譽卓著的私家醫院切除全乳，後因花費考量，轉到公立醫院進行放療與定期追蹤。書中描寫了手術與治療的場景，醫院的空間配置，這段期間內作者在與親友、病友、醫護人員、和陌生人的互動，她一生鍾愛的文學和電影如何對她開啓了新的意義之門，以她如何在畢生居住的香港走進全新的文化通道。一場大病，並沒有奪走她對生命的熱愛，反而還為她開啓了一個重新觀照九零年代香港的契機。

《哀悼乳房》是一本有意識地要與無病大眾對話的書。如上段引文所呈現，作者從一開始就主動介入讀者面對乳癌的否認心理（denial）。社會大眾多半認為自己與「乳癌」這個可怕的疾病有一定的距離，但是事實上，那個距離可能沒有想像中遠，或者那樣固定。只要身為女性，無論年紀長幼，都有患病的可能。每一個人的祖母、母親、姊妹、朋友、同事，都在危險陰影的籠罩下。男讀者可能以為乳癌與自己毫不相干，但是事實並非如此：「乳癌一如太陽，既臨照女性，也臨照男性；而且一旦發現，還相對的要嚴重些。[……]如果你的另一半患了乳癌，你將怎樣呢？你的態度表現了你個人的情操、水平。」（iii）此外，作者深知，大眾面對乳癌，除了出於自我防禦的否認心理之外，最主要是覺得既然當時當下事不關己，沒有多少耐心去理解它。有鑑於此，在各個篇章的結尾，作者都對無病讀者提出了友善的（省時省力）閱讀指引，她呼籲讀者不妨忽略書中的細節描寫和主觀感受，直接把書翻到特定章節查找感興趣的資訊即可。例如在〈可能的事〉這一章，作者用一首喜劇口吻的詩列出幾十種專業與非專業人士所主張的致癌原因，由於其中許多原因針對女性生理

狀況而論，所以在該章最後，作者便對讀者直言：「如果你並非女性，想知道一點關於男子乳腺癌的事，請翻閱二○七頁看〈鬢眉〉」（31）。又例如〈血滴子〉這一章，作者在其中敘述了自己在乳房割除手術之後的復原過程，描寫了她稱之為血滴子的傷口引流管，病房中的人生百態，以及病中讀書遐想，至此，作者料想到有相當數量的讀者可能只對治療的事實感興趣，對病者的主觀感覺則沒有太大興趣，於是她在該章尾聲對讀者說：「你只想知道治療乳腺癌的事，那麼別浪費時間，跳到一一五頁去看《黛莫式酚》。」（50）從這些指引，作者對人情的洞察不言可喻。其中，特別有意思的是，作者雖然身為病者，卻認為沒有必要強求無病大眾完整聆聽她的私人感受，反而用相當寬鬆的方式鼓勵讀者揀擇自己讀下去的部分閱讀即可，鼓勵讀者藉著在自己所選的段落拓展自己對病者人生的視野。

蘇珊桑塔（Susan Sontag）在《疾病的隱喻》（ Illness as Metaphor）中梳理了當代西方社會對癌症的污名化過程，指出污名是對癌症患者在患病之外的二度傷害，甚至傷害之深不亞於疾病本身。西西的《哀悼乳房》亦有相同論點，只是作者選擇用舉重若輕的敘述方式，道出這其中荒謬的暴力。亞洲的通俗電視劇裡，時常有角色突然得到癌症，然後匆匆撒手人寰。在那樣的想像裡，得到癌症的角色只能全然被動地等待神秘不可違抗的天意處分，宛若俎上魚肉。觀眾作為絕症的旁觀者，思忖這樣的天意究竟實現了某種賞善罰惡的正義，還是像舊約約伯記裡那樣深奧難解，彰顯天地以萬物為芻狗的絕對權力。作為絕症的旁觀者，觀眾一面解釋天意，一面確認了自己作為倖存者的身分。換言之，華人文化向來諱疾忌醫，但是電影裡面的癌症通俗劇俯拾即是，這些煽情故事使得人們一方面暫時滿足對它的臆想，一方面安全逃脫了至今對它束手無策的焦慮。在《哀悼乳房》當中，作者在養病期間看了大量的電視劇，目的在於打發時間，只是她很快就發現，電視劇曝露的是社會集體的愚昧症：

昨天晚上的電視片集，又有一個角色患上癌症死去了，這是讓角
色消逝最容易的方法，既不必演怎麼病，也不必仔細描述，只說
發現了癌，不久就失蹤了事。這次的電視病人角色，是女主角的
母親，片集要讓女主角孤零一人，悲劇叢生，就讓那婦人癌掉。
其實這已經不錯，因為那婦人是善良、慈祥的長者，許多片集裡
的患癌角色，竟是大毒梟、十惡不赦的奸雄，讓他們生癌，彷彿
是冥冥中的報應。生病這樣的事，竟和風水、因果什麼的扯上關
係，得病已經很不幸，還得接受這種精神上的歧視，令人啼笑皆
非。（81）

大眾習於將癌症抽象化，以此保護自己無法改變現實的脆弱心理，而
這個習慣的結果是它使得癌症成為失敗的同義詞，使得得到癌症的人
彷彿是不證自明的失敗者。

你患上癌症，彷彿有罪，你且聽聽，交通阻塞，人們說：這是道
路的癌症。學生不好好讀書，母語教學得不到廣大市民的支持，
人們說：這是教育的癌症。還有社會的癌症，國家的癌症，一切
的難題，不能解決的事、麻煩、憂慮、愁苦、困境，全部一下子
都叫做癌症，而真正患上癌症的人，就悄悄保守自己的秘密，以
免千夫所指。（47）

對弱者投石，向來是人性卑怯的註腳，但是這種結構生長在社會之
中，便造成了大眾對病者的集體霸凌，對病者的徹底拋棄。為什麼患
上癌症的人得背負千夫所指宿命呢，事實證明，明天患上癌症的可以
是任何一個今天指謫病者的無病人。從失能研究的角度閱讀，這是
《哀悼乳房》對悲劇模式的解構。

最後，我認為這部作品一個值得思考的特點，是它對醫病關係細

膩且積極的刻畫。許多疾病誌因為病者本位主義的緣故，對醫生護士的描寫失之於片面，或者有評論多過呈現的現象。西西在這本書裡寫到的醫生、護理人員、技師和醫學院學生有各式各樣的形象，使讀者能夠理解到，這些專業人士，無非也是巨大醫療勞動系統當中的真實的人。譬如，當時香港仍為英國殖民地，外國醫生不在少數，他們來到這異文化的小島勤力工作，為小島上各種膚色、各種口音的人診病治病，度過他們的大半生：

> 門上清楚寫著部門，以及醫生的名字。外國醫生則中英文名字並列，名字都譯得活潑快樂，彷彿政府公告甚麼時候該換領身分證的樣板人物，他們的名字是甚麼程錦繡、常青春……。許多人在我們面前走過，一位外國老先生挽著皮包緩緩走來，炭灰的斜紋褲，暗紅條紋的厚棉襯衫，一頭白髮，我還以為他是位畫家。經過長廊的時候，他向我們點頭，用中國話對我們道早安。他打開門進入自己的房間去工作，門並沒有關上，留下一條縫，只見燈光亮了，他就坐在背對我們的旋轉椅上，檢看 X 光片。不知道誰的病況出現在照片上。這醫生年紀這麼老，活得健康，又能把所學的知識運用，令我非常羨慕。（149–50）

如果說上面這段話把醫生從抽象權威的化身還原為一個活生生的、有鮮明形象的專業勞動者，下面這段話更透露，作者透過反思自己作為一個譯者的能與不能，對醫生的能與不能作出相對公允的常民式理解。

> 生了腫瘤，皮囊不斷發出救警號，連我的醫生也沒有收到，我則完全不懂解讀，對於自己的皮囊，我是「語盲」。在學校求學，除了本國的語文，我們還常常兼學外語，這使我們不會成為「單

語文盲」；從學校出來，許多人會再專學更多的外語，不外想和更廣闊的世界溝通，明白別人的意思；明白別人，同時也幫助我們認識自己。然而，除了醫生，誰懂得皮囊語言？[……]書本裡從來就沒有一個既定而垂之永久的「絕對精神」[……]，至於皮囊語言的譯家，自然是以生物學家、醫生為專業，也許就因此顯得科學些、客觀些吧。可是從整個人類的發展來看，則也是由於經驗和風尚等等不同，而有了歧異的釋讀。我們是在長期不斷的誤讀和重譯裡獲益。我是否可以說，現在或者將來也不可能有唯一、絕對的譯本呢？（302-03）

綜觀全書，作者手不離書的身影，活潑豐沛的思考能量，毋寧為醫療文學中的病者形象增加了重要的新的一頁。患病之後的她，在重讀西方文學經典的時候，發現許多過去沒有留心的細節，發現我們從小被訓練要成為耳聰目明的人，但是我們對於身邊的人或早或晚要遭逢的疾病沒有應對能力，對於自己分分秒秒使用的身體亦所知甚少。[7]科學家和醫生具備專業知識，比我們一般人懂得判讀身體的語言，但是人類知識有時而盡，到今天，仍有太多身體語彙沒有被解讀出來；面對癌症，科學家和醫生能做出比一般人更有知識基礎的猜測，但是它的本質仍然是一種傳譯。面對自我的無知，並且面對既有知識的邊界，大概就是這本書所推動的一種重新訪思身體與疾病的知識革命吧！

---

[7] 陳麗芬曾經指出，西西作品中的廣博的知識與個人化的挪用，成就了一種超越一般性別想像的女性文學，其中《哀悼乳房》與眾多東西方巨著的對話，更十足證明了西西跨越多重疆界的創作能量。

從失去中獲得？失去什麼，獲得什麼？什麼是失去，什麼是獲得？：《天生一對》的反／能者主義敘述

　　失能者和病者的人生與任何人的人生一樣有酸甜苦辣，悲歡離合，但是主流社會一直以來把他們形塑成謎樣的他者，且其手法在過去三十年來有一個顯著的變化。過去，主流社會習於使用悲劇模式觀看失能者和病者，使他們從有血有肉有思想有聲音的個人被粗暴地簡化為一個又一個悲情的符號。近來，各地的殘病故事如雨後春筍般冒現，主流社會將他們形塑為生命的勇者，甚至藉著強調他們的不幸和堅毅，「提醒」中產讀者珍惜自己（四肢健全，無病無痛，衣食無憂，有夫有子有財產有傭人等等在物質上無所匱乏）的「幸福」。其中許多例子，就是近年許多失能研究學者戮力批判的「勵志雞湯」（inspiration porn）。如眾多學者所指出，雖然它們在全球市場廣受歡迎，表面上也使得大眾接觸到眾多失能者與病者的故事，但是因為它們通常明顯地物化失能者與病者，並且先入為主地認定失能者與病者遠遠不如自己，它所踐履的再現政治通常不能拓展大眾對癌症患者的理解，反而有強化迷思，變本加厲地將殘病者他者化（othering）的作用。[8] 此外，長年研究失能研究與生命書寫的美國學者湯瑪斯考瑟（G. Thomas Couser）更進一步指出，由於關於失能者和病者的人生故事通常相當沈重，使讀者容易恐慌地想像自己或家人有朝一日陷入該類處境的人生，所以大多數人偏好那些幽默樂觀，或者有圓滿結局的故事，讓他們自己至少在想像上遠離對疾病與失能的恐懼。考瑟

---

[8] 過去十年內，歐美社運界與學術界對於勵志文學消費失能者與病者的現象提出激烈的批判，相關出版品極多，其中影響力最大的包括 Linton（2005），McBryde Johnson（2005），Rousso（2005）。臺灣學界的相關論著可參閱紀大偉（2013）與劉人鵬（2014）。

把這個現象稱之爲「喜劇強迫症」（the tyranny of the comic plot）。他明白指出，由於無病大眾這種嗜喜不嗜憂的閱讀胃口，當代能夠被出版、被翻譯、被廣泛流傳頌讚的殘病故事，通常必須符合上述標準才有機會通過出版社編輯的揀擇，而正因如此，那些因爲深陷病體困境而無法幽默的個人，無藥可救甚至每況愈下的疾病，黑暗多過光明的敘述，往往被關在出版商的大門外。長此以往，「結果是，市面上流通的殘病敘述時常扭曲了一般失能者和病者的真實經驗。」（"The result is that, overall, published accounts misrepresent the general experience of illness and disability."）（Couser, 2015: 132）

2006 年，自稱改編自西西《哀悼乳房》的愛情喜劇片《天生一對》在港臺上映，描述一個職場女強人雖然罹患早期乳癌，但是因爲勇於面對，最後得以順利重返原有的工作與生活的故事。[9] 它與原著情節的差異甚大，各項設定貼近九七之後的香港，我們在多大程度上可以把它視爲一部符應大眾口味的勵志雞湯型作品？這部電影由羅永昌執導，杜琪峰監製，楊千嬅及任賢齊主演。劇情講述廣告公司創作總監梁冰傲（楊千嬅飾）在酒吧邂逅心理醫生 V 仔（任賢齊飾），兩人當晚纏綿之際，V 仔意外發現梁乳房有硬塊，促其儘速就醫檢查，結果不幸證實梁患有早期乳癌。梁當時事業有成，得知罹癌後深受打擊，對是否進行手術切除癌組織猶豫不決，而 V 仔竟對她展開熱烈追求，並透露自己自從發現梁的乳房硬塊後，便成了一個性無能的男人。此時，梁消失多時的舊情人再度與她聯繫。兩人久別重逢，舊情人坐輪椅前來，表示多年前因爲意外遭逢嚴重車禍，從此不良於行，由於自慚形穢，遂片面與梁斷絕聯絡。如今他心境已轉，希望兩

---

9 該片導演在訪談中表示，全片劇本是在電影公司買下該書電影版權後才開始發展，至於改戲名則因爲戲 的内 容本身已經講述一個有關癌症的故事，不想再配上《哀悼乳房》這個名，給觀眾感覺會更灰或沉重，所以才作這個決定。」（動映地帶，2006）

人能破鏡重圓，一同前往四川深山向一名隱居的大師求醫。梁因深戀舊愛，毅然決心放下工作，一齊尋求神醫的治療，不料 V 仔出現，揭穿其舊愛爲財爲色策劃整場騙局。東窗事發之際，梁眼見舊情人倉皇站起，與其黨羽拔腿狂奔，被警察拘捕後亦毫無愧色，指一切協定你情我願，無涉脅迫詐騙。梁幡然醒悟，一面安排自己入院手術治療事宜，一面回到任職的部門，準備在治療結束之後，重新投入工作。她一改自己先前爲追求業績不顧健康和生活的風格，從此成爲一個關懷部屬的主管，而與 V 仔的感情，也在手術順利完成後穩定發展。

作爲一部商業娛樂片，《天生一對》在架構上明顯對主流邏輯多所依循：製作團隊似乎很清楚，要吸引觀眾掏錢來看這部電影，必須令他們感到故事有趣，並且在意識上不必受到太強烈的衝擊。因此，首先，雖然這個故事在名義上以乳癌爲主題，但是全片根本沒有呈現女主角因病受苦的情況。因爲女主角在故事接近尾聲才下定決心進行手術，整部影片眞正呈現癌症經驗的部分，僅有她面帶微笑，被推入開刀房，並且神情鎮定地與麻醉師確認身分這段短暫的畫面。影片暗示手術順利完成，男主角不離不棄地捧著一大串鮮花在外等待。一切都是那麼光明美好，這場病也只是女主角生命中短暫的危機。觀眾不必知道她具體的病況，不用看到她胸前可怕的疤痕，不用瞭解她在手術後帶著引流管慢慢復健手臂的過程，更不用看到任何接受放療或化療的癌患的畫面。彈指之間，電影裡面關於癌症的危機，就被優雅迅速地關閉了。除此之外，這部電影除了觸及乳癌這個疾病，還用誇張爆笑的手法呈現（男主角的）性無能、（男主角病人的）憂鬱症、（女主角舊情人）假扮的下肢癱瘓等眾多身心功能障礙，彷彿顯示現代人身上可能出現五花八門各式各樣的痼疾，人人都有病。但是事實上，不同的疾病，對病者的生命產生不同的剝奪，這些剝奪可以輕微，也可以摧折病者的意志。疾病時常成爲笑話的材料，但是這類笑話，對於生活在那些疾病裡並逃離不了的人來說，就是一種張揚的特

權。最後，電影裡面對於乳房高度性化的渲染，亦癥顯了加拿大籍疾病書寫研究學者錫高（Judy Segal）所觀察到近年大眾頻繁使用性化語彙描述醫學狀態（the sexualization of the medical）的現象：近三十年來，人們越來越習慣以性作為健康人生與不健康人生的判別標準，並進而以此作為評量各疾病誌當中病者生活品質的準繩，也就是說，某些癌症病者被認為比其他病者幸運或不幸的原因，時常與大眾對他們性生活的臆測相互呼應（Segal, 2012）。女主角得到乳癌，因為被認為失去了對男人的性吸引力，立刻「貶值」成地位低落的女人；與她配對的兩個男性，都是在象徵意義上被部分「閹割」的男人，一個不良於行，一個莫名其妙得到性功能障礙，都被暗示為無（法享受）性的「非正常人」。故事最後暗示女主角後來與 V 仔結婚生女，並且在多年之後，由女主角坦然帶著已是少女的女兒去購買內衣。女兒的出生，代表兩人後來有理想的性生活，象徵女主角由癌患成功回復到「正常」女性的身分，男主角亦回復為「正常」男性。從主流社會的觀點來看，宣告疾病威脅已然遠離的並非醫療證據，而是兩人達成繁殖任務的性。

儘管如此，這部電影仍然有幾點值得肯定的貢獻：在其中某些片段，它讓觀眾暫時離開悲劇模式和勵志雞湯模式的視野，不僅面對癌症病者有悲有喜的真實人生，也面對人們談論癌症時從來不只是談論癌症的事實。女主角被舊情人騙得團團轉的段落，揭露這部電影與坊間許多歌頌病者楷模的敘述有一個重要的區別：這部電影的目的不在於講述一個成功的病患故事，而在講述一個不抽象的病患故事。承上段分析，雖然我認為這部電影從頭到尾沒有具體呈現癌症手術及後續治療的畫面，但是片中對於女主角因為畏懼西醫而動念尋求另類療法的橋段，其實相當鮮明地刻畫了當今華人社群眾多癌患的彷徨心情。她之所以輕信舊情人所提出的計畫，除了痴情使然，也因她認為自己與舊情人同樣是西醫沒有把握治好的病患，她想像兩人處境相當，又

能夠互相扶持，乃決定放手一搏。一個人身體生了病，並不表示腦力一定會變好或者變差，但是作爲病人必然是孤獨的，他需要尋找理解的同伴。其實，片中女主角有許多性格上的缺點，突然生了這一場病，她仔細審思自己的人生並做出改變，但是電影顯然無意把這場病形容成任何珍貴的恩典。女主角在被確診之後，她見到好友們感到震驚難過，卻又不知道能說什麼話表達支持，反而主動出言安慰他們。因爲華人社會長期以來對至今無法根治的癌症採取視而不見、壓抑迴避的態度，好友們的尷尬失語，其實顯現她們發覺自己平常使用那些的談論癌症的方式對病者是多麼膚淺與粗暴。電影讓女主角歷此一劫，最後安然倖存，她完全並沒有被形塑成一個在任何地方特別了不起的人（譬如展現崇高情操或者締造超凡成就），而只是一個再普通不過的平凡人。在這個雞湯當道的年代，這部電影能夠讓癌症與癌患以平凡的面目現身，抵抗疾病寓言化的誘惑，應該已經是一份卓爾不群的堅持。

結論

本文以近年歐美失能研究學界對疾病誌的分析方法爲起點，閱讀1992 年香港作家西西記敘個人乳癌治療經驗的《哀悼乳房》與 2006年香港導演羅永昌執導的喜劇電影《天生一對》，希望以此初步省思當代華人社會想像乳癌的方式，並勾勒這兩部作品對主流文化的批判與干擾策略。大致而言，本文認爲《哀悼乳房》有意識地積極挑戰華人社會向來諱疾忌醫的習慣，採用記敘與論說夾雜的篇章，一步步詰問大眾歷來以悲劇模式抽象化癌症與癌症病人的習慣，同時亦試圖將通常代表醫學體制權威的專業醫護人員再現爲醫療勞動者，以此在實踐社會批判之時避免政治性切割凌駕一切關係的危險傾向。《天生一對》出現在二十一世紀初高度全球化的香港，雖然它作爲商業娛樂電

影，必須在架構上順從主流文化的邏輯，因此時常顯現物化（甚至醜化）癌症與癌症病人的思維，但是它仍然包藏了啓發觀眾跨越迷思、務實思考的種子，故而清楚別於近年廣受市場歡迎，卻遭到眾多學者批判解構的勵志樣版，有其時空價值。

西西（1992）《哀悼乳房》。臺北：洪範。

林怡秀、蔡美慧（2015）〈「為甚麼會是我？我才 27 歲！」——癌症網路病友團體自介貼文中「年齡雙重揭露」意義之探討〉，《科技、醫療與社會》，20: 129–180。

紀大偉（2013）〈情感的輔具：弱勢，勵志，身心障礙敘事〉，《文化研究》，15: 45–74。

孫小玉（2014）《失能研究與生命書寫：失能女性之性／別、身體／政治、與詩／美學》。高雄：國立中山大學。

動映地帶（2006）〈香港著名電影導演羅永昌獨家專訪〉，[online] 2015/8/31。Available: http://www.cinespot.com/cinterviews14.html

陳麗芬（2000）〈天真本色——從西西《哀悼乳房》看一種女性文體〉，陳麗芬著《現代文學與文化想像——從臺灣到香港》，105–20。臺北：書林。

劉人鵬（2014）〈沒有眼睛可以跳舞嗎？——污名、差異與健全主義〉，劉人鵬、宋玉雯、蔡孟哲、鄭聖勳編《抱殘守缺：21 世紀殘障研究讀本》，9–28。臺北：蜃樓。

羅永昌導演（2006）《天生一對》。香港：寰亞電影有限公司。

Barnes, Colin, and Geof Mercer (eds.) (2004) *Implementing the Social Model of Disability: Theory and Research*. Leeds: The Disability Press.

Charon, Rita (2006) *Narrative Medicine: Honoring the Stories of Illness*. New York: Oxford UP.

Couser, G. Thomas (2015) Medical Humanities and Illness Narratives. In Jay Ellis (ed). *American Creative Nonfiction* (pp. 124–38). New Jersey: Salem Press.

Couser, G. Thomas (2009) *Signifying Bodies: Disability in Contemporary*

Life Writing. Ann Arbor: U of Michigan P.

Davis, Kathy（2007）*The Making of Our Bodies, Ourselves: How Feminism Travels across Borders*. Durham: Duke University Press.

Davis, Lennard J.（1995）*Enforcing Normalcy: Disability, Deafness, and the Body*. London: Verso.

Garland-Thomson, Rosemarie, Sharon Snyder and Brenda Brueggemann（eds.）（2002）*Disability Studies: Enabling the Humanities*. New York: Modern Language Association Press.

Gubar, Susan（2012）*Memoir of a Debulked Woman: Surviving Ovarian Cancer*. New York: W.W. Norton and Company.

Linton, Simi（2005）*My Body Politic*. Ann Arbor: U of Michigan P.

Lorde, Andre（1997）*The Cancer Journals*. San Francisco: Aunt Lute Books.

McBryde Johnson, Harriet（2005）*Too Late to Die Young: Nearly True Tales from a Life*. New York: Holt.

McRuer, Robert（2006）*Crip Theory: Cultural Signs of Queerness and Disability*. New York: New York University Press.

Mitchell, David, and Sharon L. Snyder（2000）*Narrative Prosthesis: Disability and the Dependencies of Discourse*. Ann Arbor: University of Michigan P.

Rousso, Harilyn（2005）*Don't Call Me Inspirational: A Disabled Feminist Talks Back*. Philadephia: Temple UP.

Sacks, Oliver（2015）*On the Move*. London and New York: Knopf.

Segal, Judy（2012）The Sexualization of the Medical. *Journal of Sex Research*, 49（4）: 369-78.

Shakespeare, Tom（2004）Social models of disability and other life strategies. *Scandinavian Journal of Disability Research*, 6（1）: 8-21.

Snyder, Sharon L., and David T. Mitchell（2001）Re-engaging the Body: Disability Studies and the Resistance to Embodiment. *Public Culture*, 13（3）: 367-89.

Sontag, Susan（1978）*Illness as Metaphor*. New York: Farrar, Straus & Giroux.

Tremain, Shelley（2010）*Foucault and the Government of Disability*. Ann Arbor: University of Michigan Press.

2

邊緣主體與性別翻轉政治

在女性陽剛之外：
「中性女孩」的流行文化再現與性別政治

胡郁盈

　　自 1990 年代以來，性別展演傾向陽剛特質的女性形象始終持續不間斷的在臺灣流行文化中佔有一席之地，而「中性」時常是主流媒體用來描繪這些獨特性別實踐的語言。從早期的潘美辰、林良樂，到近年來的張芸京、李宇春，我們可以發現，雖然女性的「中性」特質無法動搖或取代流行文化中強調甜美或性感的正典女性形象，卻常以異軍突起之姿，獲得主流媒體與消費觀眾的關注。文化人類學者趙彥寧（1996）曾經在他針對臺灣女同志 T 婆次文化的研究中指出，在1990 年代，性別裝扮與生理性別相左的陽剛女同志時常囿於保守的社會風氣而無法在日常生活中展演陽剛，只能在女同志酒吧等「圈內」的半公開場域才得以打造外顯陽剛氣質，實踐陽剛性別認同。而在今日，即便同志與跨性別運動蓬勃發展，跨越性別二元界限的性別認同與實踐仍然承受相當程度的社會污名與排除。在這個前提之下，女性的「中性」形象在當代臺灣流行文化中獲得的公眾能見度成為一個有趣的文化現象：是什麼因素構成並支持了臺灣主流流行文化對於女性陽剛展演持續的興趣？「中性女孩」的概念如何解釋了主流文化對於女性陽剛展演的理解與想像？

　　本文的討論聚焦在臺灣流行文化中「中性」女性形象的再現模式

與文化意義，藉由爬梳酷兒學者對於主流媒體能見度如何收編與鈍化邊緣性別主體潛在顛覆力量的質疑與憂慮，本文將論述女性「中性」性別實踐的顛覆性與異性戀文化霸權收編之間的張力。爲了呈現女性中性性別展演由主流流行文化製品折射出的性別形象與文化意涵，本文以主流媒體報導與熱門綜藝節目對於中性女性的敘事邏輯爲主要分析對象。藉此，本文指出在臺灣極度流行的日韓花美男形象，T婆女同志次文化，以及日益蓬勃發展的進步女性主義思維如何交織共構了「中性女孩」的流行文化想像。本文同時論述資本主義邏輯與異性戀霸權思維如何藉此「主流化」了中性文化再現，並商品化女性陽剛特質，以削弱酷兒顛覆性並安定性別二元區隔。然而，在這看似保守性別道德規範收編酷兒女性陽剛的主流化過程中，本文同時指出「中性女孩」藉由流行文化再現而獲得的（曖昧的）社會能見度與接受度同時呈現出「陽剛」與「陰柔」日益混雜與流動的定義，反映出性別二元邏輯在現今臺灣社會的重構，以及「正常」／「異常」以及「主流」／「邊緣」的性別身體之間的界線的重新界定。藉此，本文凸顯在性別少數主體由文化邊緣進入主流核心時，所發生的顛覆與收編並非彼此對立，而實爲一動態的交互辯證過程。

酷兒能見性與流行文化再現

自 1990 年代酷兒研究發展以來，性別展演與生理性別相異的身體實踐與主體認同，一直被視爲挑戰二元性別定義，顛覆異性戀霸權邏輯的重要象徵。在 *Gender Trouble* 一書中，Judith Butler（1990）提出著名的「性別操演」（gender performativity）理論，指出性（sex）與性別（gender）之間的二元連結並非先驗式（transcendental）的存在，而是在異性戀邏輯宰制的文化世界中，經由性別主體一而再，再而三的「操演」（perform）以及「引用」（cite）規範性的性別文化

腳本而形成；換言之，生理性別與性別認同與展演之間的連結，遠非一般想像的本質與自然，而是經由異性戀霸權體制不間斷的重複與加強的結果。在 Butler 的論證中，扮裝皇后（drag queen）與陽剛女同志（butch lesbian）等跨性別認同和展演的存在指出了異性戀霸權在操演真實時的縫隙：即便作為一個霸權體制，異性戀邏輯對於性別二元本質性的一再重製與鞏固並非牢不可破，在重覆的操演過程中，非預期的性別跨越認同與實踐同時出現，說明了二元性別的虛幻與建構性，也象徵了挑戰與顛覆這個霸權系統的潛力與可能。另一方面，Judith Halberstam（1998）在 *Female Masculinity* 一書中也論證性與性別之間二元連結的真實性與自然性事實上是透過性別跨越主體與認同實踐被概念化為一種邊緣化的他者形象而確立。在其對於多元女性陽剛主體的紀錄與分析中，Halberstam 不僅指出女性陽剛認同與實踐在不同歷史時代與文化脈絡中確切的社會存在與多元的文化意義，更論證這些女性陽剛主體在被視為邊緣，怪異，無足輕重的性別他者的同時，如何擾亂了陽剛氣質與男性身體之間理所當然的連結，並不可或缺的定義了由男性身體體現的霸權陽剛氣質其構成與規範性。

然而，這股思潮隨後受到了修正。相對於將性別跨越認同與實踐視為挑戰與顛覆異性戀霸權思維的絕對符碼，性別跨越主體與主流社會體制之間的糾纏與共構開始受到注意與討論。在 *Undoing Gender* 中，Bulter（2004）以間性人（intersex）與跨性別（transgender）主體為對象，重新省思了性別跨越主體的酷兒能動性與主流社會規範之間的關係。在間性人與跨性別運動中，抗議醫療權威與文化霸權中預設的二元性別規範如何將性別模糊主體貶低為一種需要被矯正的存在是其主要的倡議目標。因此，間性人與跨性別運動特別著重主體自我定義的自主性，強調主流社會體制需要認同性別模糊與性別跨越是一種合理的，不須改正的人類生存狀態，而非削足適履，將其硬塞進性別二元的小框框。在這樣的論述中，無法符合二元定義的性別身體不僅被視為對於性別二元霸權體制的挑戰，也拓展了對於人類可生存性別

狀態的社會想像，可說是上述 Butler 與 Halberstam 對於性別模糊與跨越主體能動性的強調的延伸。然而，藉由分析美國社會中對於跨性別與間性人主體的排除與歧視，Butler 更進一步指出，何謂「可生存的人類狀態」（livable human condition）事實上必須取決於社會對於人類（humanness）的定義，當主要的社會體制仍然被性別二元思維制約，對於性別模糊與性別跨越主體而言，如何在真實社會生活中打造可生存的（livable）的認同實踐在主體形構過程中比起挑戰與顛覆性別二元體制更為重要。另一方面，根據 Bulter 的性別操演理論，性別模糊與跨越主體對於性別認同實踐的打造也是在社會性別規範的前提之下產生的操演與選擇，因此透過自我定義而生的能動性也必須考慮異性戀性別文本的框架的制約與干預。Butler 這個討論指出了性別模糊與性別跨越主體認同與身體實踐如何無可避免的受到主流異性戀規範性思維的影響，而性別模糊與性別跨越主體所象徵的顛覆性也並非超然於異性戀霸權體制之外，兩者之間複雜的協商與競爭關係因而成為思考性別模糊與跨越主體認同能動性時的重要議題。

除了性別跨越認同實踐與異性戀社會規範制約之間糾葛的關係之外，酷兒學者的討論也著重在性別模糊與跨越主體的文化再現如何呈現出酷兒能見性（visibility）與主流體制收編之間的衝突與對抗。當代歐美同志運動與酷兒論述的核心目標之一是翻轉過去受到壓迫與貶低的語言與形象，讓非異性戀常規性別主體經由重新表意的符碼進入主流社會與文化視界而「被看見」，進而創造新的社會認知與文化空間。然而，就如同異性戀性別二元體制是性別模糊與跨越主體打造認同實踐時不可避免的前提，酷兒能見性的政治動能與運動效益也難以迴避主流社會價值的介入，在這個批判思潮中，資本主義體制對於酷兒能見性的影響與挪用特別是酷兒學者討論的中心。Robyn Wiegman（1995）在分析「黑人」（the black）與「婦女」（woman）如何成為特定的認同範疇（identity category）時即指出，美國認同政治的興起來自於「能見性」如何在現代性中被等同於「真理」（truth）的象

徵，因而黑人與婦女「可見的」身體特徵成爲論述種族與性別差異明確且「眞實」的符號。然而，Wiegman 同時也指出，現代社會中對於能見性的凸顯同時根基於現代資本主義尋找以及創造新興市場的強烈需求，可見的種族與性別身體差異在做爲發展認同政治的基礎的同時，也成爲資本主義區分消費群衆以求利益最大化的工具。除了 Wiegman 針對資本主義對於種族與性別可見性的挪用之外，Rosemary Hennessey（2000）也指出美國 LGBT 政治對於酷兒能見性的依賴與強調事實上與資本主義邏輯高度疊合，在資本主義制約的前提之下，翻轉酷兒語言與形象的負面社會印象，可說是一個將 LGBT 主體的「正面形象」作爲文化商品行銷的過程，而在主流文化再現中對於酷兒主體的高度商品化，也使得酷兒的「正面形象」成爲一種透過中產階級式的觀看與消費而創造出來的酷兒主體，不僅將酷兒能見性限縮在透過消費而實現的主體認同模式，遠離了原本的政治與社會改革意圖，並且忽視了 LGBT 社群中的階級差異，而使得中產階級的生活風格主宰了主流社會對於可見、正面的 LGBT 主體的想像，更進一步加深了非中產階級酷兒主體的社會歧視與邊緣化。

作爲一個明確的酷兒符號，性別模糊與性別跨越主體在流行文化中的再現模式也反映了酷兒能見性與主流社會價值規範之間的折衝。Halberstam（1998）分析女性陽剛主體在美國流行文化中的呈現時指出，所謂的「正面形象」的構成元素通常是主流社會價值預設的「正面」，例如白人的、中產的、守法的、婚姻的等等，因此，LGBT 社群在創造正面社會形象，並提升在社會能見性時，不可避免的必須援用主流價值對於正面的定義，使得酷兒能見性的建構與提升陷入服膺主流意識形態與彰顯邊緣酷異身體實踐的兩難，而主流流行文化中對於跨性別主體的再現更大多只是反映了主流資本主義與異性戀邏輯，而使得其邊緣與酷異特質在社會能見度提升的過程中反而更加隱形。因此，Halberstam 呼籲 LGBT 運動者與學者暫停對於翻轉負面特質與創造正面形象的追求，並且重新探討負面「刻板形象」的政治效益。

換句話說，在思考酷兒能見性可能的政治動能時，Halberstam 關心的並非正面的 LGBT 形象如何被創造，而是一般而言認爲負面的刻板印象如何被顚覆性的詮釋與理解。在 Halberstam（2005）後來對於跨性別電影 *Boys Don't Cry* 的分析評論中，他提出了「跨性別視角」（transgender look）的概念，強調對於酷兒次文化中酷異的跨性別身體實踐與形象的凸顯，並透過顚覆性的酷兒閱讀來重新書寫與定義主流文化製品高度依賴的性別二元架構。

經由以上的研究，可見大眾文化對於性別模糊／跨越主體的再現與論述方式，是主流意識形態鞏固霸權與邊緣性別主體突破封鎖的重要戰場。性別模糊與跨越主體的眞實存在固然體現了異性戀性別二元體制本質的虛構性，然而在主流社會文化中，性別模糊與跨越認同如何具體的被想像、被論述、以及被實踐，更展現出酷兒顚覆與主流收編兩股力量之間複雜的糾葛與辯證關係。在臺灣的學術脈絡中，不乏關注性別模糊與跨越主體認同形成的分析與討論，相關的研究包括由文化觀點論述性別模糊／跨越作爲一種性別與族群的次文化認同與實踐（趙彥寧，2001；林文玲，2012），以及由社會觀點探討性別模糊／跨越認同凸顯了現代性所強調自我打造的個體性（何春蕤，2003），以及對於性別模糊／跨越主體揮之不去的疾病與醫療想像（陳美華、蔡靜宜，2013）。這些研究關心的性別模糊／跨越主體相當多元，包括陽剛女同志、跨性別原住民、轉換生理性別的變性人、以及以變裝主體，展現了主體形塑與社會規範之間豐富多元的關係。與以上由主體認同實踐爲出發點的研究不同，本篇論文由流行文化再現的視角出發，探討近年來在主流媒體中受到高度關注的「中性女孩」形象如何展現了資本主義與異性戀二元性別架構收編並「正常化」性別模糊／跨越認同與展演，以創造消費市場，並穩固性別二元體制的運作模式；另一方面，在強調資本主義制約的同時，本文也意圖指出流行文化中的「中性女孩」形象也創造了挑戰與顚覆異性戀性別二元霸權的文化空間，並影響了眞實生活中的認同經驗與文化型

塑，藉此更細緻的爬梳在臺灣流行文化中酷兒正面形象的創造與刻板印象的重製之間的張力。

花美男、女同志、與少男系女孩：「中性女孩」的流行文化再現

在 2006 年與 2007 年由吳宗憲主持的「我猜我猜我猜猜猜」所製播的三集「少男系女孩」單元之後，性別展演傾向陽剛特質的青少女開始經常出現在熱門綜藝節目中，而節目主軸則通常環繞著他們與典型女性相異的性別認同實踐。顧名思義，「少男系女孩」指稱的是外表的性別特質與男孩相似的女孩們，被邀請上節目的女孩以網路上已經小有名氣的素人為主。這些單元明顯受到收視群眾高度的關注，除了高漲的收視率之外，在筆者近年來針對「中性女孩」進行田野研究時，許多受訪者也都提及當年「少男系女孩」在播出之後的大受歡迎，並督促我一定要去找出節目片段來看，也因此，我開始在網路上搜尋相關的流行綜藝節目單元作為研究資料。在「我猜我猜我猜猜猜」的「少男系女孩」之後，在 2009 年 11 月 15 日的「周日大精彩」節目，以「韓系人氣花美男」為主題，邀請在網路世界中以帥氣俊俏的中性外型而擁有廣大粉絲的小里醬作為節目嘉賓；2009 年 12 月 17 日的「國光幫幫忙」節目中以「決戰花美男」為主題，介紹一群以女性中性形象為號召的民間選秀比賽參賽者；在 2012 年 5 月 1 日和 2014 年 7 月 25 日的人氣綜藝節目「大學生了沒」也製播了兩集以外型陽剛的女大學生為主的「帥氣女大生」專輯。另外，除了流行綜藝節目之外，中性陽剛外型的女性也廣泛的出現在各式各樣的主流媒體報導之中，族繁不及備載，這個現象指出中性女孩的性別跨越展演與實踐已經成為臺灣流行文化的重要元素與凝視焦點。

在這些流行綜藝節目中，對於女孩們的中性與陽剛外型的理解與呈現通常集中在以下兩點：一、這些女孩的中性性別展演可能指涉了

他們的女女同性情慾認同；二、這些女孩的中性外型與近年來大肆流行的日韓花美男形象十分相似。在所有以中性女孩為主題的節目訪問內容中，一個共通的談話主題是這些女孩都曾因為其帥氣的外型而受到女性同儕的追求與示愛。有趣的是，相對於同性情慾在社會上的弱勢與邊緣位置，在節目中這些女孩們都大方地侃侃而談他們受到女生強烈追求的經驗，彷彿那是一段有趣而令人驕傲的人生經歷，而並沒有流露出任何拒斥或鄙夷的態度。而在這些討論中，女孩們的同性情慾又以兩種方式被呈現，其一是女孩們坦率的認可他們的女同志認同，在節目中大方的談論他們的「女朋友」，而這樣的呈現通常出現在較為近期的綜藝節目中，如 2012 與 2014 年「大學生了沒」製播的「帥氣女大生」單元。然而，除了大方出櫃的女孩們之外，大多數中性女孩的同性情慾則被塑造為一種模稜兩可，若有似無的存在。首先，他們與女性同儕之間的親密關係通常以「回憶」且「偶然」的形式來呈現，「在我國中的時候……」，「之前有一次……」是他們描述相關經驗的起手式；另外，這些過往的同性親密關係同時也被描繪為異性戀情感經驗的點綴或穿插，當這些中性女孩們討論被同性求愛的經驗的同時，「追我的人有女生也有男生」，以及「我現在有男朋友」等異性戀情感陳述關鍵的轉化了同性求愛的意義，觀眾藉此被隱約的暗示與告知，存在回憶中零散的同性親密關係只是成長的一個過程，而當下或持續的異性戀情感經驗才是這些中性女孩可能的真實認同。

在流行綜藝節目中對於中性女孩情感關係與性向認同的呈現方式同時點出了女性同性情慾在現今臺灣矛盾的文化意義與位置。Lee Edelman（1994）曾經指出，異性戀霸權社會的恐同情結時常反映在如何能夠辨識並且「看見」同性戀的文化焦慮，而將同性戀認同等同於可識別的身體特徵。而臺灣主流綜藝節目中對於中性女孩的同性情慾經驗與認同毫無例外的探詢，反映了生理女性的陽剛性別展演如何被集體的想像成女性同性情慾的文化標誌。當然，女性陽剛身體與同

性情慾的連結早已存在在臺灣 T 婆女同志的次文化之中（趙彥寧，1996），而如今主流綜藝節目中對於中性女孩情慾實踐的呈現方式則說明了這個連結在進入主流群眾的視野時所展現的複雜的性別意涵。一方面來說，流行綜藝節目對於中性女孩持久不衰的關注大大的提升了陽剛女性形象與女性同性情慾在主流文化中的能見度，而相關主題的不停製播也顯示了主流觀眾對非異性戀正典的女性酷兒身體形象與情慾認同的興趣與關注。然而，依循著上述酷兒學者對於酷兒能見性的批判思考，我們同時也必須追問中性女孩展現的是什麼樣的身體與情慾？而主流群眾看見且接受的又是什麼？Fran Martin（2010）在分析華人文化中對於女性同性情慾的再現模式時，精闢的指出將女性同性情慾的發生置放在過去，並襯托以異性戀的現在或未來，是華人世界長久以來對於女性同性情慾一致的想像與呈現方式，而如上所述，臺灣流行綜藝節目對於中性女孩的再現也顯現了相似的趨勢。在這樣的主流文化呈現中，中性女孩形象雖然提升了主流社會群眾對於女性陽剛身體實踐與同性情慾的認識與接受，然而，如上文所分析的，主流綜藝節目常態性的將中性女孩們的同性情慾以「回憶」且「偶然」的形式來呈現，或是將其視為異性戀親密關係的穿插或點綴，將中性女孩形象挑戰或擾亂主流異性戀霸權的潛力收編為一種已然逝去的，從異性戀軌道中不經意的偏離，因而弱化了中性女孩形象的酷異性。

　　另一方面，主流綜藝節目如何由性別二元的角度呈現與理解中性女孩的陽剛身體實踐，也是資本主義與異性戀思維挪用與收編中性女孩酷兒能見性的重要場域。在幾乎所有以中性女孩為主題的綜藝節目單元中，除了女孩們的同性情感經驗之外，另一個主要的呈現模式是將女孩們的「中性」性別展演與日韓花美男特殊的陽剛特質做對比。尤其是當節目主持人試圖要表達這些中性女孩有多麼的俊俏、帥氣、與迷人時，「花美男」通常是主持人援用對比的語言與意象。而除了言語使用上的象徵性對照之外，節目內容也不乏實際比較中性女孩與

花美男在陽剛展演上異同程度的設計橋段。在 2006 年 4 月 15 日「我猜我猜我猜猜猜」首度播出的「少男系女孩」單元中，主持人為了強調女孩們如何同時兼具美麗與帥氣兩種特質，特別將該集以花美男形象著稱的男性藝人由旁觀席上喚出與中性女孩來賓並排，同時稱呼他為「少女系美男」；而在 2009 年 11 月 27 日播出的「麻辣天后宮」中，主持人也不停強調當集邀請來的中性女孩來賓，與花美男有多麼的相像，以強調她兼具對同性與異性的情慾吸引力。這些流行綜藝節目中對於中性女孩與花美男的對比，傳達出一個很清楚的訊息：「花美男」是像女生的男生，「中性女孩」是像男生的女生，且這兩個性別形象之間具有高度的重疊性。

黃敬華（2007）在對於臺灣美型男文化興起的研究中曾經指出，花美男式的性別風格挾著日韓流行文化在臺灣高度的流行而成為髮型、服裝等時尚雜誌展演販賣的文化商品，並使得愛美、細緻、講究外貌等原本屬於女性的性別化行為進入陽剛特質的定義與想像之中。花美男風格的流行使得陽剛特質的社會定義向陰柔流動，大幅拓展並鬆動了臺灣主流社會對於正典陽剛特質的想像。在花美男形象成為社會認可的主流陽剛性別風格時，中性女孩與花美男的類比也定義了女孩們中性性別展演的文化位置：一、中性即為一種陰柔化的陽剛；二、中性式的陰柔陽剛是一種主流的流行性別風格。由於其陰柔傾向與文化流行度，由生理女性來展演與體現此一特殊陽剛風格似乎並不被主流社會群眾認知為一種負面的跨性別展演。然而，若要認真看待「花美男」與「中性女孩」的流行文化形象創造，兩者之間事實上具有相當多的差異之處，而在主流媒體中慣性的將「中性女孩」與「花美男」類比，除了簡化了個別個體的性別實踐意義之外，也進一步說明此特定女性陽剛展演的文化能見度與主流接受度也必須歸功於花美男形象作為一種文化商品無窮的市場潛力。因此，雖然中性女孩的流行文化再現似乎成功的翻轉了女性性別跨越實踐一直以來的社會污名與邊緣位置，使得女性陽剛展演開始擁有正向的文化再現與社會實踐

空間，但這樣的主流正面形象除了指涉主流性別意識形態的轉換之外，也高度牽涉了中性女孩與花美男形象的重疊，因而指向流行文化中的資本主義力量對於酷兒主體再現可能的收編。

另一方面，在綜藝節目中針對中性女孩單元時常設計的改造變裝（make over）橋段，進一步展現了中性女孩挑戰與鬆動性別二元體制的潛能如何在主流文化的二元性別思維中被轉化與收編。在 2006 年「我猜我猜我猜猜猜」與 2009 年「綜藝大熱門」中都出現了改造變裝的橋段，進行的模式如下：中性女孩一開始先以花美男風格的帥氣裝扮出現在觀眾面前，主持人與特別來賓在驚呼「好帥喔！」的同時，也注意到中性女孩「其實是很美的」，「如果穿上女裝不知道會是什麼樣子」。雖然多數的中性女孩來賓在接受主持人訪問時表明平時他們絕對不做女性裝扮，然而在訪問結束之後，他們立即被送往後台進行改造與變裝。此處是節目的高潮，改造之後的中性女孩畫上妝，穿上洋裝、裙子、高跟鞋，再次出現在觀眾面前，雖然他們多數的肢體語言明確的顯露出他們對於這樣的裝扮有多麼不熟悉且不自在，然而他們的重新出場毫無例外地引起一陣「其實很漂亮／清秀啊」的驚呼。最後，改造後的中性女孩們必須接受評審的評判，在「我猜我猜我猜猜猜」中，評審是一群男性大學生，評判的標準是決定變裝後的中性女孩對他們是不是有吸引力，而中性女孩在典型女性裝扮之下仍然陽剛的步伐與姿態，通常使男大生們不知如何反應而尷尬說不出話來；而在「週日大精彩」中，改造後的中性女孩則被安排在台前走台步，並且接受美姿美儀老師對其儀態怎麼樣才能「更像女生」的評斷與糾正。

Brenda Weber（2009）在他對於美國變裝改造實境節目的分析中指出，變裝與改造的過程並非意圖要創造一個新的自己，而是預設之前被掩藏的「真實的自己」在這個過程中能夠重新出現，因此變裝改造通常被呈現為一個主體培力的過程，然而，囿於主流社會中對於「好公民」及「自我創造」的文化邏輯與想像，這些主流節目對於改造

之後的主體呈現通常是正典且符合大眾意識型態的。依循這樣的邏輯，臺灣主流綜藝節目裡變裝改造的橋段試圖向收視觀眾重新確認一個事實：這些女孩的陽剛形象只是表面，改造後的女性身體與異性戀情慾才是他們真實的自己。這樣的呈現方式將中性女孩的陽剛實踐認定為暫時的，能夠被改正的，明顯削弱了女性陽剛主體對於異性戀體制可能的挑戰，在中性女孩日益高漲的文化能見度中重新穩定了性別二元邏輯的宰制與運作。另一方面，在這樣的文化再現模式中，中性女孩經過改造之後的陰柔外表，加上其全然不搭調的陽剛肢體語言，明顯地在綜藝節目的操作中被當作一種「奇觀」，藉著違和不協調的氛圍來引發觀眾驚奇的感受，吸引觀眾的收視興趣。在這樣的呈現中我們可以看見資本主義與異性戀霸權邏輯對於中性女孩形象多層次的操控與收編，當中性女孩在主流文化視野的出現或可被視為女性陽剛主體酷兒能見性與社會接受度的提升，主流文化再現中性女孩主體的模式卻同時確保了資本主義的運作更加蓬勃且異性戀霸權的維持不受挑戰。

在批評主流流行文化背後的資本主義與異性戀思維的同時，本文必須特別指出的是，在中性女孩形象持續受到主流流行文化關注的同時，女性主義論述的元素也逐漸加入了中性女孩的流行文化再現之中，呈現了進步性別政治與異性戀霸權制約之間更進一步的協商。舉例而言，「Misster」是一個由展演中性特質的年輕女孩而組成的臺灣女孩歌唱團體，他們在流行文化市場的出現，以及他們再現與論述中性形象與實踐的方式，具體而微的展現出以中性為名的女性陽剛形象其文化意義在近年來的轉化。「Misster」在 2011 年 1 月正式出道，並發行了他們的首張專輯「特先生」。他們對於團體與專輯的行銷方式主要仍然延續著一直以來中性女孩的流行文化想像，強調與日韓花美男形象的相似與連續性，並操作女性陽剛氣質與女女同性情慾之間的連結。首先，「Misster」的五位中性團員皆以與韓國花美男偶像團體十分相似的穿著風格出現在專輯封面與宣傳活動上；他們的第一支

主打歌改編自韓國男性偶像團體「Shu-I」的暢銷單曲，在編曲上的相似度非常高，並且直接延用一模一樣的歌曲名稱「Bomb Bomb Bomb」，而編舞也與「Shu-I」的舞蹈風格非常相似；更重要的是，他們在宣傳文字中明確的重複強調他們的音樂作品中的韓國流行文化元素。顯然的，韓國流行文化元素與花美男形象是「Misster」進軍臺灣流行文化市場主要的賣點。另一方面，「Misster」的音樂行銷也同時操作女性陽剛形象與女女同性情慾之間的連結。在他們抒情歌曲的音樂錄影帶中，中性的團員通常搭配正典陰柔形象的女演員演出，而兩者之間曖昧不明的情感互動通常是劇情主軸，顯示「特先生」團隊熟諳女性陽剛主體是臺灣女同志次文化的重要象徵，並試圖將女同志社群收編為關鍵的潛在消費者。

有趣的是，「Misster」的自我形象行銷雖然大量運用花美男這個元素，並且強烈指涉陽剛女同志的情慾實踐，然而這並不表示他們認為「中性」是一種象徵女同志認同的「女性陽剛」展演；相反的，在他們的宣傳文字與公開發言中，「Misster」團隊企圖將「中性」定義成一種新時代的年輕女性挑戰主流刻板印象，展演另類陰柔特質的方式。舉例來說，在他們的出道記者會新聞稿中，「Misster」被描寫為「超級女子天團，打破中港臺女子迷思，[⋯]終結女孩柔弱，為女孩們重新找出路，展現華麗勇氣」，而當「Misster」上綜藝節目做宣傳時，除了免不了被常態性的與花美男做比較之外，「Misster」團員們對於自身中性實踐的原因卻通常以厭倦或不適應主流社會對於女性性別實踐的刻板期待來解釋。比如說，在 2009 年 12 月 17 日的「國光幫幫忙」節目中播出的「決戰花美男」邀請了「Misster」團員，節目進行除了典型的詢問每一位中性女孩來賓喜歡男生還是女生之外，在節目的後半段更安排中性女孩們與以花美男形象著稱的男藝人進行包括負重、伏地挺身等體力競賽，而整個遊戲過程進行與主持人的評論都著重在調笑花美男的體能如何比中性女孩還要差。然而，當訪問到「Misster」團員們中性打扮的由來與原因時，團長戴安娜秀出她清秀

可愛的少女照片，強調：「我的高跟鞋比球鞋多，裙子比褲子多」，這樣的宣稱除了彰顯她內在的女性認同之外，也將她的中性打扮定義爲建立在女性認同之上，對於傳統女性氣質規訓的一種反抗。因此相對於前述異性戀與性別二元思維對於中性女孩性別形象的安定與收編，「Misster」的公共形象創造更象徵了性別模糊／跨越實踐在現今臺灣社會中進步性別政治與保守性別思維之間複雜動態的角力。一方面來說，「Misster」對於中性的詮釋呼應了女性主義思維，將「中性」塑造爲年輕女孩得以對抗與拒絕父權體制對於女性身體的規訓的選項；而將年輕女性的中性展演與花美男形象類比，並同時將其論述成另類前衛的女性特質，可說是重新定義了陽剛與陰柔的對比關係，模糊了陽剛相對於陰柔之間二元界線。

結語

本文藉由臺灣流行文化呈現與詮釋「中性女孩」形象的模式，探討邊緣與酷異的女性陽剛身體實踐在進入主流文化視界時，對於異性戀性別二元邏輯所發生的擾動與重製。經由本文的分析，我們可以看見，「中性女孩」在主流文化的浮現，雖然一方面象徵了性別模糊與跨越如何轉化爲一種「正面」的性別身體實踐而被社會大眾認知，然而這樣的正面形象與社會能見度卻同時高度依賴資本主義將中性風格收編爲可供觀看與消費的文化商品，以及異性戀性別二元思維與中性性別展演之間的互構與整合。換言之，經由中性女孩形象而創造出來的女性陽剛主流社會能見度，有很大部分是建立在將女性陽剛身體酷異性商品化與正常化的效應之上。很明顯的，在主流的文化再現中被社會大眾所接受的中性女孩，是抗拒父權對於女性身體的制約，雖然受到同性歡迎但終究還是異性戀的獨立新時代女性，而不是不男不女（或亦男亦女），超乎常人想像的性別怪胎。這樣的論述模式，雖然

依循女性主義的論述框架挑戰了父權體制對於女性身體的規訓，卻也同時否認了女性中性性別展演中的性別模糊與性別跨越元素；當中性女性身體在主流文化想像中成為一種正面的，可接受的性別實踐的同時，「不男不女」的跨性別污名卻沒有因此而改善或消失。

　　雖然以上論證的目的主要在於指出主流社會體制與價值對於創造正面的酷兒文化形象時無可避免的介入與干預，然而，本文最後也必須指出，流行文化能見度的提升，可能對於真實生活中的認同與實踐產生深遠且難以預期的影響，對於酷兒能動性與主流收編之間動態的辯證關係提供了另一關鍵的觀察與分析面向。以中性女孩為例，近年來，筆者觀察到在網際網路上開始有以中性性別形象與認同為主的社群網絡集結，顯示中性論述與性別展演已經開始成為塑造年輕女孩次文化認同與實踐的重要元素。如筆者所述，中性女孩的主流文化能見度已經充分展現了資本主義與異性戀霸權對於邊緣與酷異性別身體實踐的挪用與收編，在這個脈絡之下，由主流文化能見度而觸發的在真實生活中的中性性別認同與社群集結，是剖析與爬梳中性象徵性別模糊／跨越主體能動性可能的重要場域。在對於英國青少年龐克次文化的經典研究中，Hebdige（1979）指出青少年在日常生活實踐中對於污名化的文化物件與元素的創造性使用而型塑的次文化風格，是顛覆與翻轉主流社會文化邏輯的重要力量。因此，青少女次文化中的中性性別實踐是否能夠為性別模糊與性別跨越打開新的文化空間，在主流資本主義與異性戀性別二元體制之外，創造非常規女性多元性別認同的嶄新意義，並激發出性別模糊與性別跨越主體另類的主體能動性，是值得相關研究者繼續探索的研究目標。

參 考 文 獻

何春蕤（2002）〈認同的體現：打造跨性別〉，《臺灣社會研究季刊》，
46: 1–43。

林文玲（2012）〈部落「姐妹」做性別：交織在血親、姻親、地緣與生產
勞動之間〉，《臺灣社會研究季刊》，86: 51–98。

陳美華、蔡靜宜（2013）〈說些醫生想聽的話—變性評估的性別政治〉，
《臺灣人權學刊》，2(2): 3–39。

黃敬華（2007）《男顏之癮：臺灣時尚美型男的跨文化消費與性別認
同》，國立臺灣政治大學新聞研究所碩士論文。

Butler, Judith（1990）*Gender Trouble: Feminism and the Subversion of Identity.*
New York: Routledge.

Butler, Judith（2004）*Undoing Gender.* New York: Routledge.

Chao, Yengning（1996）*Embodying the Invisible Body Politics in Constructing
Contemporary Taiwanese Lesbian Identities.* Ph.D., Cornell University.

Chao, Antonia Y.（2001）Drink, Stories, Penis, and Breasts: Lesbian Tomboys
in Taiwan from the 1960s to the 1990s. *Journal of Homosexuality*, 40
(3–4): 185–209.

Edelman, Lee（1994）*Homographesis: Essays in Gay Literary and Cultural
Theory.* London: Routledge.

Halberstam, Judith（1998）*Female Masculinity.* Durham: Duke University
Press.

Halberstam, Judith（2005）*In a Queer Time and Place: Transgender Bodies,
Subcultural Lives.* New York: New York University Press.

Hebdige, Dick（1979）*Subculture: The Meaning of Style.* New York: Routledge.

Hennessey, Rosemary（2000）*Profit and Pleasure.* New York: Routledge.

Martin, Fran（2010）*Backward Glances: Contemporary Chinese Cultures and the Female Homoerotic Imaginary.* Durham: Duke University Press.

Weber, Brenda（2009）*Makeover TV: Selfhood, Citizenship, and Celebrity.* Durham: Duke University Press.

Wiegman, Robyn（1995）*American Anatomies: Theorizing Race and Gender.* Durham: Duke University Press.

從家庭主婦到運動者：
倡導障礙權利母親的生活經驗[1]

張恒豪

前言

　　對於母親而言，家中有障礙孩童通常意味著照顧的體力負擔，以及承受與障礙相關的污名。在性別和障礙的相互作用下，障礙孩童的母親很容易被社會邊緣化。Ryan 和 Runswick–Cole（2008）指出一個在障礙研究和障礙者運動的矛盾。一方面，障礙者的母親展現出為孩子發聲的角色，她們也發展出技巧去協商與障礙孩童相關的污名，以及對身體及社會負擔的應對方式。另一方面，障礙者運動經常質疑母親其實對障礙者的觀點缺乏理解。因此，障礙孩童的母親在性別及障礙方面的經驗，值得更多注意（Ryan and Runswick–Cole, 2008）。

　　當母親為了孩子展開倡議時，她們通常需要讓自己涉入到一個性別認同的協商過程。參加障礙權利家長協會的婦女，將她們的認同從

[1] 本文翻譯修改自 Chang, Heng–hao（2009）From Housewives to Activists: Lived Experiences of Mothers for Disability Rights in Taiwan. *Asian Journal of Women's Studies*, 15（3）: 34–59. 一文。感謝研究助理詹穆彥在翻譯與修改上的協助。也感謝兩位匿名審查人的建議，增添原文不同的討論面向。

家庭主婦轉變為障礙權利運動者。本文的第一部分描述了臺灣智能障礙孩童家長的相關污名。基於他們的生活經驗，研究者認為這種污名是性別化的，聚焦在孝順，以及將婦女束縛在家中的父權體制。她們面臨的龐大壓力不僅來自社會也來自公婆，是整個父權家庭體制的結果。

本文的第二部分檢視如何透過參與家長組織賦權予父母（特別是母親），去建立出一個社群並轉變了他們的認同。研究者企圖顯現出，家長在倡議團體參與過程中，學習了自身是障礙權利運動者的認同。自願參加倡議團體的母親們，開始認為這是她們的工作，成為其認同重要的一部分。她們參與障礙權利運動的經驗，也使她們能夠去重新協商在家庭領域當中的性別關係。靠著參與倡議組織，智能障礙孩童的母親不僅建構了一種新的認同，還增進了她們的社會身分，在家中獲得更大的尊重。最後，本文指出在一個性別化的社會中，過去母親主要被分派從事家務勞動，本研究指出障礙者的母親藉由參與公民組織使她們能夠進入公民生活，並提供了她們一個逃離家庭束縛的空間。

文獻回顧：性別與社會運動

認同政治及認同轉變已在當代社會運動文獻中被廣泛地提出。學者聚焦在運動的構框（framing）過程，在運動過程中所形成的認同，以及藉由運動建構集體認同的結果（Hunt, Benford and Snow, 1994; Swidler, 1995; Polletta and Jasper, 2001; Bernstein, 2005）。新的社會運動理論家認為在後工業化社會中，社會運動變成以認同為基礎（identity-based），並由價值驅動（value driven）（Offe, 1985; Cohen, 1985; Buechler, 1995; Melucci, 1996）。框架理論家聚焦在運動的語言策略（linguistic tactics）（Hunt et al., 1994）。其他學者分

析在集體行動過程中的認同建構（Lichterman, 1996; Yang, 2000; Dugan and Roger, 2006），以及集體認同如何促進社群運動的持續性（Taylor, 1989; Whittier, 1997; Haenfler, 2004）。

自從 McAdam（1989）的研究顯示出對於社會運動對參與者生命歷程的影響，有些最近的研究則注意到認同政治對於運動者的影響（consequence）。Taylor 和 Raeburn（1998）的研究顯示了在運動者的生涯中，認同政治實作的負面影響。其他的研究者論道，在社會運動中的參與經驗及認同轉變，對於運動者有賦權效果。以 Koo（2001）的研究爲例，提到了韓國工人如何形成新的階級認同，並且藉著參與社會抗爭與罷工，來對抗與工作階級者相關的污名。特別的是，因爲女性過去通常被排除在政治和公共領域之外，因此她們在運動的參與過程中吸引了重要的關注。研究者們指出，公民參與帶來了認同的轉變，並賦權給女性（Herda-Rapp, 2000; Shriver et al., 2003; Narushima, 2004）。Traustadottir（1991）提出，母親對障礙孩童的照顧經驗，使她們能夠去考量更寬廣的社會議題。本文聚焦於臺灣的母親，她們透過爲孩子投身障礙權利團體及運動，發展其性別意識。

本研究的研究問題有二：一、檢視障礙者家長團體中父母的生命經驗，呈獻這些父母在臺灣受到的連帶污名與污名協商的方式。並討論性別與障礙的交織作用。二、探討加入家長組織對障礙者父母的影響與差異。分析加入公民團體對障礙者母親認同轉換與與性別意識的影響。

家長組織及障礙權利運動在臺灣

臺灣和其他東亞的新興工業化國家在第二次世界大戰之後經歷快速的工業化。障礙權利運動要求障礙公民有平等權利，能夠投票、受教育、工作、進入公共設施、融入社區及享有一定生活品質，這是相

當晚進的事情[2]。臺灣的障礙者權利運動出現於 1980 年代，同步於臺灣的民主化。如同許多近期工業化國家的案例，家長對於在 1980 年代初期將障礙權利議題帶入公衆領域，扮演了先驅的角色。1982 年，一群智能障礙者的家長發聲要求孩子的教育權利，以及在臺北的社區生活之權利[3]。由於提供給智能障礙者的公共服務非常有限，從 1982 年到 1986 年間，不同的家長團體和提供服務的慈善善組織密切合作，例如和啓智協會，以及與提供智能障礙孩童訓練的相關專家合作。

　　1987 年解除戒嚴後，障礙權利運動開始變成公民社會中一股可見的力量，發起並參與了許多社會運動抗爭。殘障聯盟於 1990 年由數個障礙非營利組織正式成立，成爲臺灣主要的障礙權利社會運動組織。1992 年，智障者家長總會（以下簡稱智總）正式成立，是一個由臺灣不同地區家長組織所共同組成的全國性組織。智總的目標爲參與公共政策、爲智能障礙者倡議，並與殘障聯盟緊密合作。換句話說，在臺灣民主化的轉變過程中，智總的建立是以自助的公民組織爲基礎，並且變成了一個以倡議、政策研究爲主的聯盟性社會運動組織。

---

[2] 障礙權利運動也努力去定義認同並挑戰與障礙相關的污名。障礙權利運動是當時新社會運動的一部分，因爲：1.位於傳統政治系統的邊緣；2.提供一個重要的社會評價；3.關心與後物質主義（post-materialist）價值相關的議題；並且 4.聚焦在跨越國家界線的議題（Oliver, 1990: 118–123）。

[3] 英國的障礙者運動及美國的自立生活運動都強調了障礙者的自我倡議及自我決定。然而，在對障礙者的支持被認爲是家庭議題的脈絡下，臺灣的障礙權利運動在 1980 年代有不同的議題。在臺灣，自立生活運動出現於 2003 年。智能障礙者的自我倡議運動——以人爲先運動（people first）在 2003 年由智總發起。我們甚至可以說，臺灣在 2003 年之前是沒有「障礙者的運動」。然而，由於 1980 年代家長們開始使用權利的語言，Chang（2007）認爲 1980 年代早前應被視爲臺灣障礙權利運動的起點。

從 1997 年以來，智總有 37 個地區家長協會與 12 個相關的基金會，由家長們運作並提供了直接的服務。智總保持持續的成長，而不像一些社會運動組織在臺灣的民主化過程中，逐漸喪失成員並轉菁英、遊說導向的利益團體。截至 2003 年，它自稱全國的成員已超過十萬人。智總在形塑臺灣障礙政策扮演重要角色，例如：自立生活與自我倡議（Chang, 2007）。透過障礙倡議者（家長、障礙者、相關專業）的合作，逐步建立了障礙權利的立法及提供給障礙者的公共服務。障礙在過去二十年來，已經逐漸變成臺灣的公共議題，而與之相關的社會／污名也獲得了大眾注意。

研究方法和資料

本研究聚焦於臺灣最具影響力的障礙權利運動組織之一——智障者家長總會。本研究中所使用的主要資料來源是 2003 年所進行的深度訪談。研究者透過滾雪球的方式，訪談了 38 位障礙權利運動者（22 位智能障礙孩童的母親、9 位父親、3 位手足、4 位組織中的專業職員）[4]。受訪者全部都是不同地區障礙權利家長組織主要的組織者及活躍的參與者。所有人都在家長組織從事運動至少五年的時間，有些人在智總成立之前就已經參加了地區的家長組織。研究者也蒐集了次級資料，包含障礙運動者自傳、非政府組織的新聞稿、關於家長與智能障礙孩童的紀錄片。

智障者家長總會是一個位於臺北的全國性組織，19 次的訪談在臺北進行，3 次在高雄分會，在其他縣市的地區分會共進行了 15 次訪談（請見附錄一受訪者背景資料一覽表）。本研究的受訪母親，在

---

[4] 本文的主要目的是探索參與倡議非政府組織的障礙孩童家長之性別經驗，因此障礙孩童的觀點在此未被納入。

其家庭開始接受家長組織的社會支持之前，大多數沒有全職工作（除了一位是高中老師）。他們之中一些人在非營利組織成爲專業員工。本研究中所有的受訪父親都有全職工作。研究中大多數的家庭都來自核心家庭，除了其中一位受訪母親的先生是一位醫師，已在數年前過世。在本研究的案例中，並沒有離婚的障礙孩童母親。

研究結果與討論 「不幸的女人」：性別化的污名與限制

Goffman（1963: 30）指出，和被污名化個體關係緊密的人（例如：精神患者的忠誠配偶、有前科者的女兒、跛足者的家長，或者盲人的朋友），會從社會中得到「連帶的污名」（courtesy stigma）。也就是說，社會污名藉由關係被傳遞到他們身上。障礙者的家庭成員無疑地帶著與障礙相關的連帶污名（Green, 2003; Green et al., 2005）。舉例來說，他們在美國經歷到標籤化、刻板印象、隔離（separation）、身分喪失及歧視（Green, 2003）。較少有研究檢視了擔負著連帶污名的人如何在不同的社會文化脈絡下感知、協商與對抗這樣的標籤。以本研究的研究樣本爲例，一位父親描述了他首次遭遇到基於障礙的污名化：

> 當我太太生下孩子時（有唐氏症），我立刻發現他看來不太一樣，一定是有什麼問題。但是醫生卻避不見面也沒有接我們的電話。那時候護士把我拉到一旁悄悄的說：「根據我的經驗，這肯定是唐氏症。醫生不想跟我們說這件事。它全是基因的問題，現代醫療技術可以做的很少」。在那個當下，我感到就像是被判死刑一樣。（受訪者 17）

藉由避免告知家長這個壞消息，臺灣的醫療專業讓父母知道障礙

是被污名化的。父親對孩子的出生感覺就像是被判「死刑」一樣，而不是在醫院中接受到情緒與專業上的支持。

　　與障礙相關的污名可以用孝順來部分地解釋。Chou and Palley（1998）的解釋指出，臺灣社會強調以良好教育、高度成就的孩子來榮耀祖先、延續家庭的子嗣[5]。他們認爲：有一個「好的孩子」的意義不只在於家庭，也在於他們的祖先。有一個有發展障礙的孩子，不僅涉及丟臉，同時被視爲家庭的恥辱（Chou and Palley, 1998: 42）。結果，發展遲緩孩童的家庭成員通常將他們自己限制在私人的家庭領域，並且不願意尋求公共支持。然而，重視孝順的傳統並不能完全解釋被加諸在母親身上的額外負擔。在紀錄片「我和我的普通朋友系列：大智的爸爸和媽媽」的片段，文山特殊教育學校的附屬幼稚園園長指出：

> 看過的都是媽媽接納的程度比較好一點，爸爸的話可能有點類似怪罪。所以爸爸的參與程度好像不會那麼高。如果生出這樣的小孩，大部分都會怪罪到媽媽身上去，因為是從妳肚子裡出來的。他們不會想到那也可能有精子的問題存在。我自己在猜想說因為是從媽媽的肚子裡出來的，媽媽自己會想說是不是因為我的原因造成的。所以媽媽的接納度有時候反而會比爸爸好。爸爸甚至有逃避的態度，早上提早出門，然後晚上很晚才回家。所有的教養都是媽媽一個人在扛，媽媽的心理員荷壓力也會非常的大。說真的媽媽的心態會承受爸爸這一邊的家那個上一輩，有時候壓力也是會有（楊雅喆，2003）。

---

[5] 這裡有三種孝順的形式：1.靠結婚延續香火，擁有一個家庭並扶養小孩；2.靠著受到良好教育的孩子，增加家長及祖先生命的價值；3.靠著彌補成就的缺乏，滿足家長和祖先的野心及期望。（楊懋春，1998）第三項可能需要很大的自我犧牲。（引自 Chou 和 Palley, 1998: 38-39）

　　母親不僅擔負了主要的照顧工作，也擔負了生出障礙孩童的道德責任。部分源自對於污名（擁有一個障礙孩童）的羞恥，她們通常比父親們更孤立於社會。一位母親寫到關於孤立自己及她的障礙女兒：

> 我在心裡築了一道牆，一道陌生人止步的牆；小女兒在學校築一道牆，一道不敢請同學來家裡玩的牆。我媽媽築了一道淡淡怨懟的牆。大家砌牆的共同原因是因為茵茵，我的大女兒，一個有智能障礙的小孩，但是砌牆的始作俑者，卻是我這個生養她的媽媽。

> 我不在陌生人面前談她。所有知道她的人，都是我在未生她以前就認識的朋友，所以第一道牆其實是我開始的，後來的牆，也都是模仿我的牆，依樣畫葫蘆而來的。她們看到我的退縮和閃避，於是也學我這般的躲藏。媽媽見我躲得辛苦，卻無法諒解我的女兒，總覺得她女兒一切的辛苦不快樂，全都是因為她的孫女，祖孫之間就有了一道怨懟的牆。小女兒感受到媽媽的無法開口，外人面前從不談姐姐，自然的學會了我的躲避，她也不在同學面前談她的姐姐（劉碧玲，2002：21）。

　　這樣的隔離並不只限於臺灣的母親們。一位美國的障礙孩童母親提到：「當你在這樣的困難狀況中，接觸他人是很難的，你傾向隔離你自己，你不想要社交……。你不想要看起來很好，你不想邀朋友來吃晚餐」（引自 Green, 2001: 808）。

　　本研究訪談的一位母親意識到污名不只來自大眾，也來自她自己的家庭成員，她用 Goffman（1963）所謂的「訊息控制」（information control）和「蒙混通關」（passing）在她的家庭關係中協商污名：

一開始對我真的很困難。我必須去隱藏我孩子的發展遲緩。我必須吞下所有的眼淚和汗水。我甚至無法告訴我的兄弟姊妹。我只告訴他們照顧和教育一個孩子很辛苦。他們可能知道養育我的孩子很困難，但他們並不真的知道實情。我必須自己面對所有問題。有時候我會突然在夜裡醒來，並且想到：未來誰能照顧我的孩子？（受訪者 21）

換言之，母親向自己的手足隱瞞孩子的障礙，只告訴他們「照顧和教育一個孩子很辛苦」。普遍來說，除了公眾的社會污名，有智能障礙孩童的母親會經驗到來自公婆的巨大壓力。一位母親回憶道：「當他們發現我的孩子有智能障礙，我的婆婆在家裡甚至不想看著我們。我們（她和她的障礙孩子）在家裡是隱形的」（受訪者 13）。

在 Chou and Palley 研究中的一對父母也談到相似的情形：「我婆婆告訴我說，為了避免人們的注意，我不應該和我（障礙的）孩子出門，因為人們會認為生下智能障礙的孩子是因為祖先缺乏善行」（Chou and Palley, 1998: 43）。母親通常會因生下智能障礙孩童而被責怪。研究者訪談的一位母親提到：「我的公婆建議，因為我生下了智能障礙的孩子，我們應該要離婚，去找一個可以生下健康小孩的人」（受訪者 25）。另一位母親只簡單地說：「我不想談論他們（她的公婆）以及他們的無知（於責怪她生出了障礙孩子）（受訪者 11）。

孤立和歧視也會來自於大家庭。其中一位受訪的母親說道：「我逐漸明白我們（她和她智能障礙的孩子）在例如婚禮這樣的重要家庭場合中，是不被歡迎的。（對他們而言）不只是不方便，他們認為我是不幸的女人，會給這場新婚帶來厄運」（受訪者 38）。

智能障礙孩童的母親所背負的不只有與孩子相關的連帶污名，還

有一種並不會影響她們丈夫的性別污名[6]。父親通常會提到這是他們的宿命，一種去照顧障礙孩童的家長責任，但比較少展現出對社會壓力和污名的擔心。一位父親談到雖然「帶他去家庭聚會或到公開場合會不方便，我不會感到羞愧或什麼的」（受訪者 16）。

父親和母親的經驗差異意味著在臺灣父權意識形態下，母親承擔了生下智能障礙孩童的道德責難。因為女性身體的社會功能是繁衍後代，並從而展現了她們丈夫祖先的道德過失，所以她們承擔責任。當母親不再生產出「好的」孩子，父權體制的家庭會責難她們，有時還會把她們及孩子從家庭中排除。他們變成家庭的隱形負擔。因為父親並不會被認為是生出智能障礙小孩的原因，他們僅僅被憐憫於有責任照顧不幸的妻子和孩子。也就是說，與智能障礙小孩有關的連帶污名是性別化的。因此，亞洲社會所預設對子女的家庭支持並不會延伸到支持障礙孩童和他們的母親。

獻身障礙權利運動的父母：認同轉換與賦權

在 1987 年解嚴之前，臺灣保守的政治環境並不允許智能障礙者的父母直接對抗國家。障礙者權利的語言在媒體可能會被使用，但是在實質的社會脈絡中提供給智能障礙孩童的支持很少。受訪者大部分的時候必須自己努力尋求任何可能的資訊和可得的協助，包括參加在醫院或校園中的相關座談[7]。有些人甚至重返校園，在特殊教育和社

---

[6] 污名是性別化的，不孕的污名也有相似的性別化。當丈夫是不孕的，妻子不僅共有這樣的污名，甚至試圖去為丈夫掩飾，以保護他的男子氣概。換言之，在父權的社會結構下，男人和女人有著不同的污名化經驗。（吳嘉苓，2002）

[7] 即使當障礙孩童被法律賦予社會福利的權利時，Reed（2002）指出出英國障礙孩童的母親們持續地為孩子充足的服務需求發聲。

會工作等相關領域取得學位。她們開始組織了課後的托育，同時讓她們可以分享經驗並教育她們的孩子（Chang, 2007）。

解嚴後，家長們開始正式組織家長協會倡導障礙權利。投身公民組織也給他們的認同帶來新的意義。家長們藉由參與組織的過程，被賦權並建立集體認同。首先，透過組織，智能障礙者的家長建立了與其他家長的連帶。他們的組織變成了一個新的家庭。他們也學習了一種重新定義其污名化身分的新語言。再者，他們之中的許多人透過志願服務找到新的意義，變成其生活中的「真實」工作。

共享哀傷和為權利倡議

1987 年解嚴之後，許多智能障礙孩童的父母開始成立組織。透過參與這些組織，家長採用新的概念去協商及重構他們的認同。例如，在心路基金會和智總的刊物中，障礙的醫療定義被引介來重新架構議題。統計被使用來展現：障礙既不是私人問題，也不是個人的異常。這種框架策略（framing tactic）反映在本研究的受訪家長如何去詮釋障礙：

> 這只是機率的問題。人口中有百分之二會有智能障礙。這不是我的錯，跟我先前的生活也沒有任何關係。我不會被他們（公婆）的無知所干擾（受訪者 17）。

家長們借用西方論述、統計報告和科學證據，去重新定義障礙並對抗傳統信念。更重要的是，這些協會提供了一種家長可以脫離家庭束縛的公民空間（civic space），並找到了自己的社群[8]。一位母親

---

[8] 這裡用「公民空間」（civic space）這個詞彙，指的是座落於公眾與私人之間的領域，並不完全地對普遍大眾開放。

提到：

一開始，因為（和公婆）住在一起，我只想逃離家庭。但是到後來，我開始樂於與其他人分享經驗，並幫助他人。我發現到，但當他們知道我也在幫助別人時，我在家中的地位改變了（受訪者24）。

另一位母親說：

在家長協會影響我最多是的，我可以聽到（對我自身經驗的）迴響。並不僅是我不再感到孤單，而且我感受到我不是唯一一經歷這樣的過程的人。許多人有同樣的經驗，而他們已經過來了。我獲得最大的收穫是他們的經驗。我從其他家長的經驗中學到很多（受訪者23）。

家長協會不僅僅是有類似經驗的朋友可以聚集的場所，而是變成理想化的「大家庭支持」。有一位母親提到：「我們就像兄弟姊妹，我感到比我真正的手足更親近。我們的哀傷、受苦和擔心，只能和有類似經驗的人分享」（受訪者14）。

與其他家長的聚會也使這些協會的成員能夠改變對自己孩子的態度。一位母親回憶道：

我感到不舒服，並且不願意帶我的孩子和我一起出門。這是面子問題。參加家長協會並且認識其他家長之後，我漸漸打開了心胸。我感覺到，他們也像我一樣有這樣的孩子。這沒有什麼好丟臉的。更進一步的，如果我們不開始改變自己，輕視自己的小孩，並且不願意帶他們出去，那誰會接受他們？過了一陣子，我開始帶他和我一起出去[…]事實上，是我開始的。我開始帶他到

每年的年會上。其他人也開始跟進。現在許多家長都這麼做了。我們所有人都習慣了這件事情。如果我沒有這些（在家長協會裡的）姊妹，我不會想到我可以帶我的孩子到公開場合（受訪者21）。

Goffman（1963）指出：當被污名化的人參加相同處境的人所組成的團體，他們找到一種新的自我感。當這些家長對抗社會污名並拒絕被其限制的時候，他們被賦權了。一位父親提到自己與其他家長進行經驗分享時，由於自己與小孩的互動經驗感動其他人，因而產生成就感：

我帶著我的孩子到處跑，甚至（和家長組織）出訪其他國家也是。澳門和香港的家長都對他很好。我印象深刻。當我們參訪廣州，你可以真的感到感動。他在那邊很活潑。來自中國的家長掉下了眼淚[因為一個智能障礙的孩童可以和他父親一起旅行，並擁有有意義的社會生活，這是他們無法被想像的。]（受訪者33）。

換言之，這些協會的參與者在親職中獲得一種新的成就感，對於鞏固集體認同扮演了一個關鍵角色。

然而，很多早期的參與者表達出如同家長運動先鋒宗景宜的期待，他在全國巡迴中這麼說：「我只希望可以比我女兒多活一天」（引述自梁玉芳，2000：33），意指智能障礙者的父母對子女永遠的牽掛，希望自己能活的比子女久，永遠照顧智能障礙的子女。諷刺且令人心酸的是，活得比障礙孩子長，被視為是一種孩子孝順的形式。一位孩子已過世的七十三歲母親提到：

你知道，我的兒子是一個真的很孝順的孩子。他幾年前平靜地去

世了。他知道我越來越老，不再能夠照顧他。他知道如果他比我先走，那我可以平靜沒有憂慮的走（受訪者14）。

另一位來自家長協會的母親附和這樣的情緒：

說來不可原諒，我在乍聽此事時（睡夢中辭世），竟有一種「happy ending」（好的結局）的感覺。更不可思議的是幾乎百分之九十九的媽媽都有同感。有些人甚至讚嘆地說：「這孩子真是孝順呀。知道媽媽老了，不能再照顧他，所以自己先走了」。

一個孩子竟然可以用「死」來表達孝心。這是多麼令人椎心的痛，可是它卻又這麼的真實。天下的父母在失去孩子時，沒有不傷心欲絕的，但是智障兒家長確有如此異於常情的反應，其中心酸和苦楚又豈是外人所能理解！！（蘇月美，2000：56）。

共享這種「不正常」的情緒，使得家長們可以在家長協會的公共空間中，建立很強的團結性和一種集體認同。在公開場合，協會成員將自身呈現為擔心和憂慮的家長，為了他們孩子的權利而發聲。智總的口號為：「父母深情、永不放棄：智能障礙者家長的聲音」。這個口號意味著因為父母對孩子的愛，將永遠不會拋棄孩子。歸屬於協會並與他人分享經驗，使他們能夠「永不放棄」。

是什麼讓這個組織維持強大？因為我們都是智能障礙孩子的家長。因為我們都關心我們孩子的權利和福祉，所以可以跨越性別、階級、族群界線，以及收入的差異。我們沒有自私的想法，全都是為了我們的孩子（受訪者7）。

責任和關心的論述，再加上公民權利的論述，便成為家長協會的

語言。一位母親解釋道：

> 我們並不是麻煩製造者。我們也不乞求施捨。我們希望擁有的是
> 孩子應得的。為什麼其他孩子可以上學，而我的孩子不行？憲法
> 明明就說每個人都有權利受教育（受訪者35）。

在這個論述中，為自己的障礙孩童發聲是家長的責任，因為父母無法永遠照顧他們的障礙孩童。障礙權利運動因此將「家長責任」框架連結為「為了孩子要求國家介入的社會保障及社會支持」。個人公民權利的理念合理化了他們的行動，並在對抗母職的道德責任中扮演了重要的角色。換言之，當家長要求來自國家的實際支持時，其實挑戰了傳統上臺灣福利體制中個人、家庭和國家之間的權利與義務關係。

在家長們爭取障礙者的團體家庭（group home）時，公民的權利語言也很明顯被使用。2003年當家長團體在北部某地籌設一個團體家庭時，遭到社區居民反對[9]。社區居民的論述是：「把你的小孩帶回家，照顧他是你們的責任」。智總的家長們及臺北的家長協會則回應：「做為社區的一份子是我們孩子的權利」。換言之，公民權利的理念與論述使得家長們能夠去對抗有敵意的社會環境，這樣的環境預設了所有照顧智能障礙者的責任都在母親身上。

總體而言，家長們對於智能障礙孩童的教育和照護關懷，開啟了障礙權利的家長運動。公民與國家間隱微的權利與義務關係，在社會運動動員過程中被協商。特別的是，家長的責任被重新定義，以守護孩子在公領域的權利，取代在私領域照顧孩子。家長的認同在這個過程中改變了。他們從作為障礙孩童的家長，邁向障礙權利倡議的家長。

---

9 為保護受訪對象，本研究將此團體家庭匿名。

在志願服務和公民參與中找到意義

當臺灣的支援系統非常有限時，很多智能障礙孩童的母親為了照顧和教育孩子而辭掉工作（Chou, 1997）。當障礙者的社會服務計畫隨著障礙權利運動發展，行動和志願服務開始對其生活與認同產生影響。當某些母親參與家長協會同時保留家庭主婦的身分，其他母親則以作為志工找到了自己的新事／志業——一個在運動／志願服務的事業 [10]。以下將進一步檢視家長（尤其是母親）如何理解他們在這些家長協會中的「工作」，以及公民團體的志願服務對他們的意義為何？

投身於志工工作提供了母親們一個社會空間，有別於在家和障礙孩子在一起的家庭主婦。一位地方家長組織的會長表達了她對新社會身分的興奮：

> 如果我沒有參加這個組織，我可能不會有機會去臺北。當我工作被媒體認可時，我的丈夫實際上開始協助我照顧女兒，甚至幫忙家長協會裡的工作。更進一步的，我的公婆和親戚開始用不同的方式看待我（受訪者 13）。

很多母親開始將在智總的志工服務認為是他們的『真正工作』。訪談中，他們經常評論道：「這是我的工作」、「我必須把我的工作做完」。一位母親說：「我早上八點上班，下午五點回家。我也超時工作很多。我在這裡工作，只是沒有被付薪水，但是我愛我的工作，它是我的事業」（受訪者 8）。

---

[10] 在這裡被定義為為非營利組織工作的全時雇員，或者是志願於一個無薪但需要付出很多時間的職位，例如做為委員會的主席。

換句話說，在家長組織裡的志工工作變成這些母親的生活經驗和認同的一個重要部分。她們從受薪工作到非政府組織的志工工作的過程，也尋求重新定義工作的意義，成為她們新的認同的一部分。

當然，在非政府組織中活動並不允許她們免除於家務勞動。她們有許多人說到，要找到她們在家長組織中做志工工作所需的額外時間，是一種不停的戰鬥。一位母親提到：

當然，我得在去協會幫忙之前，先完成我（家裡）的工作。有時候我丈夫會抱怨。我試圖同時在維持家庭和為智總工作的之間，保持一個平衡（受訪者36）。

另一位母親解釋道：

這沒那麼容易。我丈夫（比我）花了更多的時間和孩子在一起。剛開始，我的家庭並不習慣。但他們漸漸接受，並且習慣了。[…]我必須做安排。人們以為我花了大量的時間在協會，而沒有做家事。這是錯的。我的丈夫並不進廚房，他甚至不知道要怎麼洗碗。我必須做所有的事情：煮飯、洗盤子、洗衣服，還有打掃家裡。當他開始瞭解我的工作很重要，漸漸地他接受了，並帶我們的孩子去附近的餐廳吃飯（受訪者8）。

換句話說，這些母親的自主性依然受限在家庭性別的勞力分工當中。她們可能會找到一個在家庭範圍內協商工作分擔的方式，但家務和照顧工作依然被視為是母親的工作。如本研究所顯示的，參與家長組織使她們能夠為她們自己去協商更多的時間與空間，或者尋求家庭領域之外的支持。家庭中的性別勞力分工被挑戰、協商與重塑，但並非全盤改變。

當她們需要照顧障礙孩童時，大多數受訪媽媽們放棄全職工作。

有趣的是，當她們有機會去參與家長協會並接受社會支持時，先前有工作經驗的母親更有機會在家長協會中獲得（受薪或不受薪的）職位。之前是家庭主婦的母親，她們可能會願意參與協會，但較少可能獲得領導角色或受薪工作。換句話說，先前的工作經驗會影響她們對非政府組織的投入程度[11]。

本研究中只有一位受訪者持續她做為高中老師的工作，並同時在家長協會中任有關鍵職位。她指出，她是一個有終身聘期高中教師，時程安排有彈性，所以她可以貢獻時間到家長協會。但最終因為負擔變得過重，她必須做出選擇，她決定「我沒有辦法再花更多時間在協會裡了」；「我願意在我退休後做更多」（受訪者11）。換言之，相較於受薪工作，在公民組織的志願服務依舊是次要考量。

相較於母親，父親在家長協會中有非常不同的經驗。首先，即使母親是組織中更活躍的參與者，大部分的家庭主婦在協會的註冊仍在丈夫名下[12]。其次，父親們將他們的涉入視為對孩子責任的一部分。他們可能會同意自己從運動的涉入中收穫很多，但通常不會將參與運動視為「工作」，比較是以附加於他們事業的方式來參與，或者一種在工作之餘，在生活中尋找新意義的活動。一位父親說道：

> 當然，為了參與倡議和家長協會，我犧牲了一些事業。然而，但我理解到，這比我的日常工作更有意義。我的確在幫助他人中找到快樂（受訪者16）。

母親和父親也有一個不同的經驗，許多母親在投身公共領域時，

---

[11] 因為在研究中的案例是有限的，研究者不會過度的推論。

[12] 因為照顧是如此需要大量付出的工作，因為總是要有人在家照顧孩子，不太可能父母雙方都能夠活躍地涉入協會。所以，研究者在研究中除了兩對配偶之外，對所有家庭都只能擇一訪談父親或母親，而不是兩者都訪。只有一個案例的家長雙方都活躍的涉入，但丈夫是受雇於協會。

會受到丈夫阻礙。一位母親回憶：「我們組織的會長必須和我丈夫談，並請他讓我在組織裡工作」（受訪者 20）。有些丈夫認為妻子如果出現在公共場合會讓他們丟臉。另一位母親想起她的丈夫曾咒罵道：「你很自豪自己有智能障礙的孩子，對嗎？你對出現在電視上覺得很好是嗎？」（受訪者 15）。

因應丈夫們希望妻子留在家庭領域擔任家庭主婦及照顧者的期望，母親們發展出不同的策略來與丈夫協商。一位母親告訴她的丈夫：「我是為了有你的姓的孩子去做志工，而不是為了我自己」（受訪者 24）。另一位母親說：「我做的事也會讓我們的家庭受益」（受訪者 36）。涉入家長組織會對家庭有所貢獻，這樣的論述成為協商「協會工作正當性」常見的主題。當她們的工作被認為是重要的，並且會給家庭帶來利益時，有些母親發現她們在家中的地位改善了。

一位母親論道：「不知為什麼，我感覺我像是一個更有價值的人。我在家裡的地位改善了。我的公婆開始給我更多的尊重。」在某個程度上，靠著為智能障礙孩童的權利倡議，母親也為自身的權利倡議。她們使用在運動中學到的語言去框架自身的位置。一位母親說：「就像我的孩子，我需要自己的空間與社會生活，我不是我丈夫的奴隸」（受訪者 38）。志工協會所提供的一個更好的公共支持系統及公民空間，將母親們從家庭的束縛中釋放出來。

多數家長提到，他們認為在協會裡的工作是社會性而非政治性的。他們將其描述為一個「對社會有益」的「社會事業」。他們從事包含街頭抗爭和遊說的倡議工作，確實投身了政治領域。然而，尤其對邊緣化團體而言，他們所理解的「社會事業」是某些對社會「共善」的事情，「政治」則是政府和國會做的事情。在所有訪談中，家長都表達了他們對政客和當局感到的挫折和失望。受訪者經常提到：「政府官員是非常不專業及官僚的」，或者「政客們只關心他們自身的利益」。因此，家長們雖然不把他們對運動的涉入描述為一種公民

參與或公民社會的形式，但他們強烈地感受到，他們的「社會奉獻」和國家及政治性社會是有所區別的。

結論

過去二十年來，障礙權利逐漸成爲臺灣的公共議題。與障礙相關的社會和文化意義卻沒有被深入的探討。本文展現出智能障礙者的母親們在父權及孝道的意識形態下生命經驗，因爲他們沒有生下「好的孩子」來延續香火，所以背負了所有的道德責任及與障礙相關的污名。她們所經驗的污名化不僅來自公衆，也來自家庭。

雖然有智能障礙的孩子意味著龐大的照顧工作及社會污名，爲孩子的權利進行倡議則爲這些母親打開了另一扇門。藉由參與志工協會，使得智能障礙孩童的家長能夠轉變她們的認同。他們建立了一個強大的支持社群，並認爲自己是障礙權利的運動者。此外，他們學習了新的技巧來協商社會污名。更進一步的，非政府組織爲有智能障礙孩童的婦女們創造了一個新的公民空間。她們把對家長協會的涉入視爲她們的「工作」，並使用這樣的涉入來重新協商她們在家庭領域作爲家庭主婦與照顧者的角色。在某些案例中，母親們靠著奉獻於家長組織改善了她們的社會地位。婦女在倡議組織的自願工作，使她們能夠進入公民及公共的生活。智能障礙孩童的母親們藉由爲孩子倡議，從而找到了新的認同，並獲得一種自主性。雖然這種自主性可能是受限的，也不等同於性別意識。本文呈現了參與公民團體對自我認同與權利意識轉換，以及對傳統性別角色的批判性反省。同時看到在這樣的過程中，從事非營利組織的自願性工作對承擔家庭照顧責任的母親的正面意義。

在母職與與社會運動參與的文獻中，母親到底是「爲了下一代」還是「自私自利」是個備受爭議的議題（楊佳玲，2015）。從本研究

的障礙者母親的經驗中，其實為智能障礙的孩子倡議同時是為了小孩也是為了自己。因為在父權體制的運作下，小孩的權利和母親的權利被綁在一起。換言之，這樣的倡議同時為了小孩的權利也是為了自己的權利。至於這兩者之間可能的衝突，不是本文處理的議題。本研究的主要貢獻在於指認出這樣的運動參與過程對智能障礙者母親的轉換障礙和性別雙重壓迫的過程。

吳嘉苓（2002）〈受污名的性別、性別化的污名：從臺灣「不孕」男女處境分析污名的性別政治〉，《臺灣社會學刊》，29: 127–179。

周月清（1997）〈殘障照顧與女性公民身分〉，劉毓秀編《女性‧國家‧照顧工作》，93–126。臺北：女書。

楊懋春（1998）〈中國的家族主義與國民性格〉，李亦園、楊國樞編《中國人的性格》，133–180。臺北：桂冠。

劉碧玲（2002）《等她二三秒—茵茵的故事》。臺北：二魚文化。

楊佳羚（2015）〈社運媽媽的母職實踐〉。第十四屆臺灣社會福利年會暨國際研討會「從社會福利觀點看全球風險、國家治理、與在地照顧」，5 月 15-16 日。臺北。

楊雅喆（2003）《「我和我的普通朋友」系列：02 大智的爸爸和媽媽》（紀錄片）。臺北：公共電視。

梁玉芳（2000）〈捨不得結束的愛與堅持：宗景宜與吳瓏難捱沒有女兒的日子〉，《聯合報》，2000 年 10 月 22 日。

蘇月美（2000）〈漫漫長路與你同行〉，《臺北市智障者家長協會 10 周年慶特刊》。臺北：臺北市智障者家長協會。

Bernstein, M. (2005) Identity Politics. *Annual Review of Sociology*, 31: 47–74.

Buechler, S. M. (1995) New Social Movement Theories. *The Sociological Quarterly*, 36(3): 441–465.

Chang, H–H. (2007) Social Change and the Disability Rights Movement in Taiwan: 1980－2002. *The Review of Disability Studies: An International Journal*, 3(1&2): 3–18.

Chou, Y–C., and H. A. Palley (1998) The Impact on the Family of Having a Child with Developmental Disabilities in Taiwan: The International and Social Resource Context. *Social Development Issues*, 20(3): 35–52.

Cohen, J. L. (1985) Strategy or Identity: New Theoretical Paradigms and Contemporary Social Movement. *Social Research*, 52(4): 663–716.

Dugan, K., and Reger, J. (2006) Voice and Agency in Social Movement Outcomes. *Qualitative Sociology*, 29(4): 467–484.

Fraser, N. (1997) Rethinking the Public Sphere: A Contribution to the Critique of Actually Existing Democracy. In N. Fraser (ed.), *Justice Interruptus* (pp. 69–98). New York: Routledge.

Goffman, E. (1963) *Stigma: Notes on the Management of Spoiled Identity*. New York, London and Toronto: Simon & Schuster, Inc.

Green, S. (2001) 'Oh, Those Therapists Will Become Your Best Friends': Maternal Satisfaction with Clinics Providing Physical, Occupational, and Speech Therapy Services to Children with Disabilities. *Sociology of Health and Illness*, 23(6): 796–829.

Green, S. (2003) 'What Do You Mean "What's Wrong with Her?"': Stigma and the Lives of Families of Children with Disabilities. *Social Science and Medicine*, 57(8): 1361–1374.

Green, S., Davis, C., Karshmer, E. , Marsh, P., and Straight B. (2005) Living Stigma: The Impact of Labeling, Stereotyping, Separation, Status Loss, and Discrimination in the Lives of Individuals with Disabilities and their Families. *Sociological Inquiry*, 75(2): 197–215.

Haenfler, R. (2004) Collective Identity in the Straight Edge Movement: How Diffuse Movements Foster Commitment, Encourage Individualized Participation, and Promote Cultural Change. *The Sociological Quarterly*, 45(2): 785–805.

Herda–Rapp, A. (2000) Gender Identity Expansion and Negotiation in the Toxic Waste Movement. *Sociological Quarterly*, 41(4): 431–442.

Hunt, S., Benford, R. D., and Snow D. A. (1994) Identity Fields: Framing Processes and the Social Construction of Movement Identities. In E. Larana, Johnson, H., and Gusfield, J. R. (ed.), *New Social Movements: From Ideology to Identity* (pp. 185–208). Philadelphia: Temple University Press.

Koo, H. (2001) *Korean Workers: The Culture and Politics of Class Formation.* Ithaca: Cornell University Press.

Lichterman, P. (1996) *The Search For Political Community: American Activists Reinventing Commitment.* Cambridge and New York: Cambridge University Press.

McAdam, D. (1989) The Biographical Consequences of Activism. *American Sociological Review,* 54(5): 744–760.

Melucci, A. (1996) *Challenging Codes: Collective Action in the Information Age.* Cambridge: Cambridge University Press.

Narushima, M. (2004) A Gaggle of Raging Grannies: The Empowerment of Older Canadian Women through Social Activism. *International Journal of Lifelong Education,* 23(1): 23–42.

Offe, C. (1985) New Social Movements: Challenging the Boundaries of Institutional Politics. *Social Research,* 52(4): 817–868.

Oliver, M. (1990) Disability Definitions: The Politics of Meaning. In M. Oliver and C. Barnes, *The Politics of Disablement* (pp. 1–11). London: The MacMillan Press.

Polletta, F. and Jasper, J. M. (2001) Collective Identity and Social Movement. *Annual Review of Sociology,* 27: 283–305.

Read, J. (2000) *Disability, the Family and Society: Listening to Mothers.* Buckingham and Philadelphia: Open University Press.

Ryan, S., and Runswick–Cole, K. (2008) Repositioning mothers: Mothers, disabled children and disability studies. *Disability and Society,* 23(3): 199–210.

Shriver, T. E., Miller, A. C., and Cable, S. (2003) Women's Work: Women's Involvement in the Gulf War Illness Movement. *Sociological Quarterly,* 44(4): 639–658.

Shu, L. K. (1988), *Chinese and American,* Translated by L. D. Shu, Taipei: Giu–Lieu.

Swidler, A. (1995) Cultural Power and Social Movement. In H. Johnston, and Klandermans, B. (ed.), *Social Movement and Culture,* Vol. 4 (pp. 25–40).

Minneapolis: University of Minnesota Press.

Taylor, V. (1989) Sources of Continuity in Social Movement: The Women's Movement in Abeyance. *American Sociological Review*, 54(5): 761–775.

Taylor, V., and Raeburn, N. (1995) Identity Politics as High Risk Activism: Career Consequences for Lesbian, Gay, and Bisexual Sociologists. *Social Problem*, 42(2): 252–273.

Traustadottir, R. (1991) Mothers Who Care: Gender, Disability, and Family Life. *Journal of Family Issues*, 12(2): 211–228.

Whittier, N. (1997) Political Generations, Micro-cohorts, and the Transformation of Social Movements. *American Sociological Review*, 62(5): 760–778.

Yang, G. (2000) The Liminal Effects of Social Movements: Red Guards and the Transformation of Identity. *Sociological Forum*, 15(3): 379–406.

附錄一　受訪者背景資料一覽表

背　景	類　別	人數
性別	男	11
	女	26
年齡	60 歲及以上	7
	50–59 歲	19
	40–49 歲	5
	39 歲及以下	3
	N/A	3
教育	研究所	8
	大學	12
	大專	8
	高中	5
	小學	2
	N/A	2
職業（目前）	家庭主婦	6
	在非政府組織工作（受薪）	13
	在非政府組織工作（未受薪）	5
	其他職業	12
	政府官員	1
與障礙者的關係	母親	22
	父親	9
	兄弟姊妹	3
	無（專業職員）	4
居住地	臺北市	19
	高雄市	3
	其他地區	15
族群	福佬（閩南）	23
	客家	2
	大陸	5
	其他 & N/A	7
總參與者人數		37

臺灣新住民女性的語言傳承與賦權的可能性：雙語人宏觀模式理論下的臺灣政策觀察[1]

陳麗君[2]

一、前言

　　90 年代以後移動形成的原因呈現多樣化樣貌，最大的特色是國際移民的女性化（パレーニャス, 2011：127; Gamburd, 2000：35; 澤田佳世，2008：68; King, 2010：76）。女性們跨國「出走」的工作內容主要是家務勞動、娛樂從業、非法工作、婚姻移民、技術人員等（Piper and Yamanaka, 2008）。因為在新自由經濟體制下，跨國資本下的彈性勞工制度以及全球化移動性的增能、女性加入勞動市場，都使得再生產勞動的市場需求擴大。所謂社會再生產指的是為了維持生產勞動力所必須的勞動力（Brenner and Laslett, 1991）。我們可以將社會的再生產勞動分成兩類，一是指生物學上的人口再生產，另一類是指父權制度社會下女性責任制的家務勞動諸如家事、照顧老年人、成年人、小孩的日常生活及社會化、做為家庭的樞紐等工作。工業化以及新興國家的發展促進了女性就業，也導致這些新興國家的社會出現了再生產勞動的巨大缺口。菲律賓、越南、印尼等地區的女

---

[1] 感謝 2 位審查委員用心提供的具體修正建議，讓本文更趨完善。

[2] 作者是國立成功大學臺灣文學系副教授；臺越文化協會理事長。

性，便由南向北、自東到西跨越民族國家，往高度發展國家移動，滿足了低工資家事勞動的高度需求。資本的全球化，分化了生產場域和消費場域，也作為維持階級差距的機構，透過國際間薪資等諸多格差，限制管理人的移動。

臺灣的勞動力自 80 年代泡沫經濟以來即不足，中華民國政府自1969 年提出抑制人口政策目標，內政部發布實施「中華民國人口政策綱領」以來，「提高人口素質、人口合理成長及均衡人口分布」的政策「成功」，配合優生保健的口號，臺灣在 80 年代就進入少子化階段（蔡政宏，2007；澤田佳世，2008）。再加上女性的高學歷化與高度社會參與，都是臺灣低收入勞工階層以及繼承家產制務農男性婚姻困難的原因。而來自東南亞以及中國的商業婚姻移民正好滿足了維持臺灣社會父權支配的生產與再生產所需的女性勞動力。

根據戶政司統計資料（2016 年 2 月），目前臺灣外籍配偶人口已經達到 511,623 人，中國港澳配偶 345,176 人占 67%，外裔及外籍配偶 166,456 人占 33%。外籍配偶總數接近臺灣原住民總人口546,698 人（戶政司，2015 年底）。近十六年（1998 年至 2014 年 7月）來臺灣的結婚人次中，與外籍配偶結婚的平均比例約 17%，在2002、2003 年時達到 3 成的比例，也就是國人結婚之中每 3 對就有 1對是和外籍配偶通婚。外籍配偶之中，中國人數最多，東南亞人口依人數的多寡順序分別為越南（90,381）、印尼（28,123）、泰國（8,408）、菲律賓（7,879）等（內政部 2014 年 7 月統計資料），這些人口已包括歸化（取得）臺灣籍的以及外僑居留[3]。

---

[3] 根據內政部戶政司 2014 年 9 月份公佈的重大政策「鬆綁條件，協助外籍人數融入社會」自 2008 年起放寬外籍配偶歸化我國國籍財力門檻後，截至 2014 年 8 月 31 日止，歸化取得我國國籍人數計 5 萬 326 人。（取自 ttp：//www.moi.gov.tw/chi/chi_ipmoi_note/ipmoi_note_detail.aspx?sn=72）

　　值得重視的是，當移民臺灣的外籍配偶馬上進入生殖生產與社會再生產勞動的生產線上，雙重勞動與身分的她們也被賦予扮演稱職的「母職」角色——傳承臺灣語言文化以及教育「新臺灣之子」的工作。其中最常見早期典型的論述就是期待她們迅速學會臺灣語言，敎導並使其輔導其兒女課業。早期我國對於婚姻移民家庭的政策側重教導新住民識字使其歸化之同化教育，以及加強其子女學業成就的國語等課程補救輔導。90 年代的研究或媒體也往往是站在單一領域以及「尊華攘夷」的「我」族觀點下，認為家庭環境（弱勢政經地位或敎育程度等）會對外籍配偶子女產生不良影響，使之有自卑、情緒障礙和人際關係建構的困難，以及語文學習和認知發展遲緩等問題，並出現貶抑母親的行爲。並歸因子女國語等學業失敗之因於外籍配偶的教育方式、中文能力差、低學歷等因素（陳佩足、陳小云，2003；莫藜藜、賴佩玲，2004；蔡榮貴、黃月純，2004；吳秀照，2004）。然而，許多後進的研究在控制了家庭政經因素後，證明在地子女和外籍配偶子女的學習成就並無差異（陳淸花，2004；陳湘琪，2004；王文玉，2006 等），也就是說第二代即使有學習成就的差異並不能證明是外籍配偶母親的屬性所造成的。根據 Cummins（2011）的觀察，少數族群學生之學業成就所以較低的原因是因爲教育者和少數族群學生之間的關係以及學校和族群社區之間的關係沒有得到顯著的改善。當我們從國際視角研究少數族群學生學業失敗的模式時，發現少數和多數族群之間的權力和身分關係對學業表現有重大的影響。以芬蘭學生爲例，芬蘭學生在澳大利亞是地位較高的群體，在學業上取得成功；然而在瑞典的芬蘭學生是地位較低的群體所以學業成就低落。因而 Cummins 提出賦權（empowering）學生的理論，提倡學校以及教師賦權給學生能提高能力、增強信心進而激勵學生取得學業上的成功。由於發展了自我文化認同的自信加上適切的校本知識之互動結構，少數族群的學童在學業上幾乎能夠完全的勝任學業並參與老師的指導。

　　然而，就筆者訪談的經驗，新近來到臺灣的婚姻移民者，是否用自己原生文化語言與其子女溝通常常沒有決定的自主權。由於臺灣社會普遍鄙視鄰近的東南亞，家人常不願意讓別人知道小孩的媽媽是外籍配偶。有些甚至怕小孩會跟媽媽一樣會有外文腔調，不少公婆不願外籍媳婦教育孫子學習東南亞語言，甚至禁止使用。一般大眾雖身處多言社會，但對於多語言習得的方法仍有迷思。因此，透過國家政策的提倡與推行傳承語教育對於破解負面轉移的迷思的重要性不言自明。如此一來不僅能快速對媒體與社會大眾產生影響力，進而開闢出傳承語的存在價值。另一方面，若是新住民語言進入正式教育體制對於提升弱勢語言的生存權與語言位階的心理層面的提升效果更是不言而喻。

　　近十幾年來有關臺灣新住民研究從社會學、經濟學、女性研究的數量不勝枚舉，但是鮮少有研究把東南亞新住民所帶來的語言做為文化資本的方法，做為培養我國進出東南亞市場的人才以進入全球化脈絡而出發的。本研究以女性婚姻移民者為對象，從社會語言學的觀點出發，觀察在我國政策和社會價值的變遷中，女性新住民如何從過去社會邊緣化下的弱勢的語言文化，轉變成具有市場潛力價值的文化資本。本文的目的是透過觀察政策和新住民女性對於其出自的文化和傳承語言（heritage language）態度的改變，探討在臺灣社會政策的改進過程中新住民女性如何透過掌握語言文化的自主權進而提升自他關係地地位以及認同，進而達到賦權的可能性。

二、定義與文獻回顧

(一)傳承語的定義和語言相互依存論

　　一般語言習得指稱母語為第一語言（first language, L1），第一語言習得之後再學的語言稱為第二語言（second language, L2），通

常是指公用語（Baker, 1993）。例如曾以英國爲宗主國的殖民區人民仍把英語當作公用語，也或者如阿拉伯聯合公國的法語。至於臺灣，理論上來說原住民語、客語、臺語的各族群母語原本應是 L1，二戰後來臺的北京話是 L2。但是，經過半世紀以北京話爲國語，長期貶抑方言發展的語言教育政策後，演變成高低雙語社會（diglossia），發生語言轉移（language shift）的現象，多數人的母語已經被中文取代（陳麗君，2010，2011）。如此便衍生出同一族群的母語所指可能因人而異的問題。而傳承語言（heritage language, HL）通常被定義爲專指移民的、少數族群的、非統治者的語言。Polinsky and Kagan（2007）將傳承語分爲狹義及廣義的定義。狹義如 Valdés（2000：1）將美國國內的移民、少數族群等在家庭內使用非英語以外的語言定義爲傳承語言，且將對高階語言（high language，在這裡指英文）較不熟悉的說話人定義爲傳承語話者：

The term "heritage speaker" is used to refer to a student who is raised in a home where a non-English language is spoken, who speaks or merely understands the HL, and who is to some degree bilingual in English and the heritage language.

另一方面，廣義的主張如 Van Deusen-Scholl（2003：222）認爲傳承語是學習者在成長過程中透過某特定的語言進行家庭互動而對該語言持有強烈的文化連帶感以及傳承動機的語言。Fishman（2001：81）則把傳承語定義爲連結家人關係（particular family relevance）的特別語言。這些傳承語的定義都共同強調移民或少數族群的文化傳承和語言與家族之間的關聯性。本文基本上採取上述廣義的定義，以傳承語來指涉新住民的原生語言而有別於臺灣本土語言的母語之稱謂。新住民女性到臺灣爲適應生活，必須學習華語或臺、客語等語爲第二或第

三語言以適應當地文化，如果也能作爲另一個語言文化的傳遞者的話，就能促成在地國際化、落實臺灣多元文化的內涵。本文的焦點之一在於作爲移民接收國的臺灣所推動的國家政策和社會環境下，新住民的子女是否有可能除了在地語言外還習得 HL 成爲雙語人。

加拿大雙語教育研究者Cummins（1981：29）提出語言相互依存論（the linguistic interdependence hypothesis），認爲學習新語言時，從學習母語過程中習得之認知能力會遷移到另一個語言的學習上，而這個學習語言的能力也會再影響其母語能力的發展，依此 Cummins（1996）進而提出共通的語言能力學說（common underlying proficiencies, CUP）。根據其會話能力／教科學力原則（conversational/academic language proficiency），和人溝通所需要的會話能力與教科學力的習得歷程所需的時間不同。而雙語者的 2 個語言在表層形式上雖有不同處，但在深層的概念／認知層面上則共有。此外，Cummins（1993）認爲對少數民族語言兒童來說，第一語言的開發和維護能支持第二語言的發展。

自 90 年代婚姻移民的大量發生以來，政府公部門早期推出的移民處置政策都側重在如何使新住民融入臺灣社會，以「防治」社會問題的發生做爲目標。自 2012 年開始，當東南亞語言做爲一個語言文化資本市場的方法納入其視野後，政策出現了新轉向，多元族群文化的落實與再現初次得到重視。內政部和教育部在 2012 年至 2014 年間開辦全國新住民火炬計畫，提供各小學申請新住民語言課程的補助經費、試辦新住民女性做爲「母語教學人才」的培訓課程，2015 年以後提出發揚新住民潛力願景計畫，旨在推展新住民語言文化的再現與展演。現在「新南向政策」在政商界正在沸騰，培養東協語言人才更列爲重要發展目標之一。臺灣國內如果能以新住民的語言作爲重要資源，挹注適當的教育措施善加培養專業語文人才，如此一來，不但能提升新住民子女學習成效與正向的社會化，也可以達到落實多元族群

文化的目標，更能大幅度的促進我國在東協的貿易合作與發展，可說是一舉數得。

(二)宏觀模式理論發展的背景

新住民如何兼顧當地強勢語言的學習同時傳承其語言呢？在雙語習得研究裡，許多心理學者、語言學者提出態度（attitude）和動機（motivation）的重要性。語言習得理論與模型的發展始於1950 年代，Gardner and Lambert 提出語言習得的社會—教育模式（socio-educational model of language learning），認為影響語言習得的 2 個重要的動機包含統合的（integrative）以及工具的（instrumental）動機（Gardner and Lambert, 1972）。在這個模式中動機和社會文化脈絡不可切割，是語言習得上不可或缺的重要因素。這個理論模式成為以後各學者發展語言學習理論的重要依據。Lambert（1974）接著以一連串的實證研究進一步發展出社會心理模式（socio-psychological model），模式內涵兼顧個人、社會兩方面要素的雙語人之語言習得模式。在這個理論中，個人對語言的態度以及適性（aptitude）做為語言習得的出發點也是進入語言習得第一階段基礎條件。第二階段則為動機（motivation），第三階段則是雙語的熟達度，語言習得到了一定程度後能進而自我認同。最後的階段，即在個人以及社會文化的交叉影響下決定雙語習得的成效是為添加式雙語人（additive bilingualism）或是雙語能力都低下的削減式雙語人（subtractive bilingualism）。若是第二語言文化威脅壓迫第一語言的地位時，則容易成為後者。伴而發生的是疏離（母族群）以及同化（到主流文化），自我的認同減弱，終而造成文化的認同的喪失等。Landry, Allard and Théberge 以 Lambert 等前人的研究為基礎，提出成就語言學習者成為添加式雙語人或是削減式雙語人的宏觀模式理論（A macroscopic model of the determinants of additive and subtractive bilingualism）。該研究認為雙語者的育成更應該注重社會階層問題，並從少數族群語言的強化、文化的認同、民族語言的育成著手進行。該理論認為只有培育第一語言和第二語言能力皆俱佳並能對少數族群語言持以肯定態度的添加式雙語人，少數族群語言才有可能在語言共同體中保持活力（Baker, 1993）。Landry and Allard（1991, 1992, 1994）的宏觀模式理論如圖一，語言學習成效與整體社會營造息息相關。宏觀模式架構出語言選擇以及語言使用等語言行為是由社會層面、社會心理層面、心理層面的 3 個層面之間的因子交互影響而驅使之。語言行動直接作用於添加式雙語人，即當說話人對第一語言的族群認同和動機足夠時才能進而積極學習、使用，說話人的兩個語言能力才有可能相互依存而觸發 1 加 1 大於 2 的正向轉移效果。若相反，則兩個語言能力可能是削減弱化的。影響說話人語言行為的社會層面指的是能夠提供支援族群語言成長的社會資源，如人口資源、政治資源、經濟資源、文化資源等各方面社會支援的多寡決定族群語言生命活力為正向或負向的發展。而社會心理層面指的是各種語言接觸網路的分布以及頻度，如人際關係、媒體媒介以及教育上是否提供與目標語言接觸的機會等。社會心理層面的形成和社會資源提供的支持的多寡是相互緊扣且互相影響的。

而社會心理層面又決定了個人心理層面的發展，所謂心理層面指的除了是語言學習者的語言適性和能力外，重視學習者在族群認同的情感、語言活力的信念與身分的認同等心理層面上是否積極正向。也就是說，除了因人而異的學習天份的能力外，對於該語言是否具有學習動機等態度的實踐反應在說話人的語言行為進而決定了說話人是否能成為添加式雙語人。宏觀模式理論指出語言學習者在習得語言（第二語言、傳承語、母語等）時，其所屬族群所在的社會環境、家庭和其認同情感、興趣等動機或態度會產生交互作用。在一定的社會網絡資源的支持下，認同決定語言行為，而語言行為更是直接造成少數族

資料來源：取自 Landry and Allard（1991），由筆者加工製成。

圖一　宏觀模式理論（A macroscopic model of the determinants of additive and subtractive bilingualism）

群傳承語言的學習者能否成爲添加式雙語人或是削減式雙語人的首要因素。本文借用宏觀模式理論的框架，透過觀察臺灣國家政策所提供的社會資源以及實踐，分別討論社會以及社會心理層面的支援效果。同時調查新住民女性傳承其原生文化的語言態度和行爲，以解析新住民語言傳承的可能性進而討論政策施行之缺失以期作爲今後推行改進的參考。作者認爲語言是文化的基底，語言傳承除了是基本人權外，也是最深層的自我認同的展現。也因爲目前四處舉辦的所謂的多元文化活動所展現的，無論是露呈身體曲線的服裝、歌舞或是異國廚藝的展演，無非有強化父權框架下的邊緣女性身體的地位的意味。所以提倡語言使用或語言傳承權的獲得至少是少數族群女性賦權的重要一步。

三、研究對象

本研究以參與新住民母語教學人才培訓專案計畫的 47 名學員（臺南國立成功大學承辦）爲對象，進行語言行爲與態度的訪談與問卷調查。調查對象及其配偶的年齡、學歷、國籍等社會屬性整理於表一，其子女的國籍置於表二。整理本次調查對象的特徵屬性後發現，和過去研究結果有些不同的地方（王宏仁，2001；陳麗君，2007）。本次調查對象的教育程度平均而言較過去研究的高，在年齡上的分布上，本次調查對象與其臺籍配偶間的年齡相差平均不到 7 歲。此外，雖然結婚媒合的方式透過親戚朋友的介紹依然占多數的 43.5%[4]，但和過去研究最大的不同的是「因工作認識的」占很大的比例 34.8%（婚姻媒合的方式見表三）。筆者認爲本次調查對象的社會屬性條件之所以不同應和其社會參與的能動性與自主性的改變有相當大的關係。因爲參加師資培訓人員計畫的報名雖然沒有任何學力資格限制，

---

[4] 很多時候親朋好友就是從事仲介的工作。

表一　調查對象與配偶的屬性

	受訪者	人 數	百分比	受訪者配偶	人 數	百分比
年齡	25～34	14	26%	25～34	0	0%
	35～44	**28**	**72%**	35～44	16	36%
	45～54	9	36%	**45～54**	**26**	**76%**
	55～61	2	6%	55～61	3	9%
平均年齡	38.5			46.4		
學歷	初中以下	14	29.8%	初中以下	5	10.6%
	高中職	**16**	34.0%	**高中職**	**25**	**53.2%**
	大專院校	**15**	31.9%	**大專院校**	**17**	**36.2%**
	碩士	1	2.1%	碩士	0	0.0
	未標示	1	2.1%	未標示	0	0.0
國籍	印尼	7	14.9%	臺灣	46	97.9%
	柬埔寨	3	6.4%	未標示	1	2.1%
	泰國	4	8.5%			
	馬來西亞	2	4.3%			
	越南	**31**	**66.0%**			
	合計	47	100.0		47	100.0

表二　調查對象的子女

		次 數	百分比
性別	男	15	31.9
	女	22	46.8
	未標示	10	
國籍	臺灣	**40**	85.1
	臺、越雙重國籍	2	4.3
	未標示	5	10.6
年齡	10 歲以下	24	57.1%
	11–20 歲	16	38.1%
	20 歲以上	2	4.8%
	平均年齡	11	

表三　跨國婚姻的媒合方式

		人　次	百分比
如何與配偶認識	婚姻仲介所	4	8.7%
	親戚朋友介紹	20	**43.5%**
	網路交友	2	4.3%
	工作認識	16	**34.8%**
	其他	4	8.7%
	合計	46	100.0%

只要符合新住民的資格即可。但是有意願並有環境來參與教學人才培訓的顯然的有一些社會屬性條件的限制，如受過一定的教育、具有獨立自主思考、對自我／原生文化具備有自信等條件。另外，和過去研究調查類似的是這些新住民子女的國籍都是選擇臺灣，選擇保留雙重國籍的只有 2 位。

四、調查結果與討論

　　以下本文採宏觀模式理論分別從社會層面、社會心理層面、心理層面分別討論調查結果。

(一)社會層面——臺灣新住民的語言教育政策

　　社會層面的因素，涵蓋人口、政治、經濟、文化等資源的支持之有無。我們將政府歷年來推行的各種提升外籍配偶生活以及教育的相關補助計畫列於表四。根據內政部移民署（2016 年 2 月）的資料，外籍配偶照顧輔導基金核定補助款項從 2007 年至 2011 年間平均約為每年 2 億 2 千萬元，2012 年至 2014 年間增加約 1 倍，平均核定補助款每年約為 4 億 2 千萬元。若把內政部主導推動的各項計畫的發展主

表四　歷年來政府推動的新住民輔導等相關計畫

執行期間	計畫名稱	執行單位
1999–2008	外籍配偶生活適應輔導計畫	內政部
2003–2004	大陸配偶生活輔導計畫	行政院大陸委員會
2004	建立外籍配偶終身學習體系	教育部
2004–2015	外籍及大陸配偶子女教育輔導計畫	教育部
2005–2006	榮民與大陸配偶生活輔導及座談	行政院國軍退除役官兵輔導委員會
2005–2008	推動外籍及大陸配偶弱勢家庭子女福利服務	內政部
2005–2016	建立兩岸交流秩序—在臺大陸配偶生活輔導計畫	行政院大陸委員會
2006–2007	發展新住民文化計畫	教育部
2006–2008	推展婦女福利服務辦理婦女自我成長與教育計練計畫	內政部
2007	辦理無職榮民暨外籍及大陸配偶生活狀況調查	行政院國軍退除役官兵輔導委員會
2007–2008	移民照顧輔導計畫——加強外籍配偶照顧輔導	內政部
2007–2010	人文社科新興議題及專業教育提升先導計畫	教育部
2007–2015	榮民與榮眷生活輔導宣慰及座談	行政院國軍退除役官兵輔導委員會
2009–2014	推動婦女培力計畫	內政部
2009–2014	補助地方政府辦理外籍與大陸配偶生活適應輔導事宜	內政部
2011–2016	提升新住民及其子女教育服務品質方案	教育部
2012–2014	全國新住民火炬計畫	內政部
2013	建立兩岸交流秩序—大陸配偶關懷輔導計劃	行政院大陸委員會
2013–2015	新住民資訊素養教育計畫	內政部
2015~	發揚新住民潛力願景計畫	內政部

軸依是否落實多元文化的互動發展的角度來看可分為三階段，2003年以前集中在東南亞籍以及中國籍配偶的生活適應輔導，2004年後加入外籍配偶子女的教育輔導，2012年後開始導入外籍配偶的原生國語言文化的教育與再現。

　　丘愛鈴及何青蓉（2009）針對2003至2008年間推動的「外籍與大陸配偶照顧輔導措施」、「現階段外籍與大陸配偶移入因應方案」、「教育部發展新住民文化計畫」等計畫的施行進行調查後認為，我國的識讀教育政策，雖然新住民教育機構獲得補助專案的經費逐年增加，但是缺乏專屬教材、人力、師資、經費、負責單位等問題一直是各個推行機構所遭遇的困境。在所有教育活動的辦理中，成人識字班一直是各組織所舉辦的最主要的活動。但是，這些臨危受命的識字班除了受到師資、教材，整體環境缺乏多元文化國民涵養等條件的限制。多數實證研究指出，教育現場的教師簡單的從我族中心角度出發，以為識讀的目的在於提升新住民教養子女的能力（邱琡雯，2000；何青蓉，2007；何青蓉、丘愛鈴，2009）。

　　本研究將受訪者參加識字班（含成人教育班）的時間和其子女的語言能力[5]進行pearson相關分析的結果發現，受訪者的識字班學習時數和子女的傳承語聽力（說 $r = -.636$, $p < .001$，聽 $r = -.475$, $p < .05$）、子女中文的聽力為負相關（聽 $r = -.418$, $p < .05$）。可見，以教養子女的中文能力為目的期待新住民上識字班想法實為迷思。事實上，有識者不須統計檢測也可以理解在臺灣中文學習環境中成長的兒童中文能力必定比成人後到臺灣的母親們有語言學習上的優勢。又如陳麗君（2007）調查識字班和新住民的語言能力的結果也指出，受訪者在識字班的上課時數和其語言能力之間沒有顯著的關聯

---

[5] 子女的語言能力是由新住民的母親評價，分別針對聽、說、讀、寫的能力，從非常流利、流利、普通、不太流利、完全不會的5個選項圈選的結果。相關分析是以聽說讀寫的總平均和母親的上課時數做的分析。

性。究其主因是因為一般國小以及民間所附設的「識字班」的教材和教學法，對於成人的第二語言學習和兒童的教學法並沒有做區隔。國小師資沒有受過第二外語教育的訓練，識字班的課程花費大多數的時間在注音符號的學習。又受限於當時大多數的執行機關都是只獲得單年（次）的而非連續性的補助，課程停留在初級班無法安排完整的進階課程。外籍配偶參與識字班課程的主要目的常常是為了取得我國身分證[6]。

　　這種情形一直實施到 2007 年後各地國小的成人教育班系統合併外籍配偶班開辦後，識字班在教材教法的銜接上才獲得改善。即便如此，放著東南亞等國人容易熟悉且入門的羅馬拼音系統不用，卻花費大量時間來學習注音符號的所謂第二語言學習成效上的問題，仍舊存在。其實，近年來華語學程風潮下各大學研究所華語師資學程機構培養出大批的成人華語師資，這些華語師資的專才便是針對外國人進行臺灣國語文教育，然而其在國內卻多數無用武之地。若是在教育機制上，能夠讓國內人才資源妥善運用，將制度間加以接軌相信會有更好的成效。以上結果簡而言之，初期的新住民教育政策機制中隱然為同化政策，較缺乏專業的、整體系統性規劃以及相關配合永續經營的單位和制度。

　　2012 年 6 月 21 日內政部與教育部合頒「全國新住民火炬計畫」，以新住民子女人數超過 100 人或十分之一的小學做為重點學校，開始提供初步的新住民傳承語課程。2013 年更進一步結合大專院校資源，開始新住民母語教學人才培訓專業計畫，以提升有意願參與傳承語教學的新住民人才。雖然在制度上以及組織上仍然缺少系統

---

[6] 依據國籍法第三項規定，歸化的基本條件之一是具備我國基本語言能力及國民權利義務基本常識，而基本語言能力的認定標準之一就是「曾參加國內政府機關所開設之課程上課總時數或累計時數達一定時間以上之證明。」所謂一定時間，原訂 72 小時，2009 年後改為 200 小時。

性的規劃，如小學新住民語言的「母語」課程依然和識字班一樣受限於每年申請的不確定性，授課內容永遠停留在蜻蜓點水式，無法達成有效的雙語教育。儘管如此，公共事務上的多元文化主義的「實踐」開始出現轉機，對新住民的處置從消極的解決社會問題的對策式政策，轉化為將新住民語言視為臺灣國際化以及南進政策的重要資源。比較重要的是，一旦新住民語言置入國家教育系統內，無疑能讓社會心理以及民眾個人心理層面產生漣漪效果。下一節即從心理層面討論這些參與由政府免費提供的第 1 屆住民母語教學人才培訓專業計畫課程的新住民母親對於傳承語言的態度和動機。

(二)心理層面──傳承語言的動機

如前面文獻探討所述，不少學者理論都認為影響語言學習的最大因素是態度與動機。而這個態度與動機來自於對該族群語言文化在認同情感上是否有正面的傾向，因為認同該族群文化才能進而產生學習的興趣。在這個層面上，我們問了受訪者 4 個問題：1.是否想讓您的子女學習母國人（原生國）的行為模式、2.是否想讓您的子女學習您的母語、3.希望子女的傳承語能力達到什麼程度、4.您認為您的子女的興趣想法比較傾向臺灣還是您的母國？結果分別為表五、六、七。

表五、六中可以看出，高達 88% 的新住民想傳承其原生國的行為習慣，希望傳承語言給下一代的意願甚至高達 9 成以上。多數人希望其子女的傳承語能力不僅僅是初步的溝通或打招呼，而是具備高度的語言能力如讀寫或能運用在工作上，希望其傳承語能力可以和當地人一樣好的達到三分之一。再根據表七，我們的調查對象子女在臺灣與原生國的兩個文化的興趣的認同拉鋸上，明顯傾向臺灣。這些新住民子女的年齡多數未成年（57% 的子女 10 歲以下，38% 的子女年齡在 10～20 歲間），也就是說其子女在中學及小學以下的學齡階段的占大多數。這些新住民母親若能在小學擔任傳承語課程講師或是在小

表五　受訪者原生文化以及語言的認同

	a.想否想讓小孩學習母國人（原生國）的行為模式		b.是否想讓小孩學習原生國語言	
	人　次	百分比	人　次	百分比
完全不想	0	0.0	0	0.0
不想	0	0.0	0	0.0
都可以	4	9.3	0	0.0
想	**14**	**32.6**	**13**	**30.2**
非常想	**25**	**53.1**	**30**	**69.8**
總和	43	100.0	43	100.0
遺漏值	4		4	

表六　跨國婚姻移民第二代的傳承語的發達程度的期望

你希望孩子繼承母語能力的程度為何？	人　次	百分比
打招呼	1	1.6
能夠簡單溝通	11	17.2
有一定的讀、寫能力	16	25.0
能夠回母國工作、唸書的能力	14	21.9
和母語說話人一樣	**22**	**34.4**
總和	64	100.0

表七　原生國與現居地之間認同的拉鋸

您的孩子的興趣想法比較偏向臺灣還是母國？	人　次	百分比
完全是臺灣	7	16.7
傾向臺灣	**15**	**35.7**
差不多	**13**	**31.0**
傾向母國	5	11.9
完全是母國	2	4.8
合計	42	100.0
遺漏值	5	

學課程上有展演的機會的話，必能夠促進子女對其母親的語言文化產生認同以及尊重。屏東縣好好婦女權益發展協會的季刊雜誌《你不孤單》收錄了國小 4 年級學童林慧安的作文〈老媽，老外〉，其中有一段是描述學童對其越南籍母親及其文化的觀感：

> 我的媽媽雖然平時並不會教我讀書和寫字，但是對我的其他各種要求都很嚴格。……我的媽媽煮菜的手藝很好，我最喜歡媽媽做的越南料理，連學校老師也相當喜歡。記得之前學校的「新住民火炬計畫」，還邀請媽媽到學校教老師做越南料理。我以媽媽為榮，並為她感到開心。……（2016 年第 9 期頁 20）

上述的內容可以看出，即使新住民母親無法教導其子女學校的功課，也不會造成學童的學科的學習意願負面的影響。也可見藉由學校教育體系的文化活動展演，有助於子女對其母親原生國的文化產生認同以及尊重。

儘管如此，我們想初步了解新住民母親的族群語言文化的傳承動機和認同是否能夠反映在其自身子女的傳承語能力上呢？本研究調查這群有意願傳承語言的受訪人評估其子女語言能力的結果，相對於流暢的華語能力（9 成以上聽、說流利或非常流利，7 成以上讀、寫流利或非常流利），傳承語能力顯然偏低，16%的傳承語聽力流利或非常流利，說話能力流利的只有 8%，讀寫能力流利的 0 人。根據宏觀模式理論，直接影響語言學習者的心理層面進而左右其語言行為產出的是社會心理層面—涵蓋各種語言接觸的網絡，如人際互動、媒體媒介以及教育資源的有無等。下一節我們要觀察這些受訪者在人際互動的運用傳承語的使用以及教育支援的現狀。

(三)社會心理層面

人際關係、媒體媒介、教育支援是構成社會心理層面的主軸，本文的調查結果主要討論新住民在人際網絡關係中接觸目標語言的機會或者是營造接觸目標語言的可能性。因為人際網絡的語境（situation）有助於提升語言學習工具性和整合性動機，若是傳承語言納入正式教育體系的話，除了在實際學習面向的意義外，更能提升該目標語言的位階、引起學習者以及其與其接觸的人際網路關係的興趣和動機。從上一節的調查結果可知，參與傳承語師資培訓的新住民母親確實表達了語言傳承的興趣和動機，並且對於其子女的語言程度具有高度的期待。半數以上的人希望其子女能有讀寫、工作、升學甚至和母國人一樣的能力。所以接下來我們針對社會心理層面上所形塑的傳承語言的統合性動機和工具性動機。從受訪者與其周遭的人際網絡間進行的語言行為與態度分別加以討論。

在新住民人際網絡的接觸中，空間是最重要的因子。「家」一這個空間是最有可能保持並傳承語言的場所。在這個日常生活場所的語言接觸行為中，語言作為工具的需求度又是如何的呢。首先我們針對家庭內主要成員（祖父母、受訪者、受訪者配偶）和受訪者子女之間相互的語言使用狀況進行調查如表八。調查結果顯示，整體而言家庭內使用中文或是臺語的人次超過半數最多，其次是中文混合臺語的使用約 3 成左右，兩者合起來佔85%。以中文為主加上傳承語或英文的約有6%，以中文混合臺語為主再加上傳承語或英文的僅有5.4%。而以傳承語為主再加上中文或英文的語言使用的人次最少只有3.3%。僅就母親對子女的語言使用上，以中文為主加上傳承語的不足 3 成，以中文混合臺語為主在加上一些傳承語言的共有54%，以越南語為主再配合中文或臺語使用的僅有12%，只用中文或臺語或中臺混合的占34%。可見，新住民子女即使在「家」的場域中接觸傳承語的頻度也不高。

接下來，針對新住民語言在日常生活中語言的統合性、工具性動

表八　新住民家庭內的語言使用和語言接觸

		我對夫	我對子	我對公婆	夫對我	夫對子	夫對公婆	子對我	子對夫	子對兄弟姊妹	子對公婆	公婆對夫	公婆對子	家庭內主要成員
A1	次數	20	11	23	20	19	30	19	25	23	26	27	21	264
	百分比	45%	27%	61%	45%	46%	75%	46%	61%	59%	70%	69%	62%	55.1
A2	次數	19	2	14	17	17	10	4	15	8	11	12	13	143
	百分比	43%	7%	37%	39%	41%	25%	10%	37%	21%	30%	31%	38%	29.9
B1	次數	2	12	0	4	2	0	4	0	5	0	0	0	29
	百分比	5%	29%	0%	9%	5%	0%	10%	0%	13%	0%	0%	0%	6.1
B2	次數	0	6	1	0	0	0	6	0	2	0	0	0	15
	百分比	0%	15%	3%	0%	0%	0%	15%	0%	5%	0%	0%	0%	3.1
B3	次數	2	4	0	2	2	0	2	0	0	0	0	0	12
	百分比	5%	10%	0%	5%	5%	0%	5%	0%	0%	0%	0%	0%	2.5
C1	次數	0	5	0	0	0	0	4	0	1	0	0	0	10
	百分比	0%	12%	0%	0%	0%	0%	10%	0%	3%	0%	0%	0%	2.1
C2	次數	1	0	0	1	1	0	0	1	0	0	0	0	4
	百分比	2%	0%	0%	2%	2%	0%	0%	2%	0%	0%	0%	0%	0.8
C3	次數	0	0	0	0	0	0	2	0	0	0	0	0	2
	百分比	0	0	0	0	0	0	0.05	0	0	0	0	0	0.4
合計	次數	44	41	38	44	41	40	41	41	39	37	39	34	479
	遺漏	3	6	9	3	6	7	7	7	8	10	8	13	

注1 符號說明：「a／b」表示或是，a 語為主或者 b 語為主。「a+b」表示 a 語為主加上 b 語混用，依照使用頻率排列先後。「中」表中文、「臺」表臺語、「泰」表泰語、「越」表越南語、「印」表印尼文。

注2 項目內容：「A1」＝中／臺，「A2」＝中＋臺／臺＋中；「B1」＝中＋越／中＋英／中＋印／中＋泰＋英，「B2」＝中＋臺＋印／中＋臺＋越／中＋臺＋英＋印，「B3」＝臺＋中＋英／臺＋中＋馬＋英／臺＋英＋印／臺＋越；「C1」＝越／越＋中／越＋英＋中，「C2」＝印＋英＋中，「C3」＝印＋英。A 區只用臺灣語言，B 區以臺灣語言為主混用傳承語，C 區以傳承語為主。

機的闡明，我們做了以下的調查。我們問了受訪人以下的問題，「你認爲以下的各種場合中各個語言的重要度爲何？（交朋友、和家人談話溝通、做作業等學校功課、將來升學時、爲了讓小孩有做爲母國人（原生國）意識時）」。前面 4 項爲工具性動機的問題，最後一項爲統合性動機的問題。計分採用李克特 5 點量表評量語言的重要性（非常重要、重要、普通、不太重要、完全不重要），結果顯示如表九。各個場合中的語言選擇上，認爲中文非常重要的都占多數，各個語言依其認定的重要度高低依序排列爲中文 > 臺語 > 傳承語。「交朋友」以及「升學時」的 2 項中，英文的重要性勝過傳承語。這個調查結果如同臺灣主流的語言市場的鏡面效果，語言的高低位階如實反映。值得注意的是在第二代的原生國人意識的養成的項目中，認爲傳承語非常重要的約有 65.7%，在這個項目中認爲中文非常重要的也達到 66.7%。以上調查可見，參與師資培訓的新住民母親們在東南亞語言的學習上擁有統合性動機，但在工具性動機上仍然明顯不足。

新住民在臺灣，必須儘快學習當地語言以確保在主流社會中的生存和權益；同時也應保留原生語言文化，培養健全的民族認同與自信才得以在主流強勢社會安身立命，從積極的角度而言，多一個語言能力多一份國際社會競爭的優勢。然而，在雙語教育的方法上，也有不少學者認爲只有加強少數族群的語言教育才有達到添加式雙語人的可能性（Cummins, 2005; 柯林貝克，2007）。在中文爲主的教育、社會環境中，少數族群語言只能依靠傳承者以及保持與傳承語團體間的互動才有可能增加語言接觸的頻度和學習的動機。

表九　日常生活中語言的整合性、工具性動機

		中文		臺語		傳承語		英語		客語	
		次數	百分比	次數	百分比	次數	百分比	次數	百分比	次數	百分比
交朋友時	完全不重要	0	0.0	0	0.0	0	0.0	0	0.0	0	0.0
	不太重要	0	0.0	1	2.5	5	12.5	0	0.0	1	25.0
	普通	0	0.0	6	15.0	13	32.5	6	23.1	3	75.0
	重要	4	10.0	5	12.5	10	25.0	8	30.8	0	0.0
	非常重要	36	90.0	28	70.0	12	30.0	12	46.2	0	0.0
	總和	40	100.0	40	100.0	40	100.0	26	100.0	4	100.0
	遺漏值	7		7		7		21		43	
和家人談話溝通	完全不重要	0	0.0	0	0.0	0	0.0	0	0.0	0	0.0
	不太重要	0	0.0	1	2.5	1	2.8	9	37.5	0	0.0
	普通	0	0.0	6	15.0	8	22.2	8	33.3	1	25.0
	重要	7	18.4	6	15.0	7	19.4	2	8.3	3	75.0
	非常重要	31	81.6	27	67.5	20	55.6	5	20.8	0	0.0
	總和	38	100.0	40	100.0	36	100.0	24	100.0	4	100.0
	遺漏值	9		7		11		23		43	
做作業等學校功課時	完全不重要	0	0.0	0	0.0	7	22.6	0	0.0	0	0.0
	不太重要	0	0.0	0	0.0	1	3.2	0	0.0	0	0.0
	普通	0	0.0	4	11.8	14	45.2	5	19.2	0	0.0
	重要	4	10.0	8	23.5	3	9.7	5	19.2	4	100.0
	非常重要	36	90.0	22	64.7	6	19.4	16	61.5	0	0.0
	總和	40	100.0	34	100.0	31	100.0	26	100.0	4	100.0
	遺漏值	7		13		16		21		13	
考慮將來升學時	完全不重要	0	0.0	0	0.0	3	9.4	0	0.0	0	0.0
	不太重要	0	0.0	4	11.8	1	3.1	0	0.0	0	0.0
	普通	0	0.0	8	23.5	9	28.1	4	13.3	0	0.0
	重要	4	11.1	6	17.6	8	25.0	5	16.7	4	100.0
	非常重要	32	88.9	16	47.1	11	34.4	21	70.0	0	0.0
	總和	36	100.0	34	100.0	32	100.0	30	100.0	4	100.0
	遺漏值	11		13		15		17		43	
為了讓小孩有身為母國人的意識	完全不重要	0	0.0	2	6.1	0	0.0	0	0.0	0	0.0
	不太重要	0	0.0	0	0.0	0	0.0	3	12.0	0	0.0
	普通	2	6.1	6	18.2	5	14.3	5	20.0	0	0.0
	重要	9	27.3	11	33.3	7	20.0	7	28.0	1	25.0
	非常重要	22	66.7	14	42.4	23	65.7	10	40.0	3	75.0
	總和	33	100.0	33	100.0	35	100.0	25	100.0	4	100.0
	遺漏值	14		14		12		22		43	

　　此外，在傳承語的教育支援上的狀況，我們整合過去的問題和語言教育的工具和環境，列出以下常見的具體問題，並利用反面思考評價的方式檢測受訪者是否確實做答。

　　調查結果如表十。題目 a 和 b 是關連題。a 是「雖然會日常對話，可是母語的讀、寫能力完全不行」請受訪者評估子女的傳承語能力。b「母語、中文、臺語不管哪一種都不太好」題目目的在理解語言能力以及雙語或多語的學習的負面干擾現象的有無。因為筆者過去在訪談新住民教育人員的經驗上發現，即使雙語教育的效果普遍被接

表十　傳承語的學習環境的支援狀況

		完全不正確	不太正確	差不多	大概正確	完全正確	總和	遺漏
a.雖然會日常對話，可是母語的讀、寫能力完全不行	次數	11	10	10	3	7	41	6
	百分比	26.8	24.4	24.4	7.3	17.1	100.0	
b.母語、中文、臺語不管哪一種都不太好	次數	19	7	12	3	0	41	6
	百分比	46.3	17.1	29.3	7.3	0.0	100.0	
c.小孩學習母語的意願不高	次數	10	10	10	11	0	41	6
	百分比	24.4	24.4	24.4	26.8	0.0	100.0	
d.周遭沒有學母語的教育機構	次數	8	5	6	6	13	38	9
	百分比	21.1	13.2	15.8	15.8	34.2	100.0	
e.周遭沒有類似的家庭環境、同年齡的小孩	次數	7	7	4	7	11	36	11
	百分比	14.9	14.9	11.1	14.9	30.6	100.0	
f.教師、教材太少	次數	7	6	7	6	12	38	9
	百分比	18.4	15.8	18.4	15.8	31.6	100.0	
g.不知道該用什麼方法教育	次數	9	15	4	2	6	36	11
	百分比	25.0	41.7	11.1	5.6	16.7	100.0	
h.小孩的母語教育得不到家人的理解和協助	次數	18	7	6	2	5	38	9
	百分比	47.4	18.4	15.8	5.3	13.2	100.0	

受，仍有些教育人員認為新住民語言會造成其學童國語等學科能力表現不佳等先入為主的主觀，有時甚而要求新住民媽媽不要使用傳承語言，或是直接歸責的情況。調查結果顯示，過半數以上不認為子女完全沒有讀、寫的傳承語能力，而只有 7% 的受訪者認為多語言學習狀況下各個語言能力都差。在教育的支援上認為缺乏教育機構、環境、師資的都超過 4 成。有超過 6 成的人自認為知道傳承語教育的方法，但認為子女不願意學習傳承語的有 26%。在家人的協助支援上，有 65.8% 認為傳承語可以得到家人的理解和協助，但也仍有 18.5% 的人得不到家人的理解和協助。即使如此，透過課程的參加與傳承母語教師資格的取得，有助於新住民的母語位階提高和賦予其使用母語的自主權的協商和調整的機會。

五、結論

在初期對於新住民女性的適應輔導政策下，對於提升新住民的識字率或身分證、駕照、工作創業上確實有不少助益，但是單向性的視角卻同時很可能加劇了東南亞移民的權力關係的失衡。正如李國基（2007）認為東南亞新住民的國小子女的雙族裔認同的困境，是在不均衡的權力互動中，進行父母雙方族群文化的傳承，而形塑出他們失衡的文化載體與破裂的族裔認同。儘管她們過去傾向以隱藏、淡化異同的方式提升自己在接待社會的被接納度，隨著近年來東南亞文化在臺灣的扎根，其存在就如同越南小吃已經成為臺灣社會的重要異國料理一般，臺灣社會對東南亞移民的認識度和接受度普遍提高。在這個時候，新住民在接待社會的自他關係的策略上，開始了發展另一階段的可能性。除了隱藏或淡化外，相反的如何適時的彰顯其族群性的特質、展現原生國文化來表達己身認同，進而調整自他關係提升其階層地位。邱琡雯（2013）調查 2009 年參與國小多元文化週進行母文化

展演的女性移民，認為她們並未積極的想去抵抗臺灣既存的價值體系，因為這些展演的內容如介紹母國的飲食、地理、文化不會觸及他們在臺灣的真實生活。頂多只是透過展演的機會，將臺灣人對他們母文化的誤解，做了些許澄清或重新詮釋。展演之後她們從自我的提升、子女的認同與臺灣人的接納中，來省視自他關係的良性變化，重塑自己在接待社會臺灣的認同。但筆者認為，身著原生國服飾或食物的展演固然能產生自他認同，但新住民原生國語言文化的展演和傳承更能觸及族裔認同和文化傳承的核心價值，因為無疑新一代雙語人的培育必得從新住民家庭每天真實生活的網絡中的語言行為的實踐開始做起。在生產勞動的過程中，透過掌握母體語言文化傳承的自主性，有機會重組其不平衡的族裔、性別、權力的自他關係。因為語言既是維持基本權力和財富的工具，同時也是形成自我、構成個人價值和思考體系的重要概念，透過語言位階的提升進而能夠到達賦權的實踐。

事實上，在臺灣的跨國婚姻中，與歐美日的跨國婚姻的子女多半能夠成功的繼承傳承語。以和日本籍女性結婚的臺日家庭為例，其子女多數能成為中文和日文的添加式雙語人是由於日語在臺灣的位階高，家庭和社會的多重支持下促成日籍女性對日語傳承教育的策略得以實踐（陳麗君，2007；伊藤佳代，2014）。但我們很清楚的知道，不是出生在雙親擁有不同語言的家庭就自然的能孕育出雙語人，處於邊緣化的族群兒童更難能認同其語言文化進而傳承。我們也看到，如果母語的傳承真的只是各自家庭的責任，只要要求家長在家裡多說母語就好的話，臺灣各族群母語也不會都面臨邁入死亡的危機。綜合上述觀察的結果，對於以新住民的語言傳承，筆者提出下列三項簡要建議以期改善目前傳承語言的教學現況。

1.提供一貫課程

在新住民集中的社區學校、教育、社福活動中心、相關法人團體等機構辦理至少一次連續 3 年期（才能規劃初級、進階、讀解等不同階段）的新住民語言文化課程。鼓勵新住民的家人小孩之親子共學。

除了增加傳承語言的教育機構解決問題外，還可以促進家庭、社區民眾對於新住民語言文化的理解與支持，同時又可以作為新住民成教識字班的配套措施之一環。

2.使用正式學制用的教科書

以新住民集中地區的正式教育單位作為種子學校，利用每周末早上或下課後語言課程班，一樣至少 3 年一期。仿效加拿大少數族群語言培育保存的方式，由各地方教育局直接面試各團體推薦師資並進行統一管理監督，25 人以上申請即成班。傳承語言教育最有效的方法是使用原語言的正式教科教材循序漸進上課（陳麗君，2013；伊藤佳代，2014）。最好每周時數 2.5 小時以上，初級進階等層級分明才能有語言學習效果。

3.師資培訓

委託專業東南亞語文專業學術研究機構，規劃培訓專業東南亞語文師資。目前國內新住民成教班的師資多是就地取材以不熟悉成人第二語言教學的小學幼教人員擔任；各地的新住民學童教學人員的資格是只要國中畢業並參與國內 36 小時培訓課程即行擔任。正如葉郁菁、溫明麗（2013）指出，國小新住民語言教師欠缺教育專業背景、設計教材的訓練、學校利用早自習或午休的課程時間安排等都是造成學習動機貧乏的原因。更重要的是，由政府政策所釋出的培訓支援人員的計畫課程許多都是由各地機關即時發佈臨陣授命，培訓東南亞語文師資的課程、師資的專業性和成效都有待評估。

此外，對於目前 12 年課程綱領的語言政策規劃，筆者想藉此提醒當局者，若是沒有謹慎地進行語言政策規劃，貿然將東南亞語言置入原有臺灣小學的本土語言課程一周一節的臺語、客語、原住民語再使其 4 選 1 的話，不僅效果不彰，還有可能造成新、舊移民面對被迫二擇一選擇父親或母親的母語，更恐怕因為母語教育資源瓜分的局面而造成不必要的族群對立。

吳秀照（2004）〈東南亞外籍女性配偶對於發展遲緩子女的教養環境與主動經驗初探——從生態系統觀點及相關研究分析〉，《社區發展季刊》，105: 159–175。

葉郁菁、溫明麗（2013）〈臺灣國民小學東南亞母語傳承課程實施現況與政策建議〉，《教育資料集刊》，57(3): 23–44。

パレーニャス, ラセル・サルザール（2011）〈女はいつもホームにある——グローバリゼーションにおけるフィリピン女性家事労働者の国際移動〉，伊豫谷登世翁編著《移動から場所を問う》，有信堂。

伊藤佳代（2014）《臺灣臺日跨國婚姻的語言傳承教育策略——以日籍女性的語言意識形態分析為中心》，國立成功大學臺灣文學研究所博士論文。

伊豫谷登世翁（2001）《グローバリゼーションと移民》。有信堂。

王宏仁（2001）〈社會階層下的婚姻移民與國內勞動市場：以越南新娘為例〉，《臺灣社會研究季刊》，41: 99–127。

王文玉（2006）〈外籍配偶國小子女與本地子女學習狀況之比較〉，國立臺灣大學經濟學研究所碩士論文。

何青蓉、邱愛鈴（2009）〈我國新住民識讀教育政策之問題評析與前瞻〉，《教育與社會研究》，18: 1–31。

何青蓉（2007）《成人識字教育的可能性》。高雄：高雄復文圖書出版社。

陳湘淇（2004）〈國小一年級外籍配偶子女在心智能力、語文能力及學業成就表現之研究〉，國立臺南師範學院國民教育所碩士論文。

陳清花（2004）〈澎湖縣新住民女性子女學校學習之探討〉，國立中山大學公共事務管理研究所碩士論文。

陳麗君（2007）〈跨國婚姻中的語言意識和語言使用——臺南市日籍和東

南亞籍配偶家庭的比較〉，國立成功大學臺灣文學系主辦「跨領域對談：全球化下的臺灣文學與文化研究」國際學術研討會，10 月 26 日。

陳麗君（2010）〈臺灣南島語族 ê 鄒族語言使用 kap 語言能力〉，《臺語研究》，2(1)：4–27。

陳麗君（2011）〈臺灣大學生的語言意識〉，《臺語研究》，3(2)：4–26。

陳麗君（2013）〈日本における台湾人移民の言語継承をめぐって―日・台国際結婚を対象に―〉，日本臺灣學會第 15 回學術大會，日本廣島大學。

陳佩足、陳小云（2003）〈外籍新娘子女的語言發展問題〉，《國小特殊教育》，35：68–75。

唐文慧、王宏仁（2011）〈結構限制下的能動性施展——臺越跨國婚姻受暴婦女的動態父權協商〉，《臺灣社會研究季刊》，82：123–170。

莫藜藜、賴佩玲（2004）〈臺灣社會「少子化」與外籍配偶子女的問題初探〉，《社區發展季刊》，105：55–65。

李國基（2007）《東南亞外籍配偶子女雙族裔認同之研究》，屏東教育大學教育行政研究所博士論文。

柯林貝克（Colin Baker）（2007）QandA. 吳信鳳、張銀玲、陳瓊娟譯（2007）《雙語教育》。臺北：東西。

澤田佳世（2008）〈超少子社會・台湾の「男性化」する出産力とジェンダー化された再生産連鎖〉，《国際移動と「連鎖するジェンダー」：再生産領域のグローバル化》，作品社。

蔡政宏（2007）〈臺灣人口政策的歷史形構〉，《臺灣社會學刊》，39：65–106。

蔡榮貴、黃月純（2004）〈臺灣外籍配偶子女教育問題與因應策略〉，《臺灣教育》，626：32–37。

邱琡雯（2000）〈在臺東南亞外籍新娘的識字／生活教育：同化？還是多元文化？〉，《國立臺灣師範大學社會教育學系社會教育學刊》，29：197–219。

邱琡雯（2013）《出外：臺日跨國女性的離返經驗》。臺北：聯經。

Baker, C. (1993) *Foundations of Bilingual Education and Bilingualism.* Multilingual Matters Ltd. 岡秀夫訳・編（1996）《バイリンガル教育と第二言語習得》。大修館書店。

Allard, R. & Landry, R. (1992) Ethnolinguistic vitality beliefs and language maintenance and loss. In W Fase, K Jaespaert, & S. Kroon (eds.), *Maintenance and loss of minority languages* (pp. 171–195). Amsterdam: Benjamins.

Allard, R., & Landry, R. (1994) Subjective ethnolinguistic vitality: A comparison of two measures. *International Journal of the Sociology of Language,* 108: 117–144.

Brenner, J. and Laslett, J. (1991) Gender, social reproduction and women's self–organization: considering the U.S. welfare state. *Gender and Society,* 5: 311–33.

Cummins, J. (2005) A proposal for action: Strategies for recognizing heritage language competence as a learning resource within the mainstream classroom. *The Modern Language Journal, 89*: 585–592.

Cummins, J. 馬麗梅譯（2011）〈賦權少數族裔學生：一個干預框架（*Empowering Minority Students: A Framework for Intervention*）〉，《當代教育與文化》，3(4)：1–11。

Ellis, R. (1985) *Understanding Second Language Acquisition.* Oxford: Oxford University Press.

Fishman, J. A. (2001) 300–plus years of heritage language education in the United States. In J. K. Peyton, Ranard, D. A., and McGinnis, S. (eds.) *Heritage Languages in America: Preserving a National Resource* (pp. 81–98). Washington, DC and McHenry, IL: Center for Applied Linguistics and Delta Systems.

Gamburd, M. R. (2000) *The Kitchen Spoon's Handle.* Cornell University Press.

Gardner, R. C. and Lambert, W. E. (1972) *Attitudes and Motivation in Second Language Learning.* Rowley, Mass: Newbury House.

Kardulias, P. N. (1999) *World–systems Theory in Practice: Leadership,*

Production, and Exchange. Rowman and Littlefield.

King, Russell（2010）*The Atlas of Human Migration Global Patterns of People on the Move.* London: Earthscan Publications.

Lambert, W. E.（1974）Culture and language as factors in learning and education. In Aboud F. E., and Meade, R. D.（eds.）*Cultural Factors in Learning and Education.* Bellingham, Washington: 5th Western Washington Symposium on Learning.

Landry, R., & Allard, R. & Théberge, R.（1991）School and family French ambiance and the bilingual development of francophone Western Canadians. *Canadian Modern Language Review,* 47: 878–915.

Piper, N., and Yamanaka, K.（2008）Feminized Migration in East and Southeast Asia and the Securing of Livelihoods. In Piper, N.（eds.）, *New Perspectives on Gender and Migration: Livelihood, Rights and Entitlements.* New York: Routledge.

Polinsky, M., and Kagan, O.（2007）Heritage languages: In the 'wild' and in the classroom. *Language and Linguistics Compass,* 1(5): 368–395.

Trager, Lillian（2005）Introduction: The Dynamics of Migration. In Lillian Trager. *Migration and Economy: Global and Local Dynamics*(pp. 1–45). Lanham, MD: AltaMira Press. SEA Monographs.

Valdés, G.（2000）The teaching of heritage languages: an introduction for Slavic–teaching professionals. In Olga Kagan and Benjamin Rifkin（eds.）*The learning and teaching of Slavic languages and cultures*(pp. 375–403). Bloomington, IN: Slavica.

Van Deusen–Scholl, N.（2003）Toward a definition of heritage language: Sociopolitical and pedagogical considerations. *Journal of Language, Identity, and Education,* 2(3): 211–230.

Wallerstein, Immanuel（2004）*World–Systems Analysis: An Introduction.* Duke University Press.

■ **國家圖書館出版品預行編目資料**

邊緣主體：性別與身分認同政治 ／ 王穎等作；楊芳
枝主編. -- 初版. -- 臺南市：成大人文社會科
學中心, 2017.07
　　面；　　公分
ISBN 978-986-05-2742-1（平裝）

1.性別研究　2.政治認同

544.7　　　　　　　　　　　　　　　　106009432

邊緣主體：性別與身分認同政治

初版一刷‧2017 年 7 月

主編：楊芳枝
作者：王　穎、邱大昕、胡郁盈、孫小玉、徐珊惠、張恒豪、陳麗君、
　　　陳福仁、游素玲、楊芳枝（依姓名筆畫排序）
出版者：國立成功大學人文社會科學中心
　　　　地址：701 台南市東區大學路 1 號
　　　　電話：06-2757575 轉 56055、56050
　　　　傳真：06-2088264
　　　　電子郵件：em56050@email.ncku.edu.tw
　　　　網址：http://chass.ncku.edu.tw/bin/home.php
承印者：巨流圖書股份有限公司
　　　　地址：802 高雄市苓雅區五福一路 57 號 2 樓之 2
　　　　電話：07-2265267

ISBN 978-986-05-2742-1（平裝）
定價：280 元